下一个风口

中国银发经济黄金三十年

周 超 ◎ 著

中华工商联合出版社

图书在版编目（CIP）数据

下一个风口：中国银发经济黄金三十年 / 周超著
. -- 北京：中华工商联合出版社, 2024.4
ISBN 978-7-5158-3923-3

Ⅰ. ①下… Ⅱ. ①周… Ⅲ. ①人口老龄化－影响－中国经济－经济发展－研究 Ⅳ. ①F124

中国国家版本馆 CIP 数据核字（2024）第 062498 号

下一个风口：中国银发经济黄金三十年

| 作　　者：周　超 |
| 出 品 人：刘　刚 |
| 责任编辑：吴建新　　林　立 |
| 装帧设计：张合涛 |
| 责任审读：郭敬梅 |
| 责任印制：陈德松 |
| 出版发行：中华工商联合出版社有限责任公司 |
| 印　　刷：三河市宏盛印务有限公司 |
| 版　　次：2024 年 5 月第 1 版 |
| 印　　次：2024 年 9 月第 3 次印刷 |
| 开　　本：710mm×1000 mm　1/16 |
| 字　　数：221 千字 |
| 印　　张：15 |
| 书　　号：ISBN 978-7-5158-3923-3 |
| 定　　价：78.00 元 |

服务热线：010-58301130-0（前台）
销售热线：010-58301132（发行部）
　　　　　010-58302977（网络部）
　　　　　010-58302837（馆配部）
　　　　　010-58302813（团购部）
地址邮编：北京市西城区西环广场 A 座
　　　　　19-20 层，100044
http://www.chgslcbs.cn
投稿热线：010-58302907（总编室）
投稿邮箱：1621239583@qq.com

工商联版图书
版权所有　盗版必究

凡本社图书出现印装质量问题，
请与印务部联系。
联系电话：010-58302915

前　言

中国有世界上最多的老年群体，2023年60岁及以上人口高达2.97亿人，这一人口规模放在全世界看，超过印尼（2.78亿）、巴基斯坦（2.28亿）、尼日利亚（2.15亿）、巴西（2.14亿）等国的全国人口，分别是俄罗斯（1.46亿）、墨西哥（1.31亿）、日本（1.26亿）全国人口的两倍左右，是越南（0.98亿）、伊朗（0.86亿）、土耳其（0.85亿）、德国（0.84亿）、泰国（0.7亿）、英国（0.68亿）、法国（0.66亿）等国全国人口的3~4倍。

在过去十年，中国人口结构老龄化的过程中，大多数企业眼里只有年轻人，为年轻人的各种需求创造出丰富多彩的产品，为了让年轻人买单而发明各种金融方法，这让他们比较轻松地获得了优越的生活，却也背上了债务的负担。

而社会发展大势的另一面，是越来越多的老年人，他们对衣食住行、文娱旅游、健康医疗、投资理财等各方面的需求日益扩大，却没有得到企业的充分重视，市场上满足老人需求的优质供给严重缺乏。

人口决定需求，需求塑造经济。在人口总量见顶乃至负增长的大背景下，资产殷实、思维开阔、文化水平高、消费观念开放的银发人群在中国人口大盘中将继续快速增长，而由他们所带来的庞大消费需求，将在未来三十年为中国经济贡献最大增量。

在中国经济发生深刻转型的当下，为数亿老人服务的银发经济，理应挑起中国经济继续前行的大梁。而且随着老龄化问题在全世界的蔓延，银发经济不仅在中国充满巨大的机遇，更有希望在未来成为中国经济对外发展的新方向。

2024年1月，国家接连传出两项关于银发经济的重磅消息。

1月5日，国务院总理李强主持召开国务院常务会议，研究发展银发经济、增进老年人福祉的政策举措。会议强调，发展银发经济是积极应对人口老龄化、推动高质量发展的重要举措，既利当前又惠长远。要切实履行政府保基本、兜底线职责，加强老年人基本民生保障，增加基本公共服务供给。要运用好市场机制，充分发挥各类经营主体和社会组织作用，更好满足老年人多层次多样化需求，共同促进银发经济发展壮大。

1月15日，国务院办公厅印发《关于发展银发经济增进老年人福祉的意见》，文件编号"国办发〔2024〕1号"，提出4个方面26项举措。强调发展银发经济，事关国家发展全局，事关人民福祉。各地区、各部门要在党中央集中统一领导下，完善工作机制，加强统筹协调，推动各项任务落实落细。

银发经济首次成为国办1号文件主题，新的万亿赛道正向我们扑面而来。

在进入本书主要内容之前，需要简要介绍到底何为银发经济，以及本书为什么要以银发经济作为主题。

2024年国办1号文件将银发经济界定为"向老年人提供产品或服务，以及为老龄阶段做准备等一系列经济活动的总和"。

事实上，与银发经济相类似的概念，如"养老产业""老龄经济""老龄产业""康养产业"等，常常见诸网络和媒体，但大家的理解和使用各有侧重，并不统一。

老龄经济、老龄产业是学术味道比较强的概念，严格地说是与老人特征强相关、以老人为主要甚至唯一目标群体的产业集合，表述和定义较为严谨，用在行业统计、学术研究上比较合适。

养老产业、康养产业和老龄产业在概念层面相差不大，但"养老""康养"二字凸显了对老人的关怀之情，是有温度的老龄经济。

银发经济并非一个严谨的学术概念，而更像是一个对老人相关的社会经济流行现象进行概括的术语。并且相较于前述学术性较强的概念，银发经济具有简单易懂、易于传播的特性。从概念外延上看，银发经济是最宽泛的，既可以包括老龄产业、养老产业这些产业概念，也可以包括各种与老人相关，但还到不了产业高度的经济热点或社会现象。比如近年来兴起的 APP 适老化改造、短视频平台的银发网红等，显然不适合将它们归入老龄经济、养老产业的专业范畴，但可以看作是银发经济的新动向、新发展，值得我们进一步去观察和研究。

本书选择以银发经济作为主题，正是为了在老龄化加速的时代背景下，对于与老人相关的各种鲜活的社会经济现象保持完全开放的心态和热忱研究的兴趣，更是希望与产业、资本、学界、媒体、主管部门等社会各界共同努力，推动中国银发经济全面蓬勃发展，为世界的老龄化提供一个中国方案。

目　录

第一章　前所未有的老龄化 …………………………………………………… 001

　一、老龄化是一个全球性问题 ………………………………………………… 001

　二、中国老龄化社会成因 ……………………………………………………… 006

　三、老龄化将给中国社会带来哪些影响？ …………………………………… 010

　四、中国拿什么应对老龄化？ ………………………………………………… 013

第二章　中国经济动力切换：中青年需求萎缩，银发经济崛起 …………… 024

　一、中国经济发展背后的人口逻辑 …………………………………………… 024

　二、中青年需求主导的经济部门：从极盛到衰退 …………………………… 026

　三、悄然崛起的银发经济 ……………………………………………………… 031

　四、日本的启示：老龄化重塑经济结构，先转型者胜 ……………………… 033

第三章　银发经济大趋势前瞻（2020—2050 年） …………………………… 039

　一、2020—2050 年中国人口变化趋势 ………………………………………… 039

　二、2020—2035 年低龄老人红利期，2025—2050 年高龄老人红利期 ……… 040

　三、4000 万还是 2000 万：失能老人真实数量和市场规模 ………………… 046

　四、银发经济四大特征 ………………………………………………………… 057

第四章　新老人、新定位、新变革 …………………………………………… 063

　一、四个趋势性变化铸就"新老人" ………………………………………… 063

二、"新老人"呼唤新定位：活力、自主、富足、成长 069

二、"新老人"引领银发经济三大变革：需求变革、渠道变革、品牌变革 078

第五章　银发经济热点区域透视 084

一、31个省区银发经济发展分析：市场容量和地区特点 084

二、70个大中城市银发经济发展分析：市场容量和地区特点 089

三、一线城市异地养老带来的银发经济机遇 095

第六章　银发经济热门赛道分析 101

一、食品营养 101

二、衣着服饰 105

三、教育、文娱与旅游 109

四、银发时尚消费 113

五、家电与智能设备 115

六、家居适老化 118

七、医疗健康 121

第七章　银发互联网 124

一、老人智能手机渗透率狂飙的背后 124

二、银发电商：垂直模式证伪，巨头平台通吃，未来机会何在？ 132

三、银发文娱：平台更迭，创业永恒 137

三、生活服务：银发互联网下半场 143

第八章　银发文旅 150

一、老年教育：需求井喷、供给短缺的银发赛道 150

二、康养旅居：10个旅游大省抢跑带来的启示 157

第九章　银发大健康 174

一、从周期视角看透成人纸尿裤行业特性 174

二、天花板没有尽头的老年口腔医疗 184

三、家庭医疗器械：多元化发展还是核心研发突破？ 191

四、康复辅具：老龄化时代的"刚需"行业 198

目录

第十章　线下银发商业 ··· 211

　　一、他山之石：日本银发商业启示 ······················ 212

　　二、鉴往知来：中国银发商业回顾与展望 ··········· 218

附录　32种老人常见疾病大数据 ···························· 223

参考资料 ··· 230

第一章
前所未有的老龄化

一、老龄化是一个全球性问题

与现代社会同步的全球老龄化

2018年，全世界65岁以上老年人口数量达到7.05亿，超过0~4岁幼儿数量6.8亿，这是人类历史上第一次老人数量超过幼儿数量。

联合国人口与发展委员会第51次会议发布的《世界人口趋势报告》预计，到2050年，65岁以上老人数量将增长超过一倍，达到15亿，占总人口的16%，将是0~4岁幼儿数量的两倍多。

值得特别重视的还有80岁及以上高龄老人的快速增长。1990年，全世界80岁及以上高龄老人的数量为5400万，2019年升至1.43亿，增长165%。预计到2050年，80岁及以上高龄老人将达到4.26亿人，2100年将高达8.81亿人。

人口老龄化这一历史进程，并非近几十年才突然出现，其实从人类开启工业革命，踏入现代社会之初，就已悄然开始。

国外学者Ronald Lee研究认为，人类近代工业化之初的1800年，人均预期寿命仅为27岁，65岁及以上人口占比仅为4%，而同期总和生育率高达6.0，说明当时的人类社会生得多，但年轻早亡的更多，故而老龄化程度很低。

进入20世纪后，人类社会的预期寿命每过50年都会上升一个台阶，而生育率则下降一个台阶。老年人口规模不断扩大，而新生儿数量不断减少，两者共同导致全球老龄化率快速上升：

1900年，人均预期寿命30岁，总和生育率5.2，65岁及以上人口占比4%。

1950年，人均预期寿命47岁，总合生育率5.0，65岁及以上人口占比5%。

2000年，人均预期寿命65岁，总和生育率2.7，65岁及以上人口占比7%。

2050年，人均预期寿命74岁，总和生育率2.0，65岁及以上人口占比16%。

2100年，人均预期寿命81岁，总和生育率1.84，65岁及以上人口占比21%。

在这个过程中，作为近代工业革命发源地的欧洲国家率先老龄化，而亚非拉等广大发展中国家的老龄化进程则缓慢得多。

法国早在1865年就成为世界上第一个老龄化国家，当时法国60岁及以上老年人口占总人口的比重超过10%。随后，瑞典、英国、爱尔兰、德国等欧洲国家相继于19世纪末和20世纪第一次世界大战结束后步入老龄化社会。

而第二次世界大战结束之后长达近80年的和平，在为人类带来宝贵发展机遇的同时，也加速了全球老龄化的进程。

首先是欧洲国家在第二次世界大战后迅速老龄化。从65岁及以上老人占比来看，1960年德国为11.47%，法国为11.65%，英国为11.77%，尚处在相对合理的水平。此后在人口停滞乃至负增长、而人均预期寿命不断提高的情况下，欧洲各国的老龄化在20世纪90年代后加速。2000年65岁及以上老人占比，德国为16.49%，法国为16.06%，英国为15.89%。2020年这一数据进一步上升，德国为21.9%，法国为20.8%，英国为18.7%，欧洲成为全世界老龄化最严重的大洲。

与欧洲隔着大西洋遥遥相望的美国，在第二次世界大战后迎来1946—1964年婴儿潮，累计出生了7600万婴儿，这些婴儿潮人口在2000年后陆续退休，成为美国老龄化和银发经济的主力人群。从数据上看，美国65岁及以上老年人占总人口比重，1960年为9.08%，1980年为11.56%，2000年为12.33%，2020年为16.6%。由于美国吸纳了来自欧洲、拉美和亚洲的大量年轻移民，使得其人口结构相较欧洲年轻许多。

我们的邻国日本，虽然在老龄化的时间进度上晚于欧洲和美国，但最近20年的老龄化速度却远超欧洲和美国。从日本65岁及以上老年人口占比来看，

1960 年为 5.62%，远低于同期欧洲和美国水平；1980 年为 8.91%，仍显著低于欧洲和美国（德国 15.65%，法国 13.92%，英国 14.95%，美国 11.56%）。到了 2000 年，日本 65 岁及以上老人占比达到 16.98%，大致与欧洲国家老龄化水平持平（德国 16.49%，法国 16.06%，英国 15.89%，美国 12.33%）。此后日本老龄化水平提速，至 2020 年高达 28.4%，用 20 年时间成为全球老龄化水平第一的国家。

与日本老龄化相伴随的是少子化。日本于 2008 年迎来人口顶点 1.28 亿人后，于 2009 年开始进入持续的人口负增长过程，2021 年人口为 1.26 亿人。据日本官方估计，2050 年日本人口将降至 0.95 亿人，相比 2008 年减少约 1/4。

老龄化是发达国家的"专利"吗？

这里不禁产生一个疑问，为什么当我们谈论老龄化时，说得最多的总是日本、美国、欧洲等发达国家，还有经济快速发展的中国，却很少说到同为人口大国的印度，以及亚非拉的广大发展中国家呢？

如果深入探究一个国家为什么会发生老龄化，尤其是高度老龄化，可以归纳出一个社会特征组合，即"经济快速发展＋生育率从高位断崖式下降＋医疗社保不断完善＋长期和平环境"，而这些恰恰是发达国家才能同时具有的特点。

一个国家在发展前期，由于经济快速发展、城市化迅速提高，国民生育意愿大增，生育率出现高峰，为未来数十年奠定了一个高基点的人口数量和老年人口规模。

而到了中期，由于国民生活压力增大，经济增长缓慢乃至停滞，国民生育意愿断崖式下降，生育率也随之大降，导致新生儿数量大大减少，叠加前期生育率高峰的人口进入老年，整个国家的人口结构就会不断趋于老化。

同时特别重要的一点，是老龄化显著的国家，普遍从前期开始就逐渐建立起完整的医疗社保体系，并在以后不断完善，使得国民的健康水平持续提高，人均预期寿命也不断提高，因此也导致老龄化愈加严重，甚至向高龄化（80 岁以上老人占比越来越高）发展。

从全世界人均预期寿命来看，这一数据在第二次世界大战后不断延长，由 1950—1955 年的 46.96 岁升至 2015—2020 年的 72.28 岁。而部分发达国家的预期寿命更是达到百岁以上。根据统计，2007 年出生孩子的预期寿命，日本为 107 岁，美国、意大利、法国、加拿大均为 104 岁，英国为 103 岁，德国为 102 岁。

当然，上述老龄化的进程，还有一个必不可少的条件，就是长达数十年甚至 100 年的国际和平环境。因为一旦发生战争，无疑会让一个国家损失大量的宝贵生命，而老年人由于生存能力和恢复能力弱于年轻人，更可能受到战争的摧残。因此从人口结构上看，战争会让一个国家老化的人口结构变得重新年轻，而和平则让一个人口结构年轻的国家慢慢老龄化。

另外，长期和平环境可以为粮食扩大生产、建立完整医疗和社会保障体系提供充裕的发展空间，而粮食和医疗，无疑是每个人，尤其是老年人最底层的刚性需求。

通观世界各国的发展历程，某种程度上可以说，老龄化是发达国家的"专利"。发达国家的医疗体系完整，医疗保险、养老保险、长期护理保险等社会保障制度完善，拥有比发展中国家高得多的营养水平、健康状况和医疗条件，其人均预期寿命就会越来越高，老人的数量就会相应地越来越多。同时由于发达国家生活成本高昂、个人尤其是女性自我价值凸显，导致生育率不断走低，年轻人口因而不断减少。两相叠加，发达国家的老龄化水平自然越来越高。

印度为什么没有老龄化？

从世界范围看，人口结构年轻的国家大多是发展中国家，主要原因是发展中国家尚未完成工业化、信息化、城市化，社会氛围鼓励高生育率，因此出生的大量年轻人口拉低了老年人占比；同时由于医疗体系和社会保障体系不够完善，导致人均预期寿命较低，多在 60~70 岁，由此带来的家庭养老负担相对较轻。而且恰恰由于医疗保险、养老保险等制度不完善，发展中国家的财政对老年人养老、医疗的支出负担很少，因而老龄化在发展中国家并不构成严重的社会问题。

以印度这个最大的发展中国家为例，人口数量已经超过中国，但预期寿命却远低于中国和欧、美、日等发达国家，人口年龄结构也远较中国和欧、美、日等发达国家年轻。

根据公开信息显示，2022年3月4日中午12点，印度人口规模达到14.1565亿，超过中国的14.126亿，正式成为世界第一人口大国。

但印度的老龄化程度却远低于中国。联合国人口基金会发布的《2017年印度老龄化报告》称，印度60岁以上人口比例将从2015年的8%上升到2050年的19%，这个老龄化程度远低于中国2015年16.15%、2050年35%的水平，在世界各国中也处于垫底水平。

另外，根据联合国人口基金公布的2021年各国老年人（65岁及以上）占总人口比重，印度排名第116位，仅为6.8%，与日本29.79%、意大利23.68%、德国22.17%、法国21.32%、韩国16.65%、中国13.15%比起来，印度的人口结构可谓非常年轻。

人口结构年轻化的背后，是印度尚未完全实现工业化、信息化和城市化，整个社会仍处在传统的"多生是福"的文化观念下，鼓励女性多生多育，因此印度的总和生育率长期处于世界高位水平。

根据统计数据，1960年印度的总和生育率高达5.92，平均一对夫妇生育近6个孩子，此后生育率有所下降，1990年仍达到4.04。这为印度创造了超大规模的年轻人口，自然就拉低了老年人在人口中的比例。

印度在过去30多年经济快速发展，总和生育率也有所降低，但在世界各国中依然处于较高水平。根据联合国人口基金2021年报告，各国总和生育率为：美国1.8，法国1.8，英国1.7，中国1.7，德国1.6，日本1.4，意大利1.3，韩国1.1，印度则高出上述各国，为2.2。依然处于高位的生育率，决定了印度人口在未来仍将继续增长下去。

至于人均预期寿命，印度则排在了世界各国的末尾。根据世界卫生组织公布的2019年各国人均预期寿命，日本83.7岁、排名第一，韩国82.3岁、排名第11，德国81.2岁、排名第24，美国78.6岁、排名第33，中国76.1岁、排名第53，印度则大幅低于上述国家，仅为68.3岁、排名第125。

新冠疫情进一步降低了印度的人均预期寿命。权威杂志《BMC 公共健康》上的一篇报告披露,印度孟买的国际人口研究所的科学家研究发现,该国的男性和女性在 2019 年时的预期寿命分别是 69.5 岁和 72 岁,而 2020 年则锐减到了 67.5 岁和 69.8 岁,分别下降了 2 年左右。

由于寿命较短,印度的老年人对家庭子女造成的养老负担就显得不那么重,同时对养老保险、医疗保险造成的支出负担也会轻很多。而且值得注意的是,印度这两项保险制度的覆盖率和保障水平仍处于非常低的水平,可以说对国家财政的影响受到了严格的控制。

根据有关研究,截至 2012 年 7 月,印度约 1370 万老年人领取非缴费型养老金,对老年人口覆盖率为 15% 左右,200 卢比的待遇标准为贫困线的 27%,人均 GDP 的 3%,总支出约占 GDP 的 0.04%。可以说,印度尚未建立起覆盖全民的第一支柱基础养老保险,仅建立了覆盖人数极其有限的政府公务员社保基金计划、公营部门企业社保计划和私营部门雇员公积金计划,绝大部分印度老人都得不到来自基础养老保险的经济支持。

而且,印度的医疗保险也并非网上所流传的全民公费医疗。根据公开数据,印度真实的医疗保险覆盖率仅为 10%,个人医疗费用支出占卫生总费用的 60% 以上。与之相比,中国的医疗保险覆盖率已经超过 95%,个人卫生支出占卫生总费用 27.7%,对老人的医疗健康保障无疑比印度要好得多。

可见,老龄化之所以没有在印度这样的人口大国成为受人重视的社会问题,一方面是,受长期高生育率影响,年轻人口占比高,老年人口占比低,在世界各国中处于垫底水平;另一方面更重要的是,印度人均预期寿命偏低,处于世界各国尾部水平,同时医疗保险、养老保险的覆盖面小、保障水平低,对家庭和国家财政造成的负担相对较轻,因此老龄化问题才没有在印度获得足够的重视。

二、中国老龄化社会成因

中国的人均预期寿命从 1949 年的 35 岁提高到 2021 年的 78.2 岁,与世界发达国家处于同一区间，甚至高于部分发达国家，让"人生七十古来稀"彻底成为历史。与此同时，中国的老龄化率也在过去几十年间大幅提高，并将在未来加速发展。

有文章分析指出，老龄化基本上是发达国家独有的社会现象。因此，中国的老龄化，某种程度上也是一种巨大的社会进步。那么，在这种进步背后，到底发生了什么？中国又是否有足够的能力来应对好老龄化带来的种种问题呢？

第一个因素，20世纪50至70年代的生育高峰，为中国进入21世纪后的老龄化社会提供了人口主力。

新中国成立初期中国生育率处于高位，这一点与当时大多数发展中国家的情况相似。

根据公开数据，中国在二十世纪五六十年代总和生育率处在6.0左右，也就是说当时一位妇女一生平均生育6个孩子，这个生育水平与广大亚非拉发展中国家处于同一水平。

为什么发展中国家普遍生育率特别高？学术界一般归纳为四个原因：

一是避孕手段、避孕观念落后，个人或家庭无法有效控制生育；

二是发展中国家新生儿死亡率高，普通家庭为了有适合数量的后代存活到成年，必须生育更多数量的孩子；

三是发展中国家对孩子的抚养观念停留在衣食温饱层面，抚养成本相对较低，而发达国家的家庭注重从生活、教育各个方面加大对孩子的培养成本，那么能抚养得起的孩子数量必然减少，从而决定了少生孩子、大力培养的生育策略；

四是发展中国家经济欠发达，女性缺乏独立经济地位，生育功能被社会放大，生育意愿普遍较强。而发达国家的女性显然拥有丰富得多的发展机会，女性的生育功能让位于个人自我价值的实现，故而生育率大幅下降。

而以上原因大多在新中国成立之初的中国社会普遍存在，因此五六十年代中国的生育率高达6.0左右，一直到1977年才降到3以下。在此期间形成了数个人口出生高峰期，如1950—1957年、1962—1975年两个婴儿潮，总计出生人口约在4亿~5亿。这个规模庞大的群体构成了中国改革开放的主力军，也成为进入21世纪后中国老龄化的主体人群。

第二个因素，新中国成立后中国人的营养水平和医疗条件极大改善，死亡率大幅下降，预期寿命大幅提升，老年人口数量自然而然地在2000年，特别是2020年后越来越高。

新中国成立之初到1978年改革开放以前，是死亡率下降最迅速的时期，学术界称之为死亡率的快速下降期。根据统计，新中国成立之初，人口粗死亡率高达20‰，婴儿死亡率高达200‰，相当于每出生5个婴儿就有一个活不下去。同时人均预期寿命仅为35岁（在1950年年初迅速增长到50岁左右）；到1978年，人口粗死亡率下降到6.25‰，婴儿死亡率下降到50‰以下，人均预期寿命增长到64岁左右。

从改革开放到现在，又过去了40多年，中国的婴儿死亡率继续下降，人均预期寿命继续增长。这一时期，人口粗死亡率基本保持在6‰~7‰，婴儿死亡率继续下降，到2016年下降到7.5‰，人均预期寿命增长到76岁以上。[1]

根据统计，中国2021年预期寿命为78.2岁，而美国却由于新冠疫情应对不善出现倒退，2021年为76.6岁，比中国低1.6岁，比美国疫情前的2019年78.86岁低2.26岁。

如果再将新生儿死亡率、传染病防治等数据做国家间的横向比较，中国在各种指标上与发达国家十分接近，与发展中国家则拉开十分明显的差距。

从新生儿死亡率看，有学者统计，2014年中国新生儿死亡率（千分之一）为5.9，与发达国家处于同一水平，同期美国为3.7，日本为1.0，德国为2.2，英国为2.5，法国为2.3；而发展中国家新生儿死亡率显著高出数量级，同期墨西哥为7.4，巴西为9.6，印尼为14，印度为28.6，世界平均为19.7。

从传染病防治看，2014年中国的结核发病率（例/10万人）为68，美国3.1，日本18，德国6.2，英国12，法国8.7；发展中国家墨西哥为21，巴西为44，印尼为399，印度为167，世界平均为133。

儿童麻疹免疫接种率，2014年中国为99%，美国为91%、日本为98%、

---

[1] 张车伟. 新中国人口学研究70年[M]. 北京：中国社会科学出版社，2019.

德国为 97%、英国为 93%，法国为 90%；发展中国家墨西哥为 97%，巴西为 97%，印尼为 77%，印度为 83%，世界平均为 85%。

死亡率、发病率大幅降低的背后，是整个国家的医疗体系从新中国成立之初的极低水平，在几十年间建设成为覆盖城乡的完善医疗、保健、预防体系。

首先从医疗机构数量看，1950 年各类医疗卫生机构总共才 3670 个，其中医院 2803 所、妇幼保健医院 426 所、专科疾病控制中心 30 所和疾病预防控制中心 61 所。而到了 2017 年，医院 31056 所，妇幼保健医院 3000 所，疾病预防控制中心 3482 所，专业疾病控制中心 1200 所，合计约 38738 所，是 1950 年的 10 倍有余。

再看卫生人员数量，1949 年中国医疗卫生人员总人数、医生人数以及医师护士人数分别为 50.5 万、36.3 万和 3.3 万人。2017 年，中国医疗卫生人员总人数达到 898.8 万，其中医生 339 万，医师护士 380.4 万，人数相比于 1949 年增长了十几倍。

最后看床位数量，1949 年各类医疗机构床位总数和县级以上医疗床位数大概都只有 8 万张，2016 年床位总数增长到 609 万张，增长 70 多倍。

正是新中国成立后五六十年代尤其是 1962—1975 年婴儿潮出生的数亿人口，在出生和成长阶段享受到了中国妇幼保健和医疗体系快速发展的红利，才能获得远超过旧中国和当今许多发展中国家的预期寿命，并且成为 2020—2035 年低龄老人高峰（此时年龄正好在 60~74 岁）和 2035—2050 高龄人口高峰（此时年龄正好在 75 岁及以上）的主要构成群体。

第三个因素，20 世纪 80 年代以来受计划生育、个人价值凸显和生育成本上升等诸多因素影响，中国生育率一路下降。

自 80 年代以后，中国的总和生育率迅速下降，1980—1985 年为 2.5，1990 年以来降至 2 以下，2020 年更是低至创纪录的 1.3。而同期发展中国家的生育率虽然也在下降，但下降速度缓慢得多，比如非洲目前约为 4.72，拉丁美洲为 2.14，印度为 2.0，都显著高于中国。

而诸多发达国家的生育率也高于中国 2020 年 1.3 的水平。根据联合国人口基金 2021 年报告，美国与法国均为 1.8，英国为 1.7，德国为 1.6，日本为 1.4，意大利与中国持平同为 1.3，韩国是唯一低于中国的，为 1.1。

人口政策在这个过程中起到了重要作用。中国在 20 世纪 70 年代初，将控制人口增长纳入国民经济发展计划，实施了"晚、稀、少"的人口控制措施，继而在 1980 年开始提倡一对夫妇生育一个孩子，随后更是在全国范围实行计划生育政策。

不过，进入 21 世纪尤其是 2010 年后，计划生育政策对生育率下降的影响力逐渐减弱，而生育成本上升，比如房价和教育费用的飙升，新一代的"80后""90后"女性追求自我价值、不愿被生育羁绊，成为更重要的拉低生育率的影响因素。

可以说，中国的生育率水平在过去几十年间，迅速向发达国家靠拢，这是中国进入市场经济发展道路之后国民自主选择的结果，具有世界范围的普遍性，并不受生育政策的单一因素影响。

而生育率降低带来的直接后果便是新生儿数量减少，年轻人在人口中的占比不断降低，而老人的占比则会不断提高。

三、老龄化将给中国社会带来哪些影响？

第一个影响：养老负担加重，老年抚养比 2050 年将达 50%

进入 21 世纪后，中国的老龄化水平不断提高。2000 年时，65 岁及以上人口为 8827 万人，在全部人口中占比为 6.97%；2021 年 65 岁及以上人口达到 2 亿，占比上升到 14.2%

如果进行对比，中国老龄化率从 7% 提升到 14%，只花了 20 年，而多数发达国家用了数十甚至上百年时间。比如德国用了 40 年，英国用了 46 年，澳大利亚和美国用了 79 年，瑞典用了 85 年，法国用了 115 年。

基于对中国人口结构演变的预测，各方专家已经形成共识，从 2020 年开始的 30 年间，中国将迎来老龄化加速的过程。预计到 2050 年，届时中国 65 岁及以上人口约 3.8 亿，在总人口中的占比将达到 27.9%。此时中国的老龄化，将较同期 OECD 发达国家平均老龄化水平（25.7%）高出 2.2 个百分点，超出欠发达国家平均老龄化水平一倍多。

这是因为在 2020—2050 年，正好处在中国两次生育高峰期（即 1962—1975 和 1981—1997，期间每年新生儿数量均在 2000 万之上）出生人口先后步入老年的阶段。因此，65 岁以上老年人口数量预计将在未来 30 年迎来持续大幅增长，每年增量均维持在 2000 万上下。

老龄化率快速上升的直接后果，就是进一步抬高了老年抚养比。根据相关测算，2020 年中国老年抚养比为 19.7%，即一个老年人有五个劳动年龄人口负担，而 2050 年预计突破 50%，届时一个老年人只有两个劳动年龄人口负担，社会整体的养老负担将大大加重。而且 2050 年高达 50% 的老年抚养比，将高出 OECD 发达国家届时平均水平（43.9%）约 6 个点。

第二个影响：空巢独居将成为中国老人主流生活形态

1982 年开始，随着计划生育政策的施行，中国家庭的平均规模（人数）逐渐缩小，家庭小型化趋势持续强化。根据 Zeng（2018）的估计，1982—2015 年，家庭平均人数从 4.4 人下降至 2.89 人，到 2050 年，中国家庭的平均规模将下降至 2.51 人。其中，农村地区家庭规模的下降速度远远快于城镇，到 2050 年下降至 2.3 人，将低于城镇的 2.5 人。

受家庭小型化的影响，独居老人（空巢老人）家庭户数在未来 30 年将大幅增加，预计将从 2010 年的 1754 万快速上升至 2050 年的 5310 万。另外，从城乡比较来看，尽管目前农村独居老人家庭户数高于城镇（2015 年，农村独居老人大约有 1092 万，较城镇高出 109 万），但此后，预计城镇独居老人家庭户规模将大幅上升，到 2025 年达到 1620 万，到 2050 年达到 3976 万，超出农村两倍多。

第三个影响：劳动人口减少，养老需求增加，人力资源供需矛盾凸显

与中国老龄化趋势相伴随的另一个趋势是少子化，也就是每年新生儿数

量大幅减少，这将导致未来 30 年中国的劳动年龄人口大幅下降。

中国在进入 21 世纪后，每年新生儿数量大多保持在 1500 万~1800 万，但自 2019 年开始，新生儿数量逐年下降，2022 年跌破 1000 万，仅为 956 万。

新生儿数量大幅减少，将直接影响 20 年之后的劳动力供给。根据联合国 2019 人口报告的数据，中国 20~64 岁人口（承担社会劳动的主力年龄段）在 2015 年达到顶点 9.34 亿后，便进入长期下降的态势，而且在 2030 年之后下降速度加快，至 2050 年时仅为 7.7 亿人，比 2015 年减少 1.64 亿人。下降如此之快，无疑与 2019 年后新生儿数量大幅减少密切相关。

还有学者对未来的劳动人口做了更为细致的测算，结合每个年龄段的人口数量和劳动参与率，得出 2035 年中国的劳动人口为 7.43 亿，比 2020 年减少 4700 万人；2050 年中国的劳动人口为 6.66 亿，比 2020 年减少 1.24 亿。[①]

值得重视的是，由于老年人口规模快速增长，其养老需求将在未来大幅上升，由此带来的劳动力需求也会快速增长，但这无疑将与劳动人口减少的趋势形成显著的供需矛盾。

第四个影响：不断扩大的养老金缺口

由于领取养老金的老人数量越来越多，而缴纳社保的年轻人却越来越少，未来养老金的支出缺口将不得不被动扩大，对财政造成的负担将越来越沉重。

中国社会保障学会世界社会保障研究中心于 2019 年 4 月 10 日发布《2019—2050 年中国养老金精算报告》预测，全国城镇职工基本养老保险基金当期结余从 2023 年开始下降，到 2028 年当期结余首次出现负数，为 -1181.3 亿元，到 2035 年养老金将耗尽累积余额，2050 年当期结余坠落到 -11.28 万亿元。报告指出，如果不考虑财政补助，当期结余在 2019 年就已经是负值，而且下降更快，到 2050 年为 -16.73 万亿元。

中国社会科学院李扬团队的测算发现，2023 年城镇企业职工基本养老保险出现当期收不抵支，2029 年累计结余将耗尽，2050 年累计缺口将占到当年

---

① 朱勤. 人口老龄化与碳排放：劳动供给与消费模式的影响［M］. 北京：社会科学文献出版社，2018.

GDP 的 91%，当年养老金总支出占 GDP 比重将达到 11.85%。

在养老金缺口扩大的过程中，每年的财政收入都有一部分来填入这个缺口。根据财政部"全国一般公共预算支出决算表"，对城乡居保（覆盖农村老人）的财政补助，2010 年为 240.09 亿元，2020 年为 2968.07 亿元，10 年增长 11 倍；对城镇职工基本养老保险（覆盖城市老人）的财政补助，2010 年为 1910.35 亿元，2020 年为 6237.95 亿元，10 年增长 2 倍多。2020 年，中央财政对两项养老保险的补助共 9206.02 亿元，当期全国一般公共预算支出为 245679.03 亿元，占比 3.75%。

不同来源的研究结果和数据都表明，在老年人口快速增加、劳动人口持续下降的大背景下，中国养老金缺口正在迅速扩大，中央和地方财政对养老金补助的压力越来越大。

四、中国拿什么应对老龄化？

日益加深的老龄化，正在给中国社会方方面面带来越来越显著的影响。由此也带来一个疑问：中国能否应对好老龄化，中国拿什么应对好老龄化？

第一，粮食自主是中国应对老龄化的第一道坚实保障

粮食问题在当下关于老龄化的讨论中很少被提及，这或许是因为 20 世纪中叶以第二次世界大战后尤其是 80 年代以来，全世界整体上处于和平环境，中国粮食生产保持了稳定较快发展，使普通中国人对于粮食的敏感性大大降低。于是在老龄化的讨论中，粮食这种人类基本需求，也是人类历史上最重要的问题之一，似乎成为无须被担心的事情而受到忽视，讨论重点便大多转移到老年教育、营养健康、失能照护等更加关乎老人生活品质的主题上。

但近年来大国博弈下"脱钩断链"、疫情反复和俄乌冲突为代表的地缘政治紧张局势，导致全球粮价高涨、物价高企，普通民众生活成本大幅上升，并且引发从发展中国家到发达国家的一系列民众抗议示威活动，而劳动能力下降、风险承受能力较弱的老人所受伤害尤为严重。这一切足以让我们重新

认识粮食安全、粮价稳定、粮食自主，对社会发展尤其是老龄化社会的稳定运行具有十分重要的意义。

具体到中国，食品消费一直是中国老人日常支出的大头，粮价及由此带动的食品价格的涨跌对他们的生活影响显著。2011年中国养老与健康追踪调查（CHARLS）数据显示，60岁及以上老年人消费结构占比最高的是食品消费，为49.6%。2014年中国老年社会追踪调查（CLASS）数据显示，各年龄段老人的日常饮食费用在总支出的占比均达到60%以上。

值得庆幸的是，中国一直高度重视粮食安全，为粮食和食品价格的稳定运行奠定了坚实基础。1995年以前，中国提倡自力更生解决人民粮食需求，1996—2012年提出了确保粮食自给率95%以上的目标，2013年开始确立谷物基本自给、口粮绝对安全的粮食安全新目标。根据有关统计，从主要粮食作物来看，中国的稻谷长期保持完全自给，小麦的自给率和初期相比有所提升，达到95%以上，玉米自给率稳定在98%以上。

而且中国的粮食安全和粮食自主在未来老龄化的全过程都将具有坚实保障。专家预测，随着粮食消费需求的持续增长，以及农业生产条件的改善、农业生产技术水平的提升，未来中国的粮食生产能力将进一步提升，2030年和2050年粮食生产能力有望分别达到7.5亿吨和9亿吨。人均粮食消费持续增加，有望达到560~750千克。[1]

这一切使得国内粮食市场总体平稳，2020年以来食品价格波动的幅度远远低于国际市场。而从全球来看，粮价上涨的冲击对各国都造成重大冲击。联合国粮食及农业组织2022年11月11日发布的《粮食展望》报告指出，世界粮食价格上涨对中低收入国家冲击更大，在支付更多费用的同时，获取的粮食数量却减少。从全球范围来看，粮食倚赖进口的发展中国家受到粮价上涨的冲击很大，并且引发一系列社会动荡。

发达国家由于粮食自给率的不同，受到的冲击有高有低。美国农业发达，粮食自给率高达147%，受到的冲击相对较小，但食品价格上涨已经给美国老

---

[1] 王宏广.中国粮食安全：战略与对策［M］.北京：中信出版社，2020.

人生活带来负面影响。

　　据媒体报道，美国政府估计2022年食品价格将上涨9.5%至10.5%。另据美国农业部称，2022年11月第二周一打A级鸡蛋平均售价2.28美元，是上年价格的2倍多。美国农场局联合会2022年11月16日发布调查显示，由于通胀导致食品价格上升，当年感恩节晚餐的费用将比上年高出20%。

　　马萨诸塞大学波士顿分校老年医学研究所（Gerontology Institute）研究人员开发的衡量老龄化成本的"老年人指数"（Elder Index）显示，54%的独居老年女性的收入低于支付基本开支所需的水平。对于单身男性来说，这个数字是45%。

　　我们的邻国日本和韩国，山地多而平原少，粮食自给率相比美国要低得多，其受到的冲击也比美国大得多。1960年日本粮食自给率为83%，2018年下降为37%；1960年韩国粮食自给率为93%，2020年为19.3%，历史上首次跌破20%大关。

　　大量粮食依赖进口，国内食品价格也必然受到国际市场极大影响。据媒体报道，自2022年年初以来，日本食品各个品类，如面粉、生鲜、火腿、罐头、零食等都迎来涨价消息。据统计，预计涨价的食品和饮料合计18532种，涨价率平均为14%。

　　而且日本物价上涨不止发生在食品领域，电力、天然气等日常基本消费也迎来同步上涨，与此同时日本工资多年未涨，给普通人生活带来很大困难。尤其是日本老人退休金普遍不高，覆盖范围最广的第一支柱公共退休金仅有三五千元人民币，能领取第二支柱、第三支柱退休金的日本老人数量很有限，这在物价一直较高并且近年全面上涨的情况下，将使日本老人的生活更加艰难。

　　此时再反观中国对粮食安全的重视和保障，对粮食自主和粮价稳定的追求，无疑是应对老龄化社会的第一道坚实保障。

　　第二，医疗资源追赶发达国家水平，老人成最大受益群体

　　医疗健康是在食品之外的老年人最大的刚性需求，为数亿老年人提供全面而可负担的医疗健康服务，也是老龄化社会的最大挑战之一。

挑战来自两方面，一是要满足老年人口迅速增长之后带来的巨大增量需求，而且这个需求是多样性的，既有各种慢性病、突发病、老年疾病的医疗需求，又有特定群体如失能失智老人的护理需求，还有不同身体状况老人的营养健康需求；二是在满足上述纷繁复杂的需求的同时，必须注意价格的可负担性，定价时不能光盯着发达国家同类产品来对标制定价格，而是要在中国国情下的收入消费水平下定价，才能真正让老人买得起、让医保付得起。

中国的医疗健康体系在经过多年发展之后，已经具备应对上述挑战的条件和能力。

从人均水平衡量的医疗资源来看，中国在医生、床位等指标方面已经与发达国家处于同一水平区间。根据世界银行数据，2015年欧美发达国家每千人拥有的医生人数都在2.5~4.0位，发展中国家和人口大国都比较低，一般在每千人1.0位以下。中国2015年每千人拥有的医生达到3.6位，超过很多发达国家。

再看床位数量，中国2011年人均医院床位数为每千人3.8张。同一时期欧美发达国家之间的差距比较大，美国、英国、意大利、西班牙和加拿大等国每千人的医院床位数只有3张左右，而日本、德国、法国和韩国等每千人拥有的医院床位数都在6~13张。发展中国家一般都在每千人1张以下，巴西和南非达到每千人2张以上，俄罗斯为每千人9.7张（2006年）。[1]

医生和床位数量体现的是中国医疗体系的整体状况，而近年来的医疗建设重点，进一步加强了对老龄化的应对。

比如在与老年人直接相关的医疗服务上，建设力度正在加大。根据《2013年中国卫生与计划生育统计年鉴》，截至2012年年底，全国共有三级医院1558家，已设立老年医学科的三级医院不足100家。而到了2021年年底，二级及以上公立综合性医院设立老年医学科的比例为53.4%，设有老年医学科的二级及以上综合医院达到4685个。未来这一数字将继续提高，根据国家卫生健康委《医疗机构设置规划指导原则（2021—2025年）》，到2025年，设立

---

[1] 王弟海. 中国二元经济发展中的经济增长和收入分配[M]. 上海：复旦大学出版社，2019.

老年医学科的二级及以上综合性医院占比达到60%以上。

为了方便老年人就医，2019年8部门联合印发《关于建立完善老年健康服务体系的指导意见》提出，"到2022年，80%以上的综合性医院、康复医院、护理院和基层医疗机构成为老年友善医疗机构"。根据媒体报道，2021年年底已建成老年友善医疗卫生机构约2.1万个。

为了让老人走好临终前最后一段路程，2017年10月国家卫健委发布了《关于开展安宁疗护试点工作的通知》，选定北京市海淀区、上海市普陀区等五个地区作为全国第一批安宁疗护工作试点市（区）；2019年5月印发了《关于开展第二批安宁疗护试点工作的通知》，在上海市和北京市西城区等地启动第二批试点；《"十四五"健康老龄化规划》提出，稳步扩大全国安宁疗护试点，支持有条件的省市全面开展安宁疗护工作，完善安宁疗护服务模式，建立安宁疗护服务制度体系，提高老年人和疾病终末期患者生命质量。截至2021年年底，设有安宁疗护科的医疗卫生机构超过1000个，已有91个市（区）开展了国家安宁疗护试点。

上述举措大多属于"铺桥架路"，着眼于建设符合老龄化社会医疗需求的"硬件资源"，距离真正形成解决未来增量的老龄化医疗需求的能力，还需要"软件服务"，即相关人才、技术、平台、流程等各方面的完善配合，这也将是未来5~10年中国医疗体系的发展重点。

第三，医保全覆盖、集采降费成效显著，足以应对医保费用冲击，并为长护险预留支出空间

医疗体系在拥有必需的资源和能力后，还需要有一个良性运转的机制，也就是让民众和财政都能负担得起的医保体系。中国从20世纪90年代末开始建设社会化的医疗保障体系，截至2021年年底，基本医疗保险参保人数达136424万人，参保覆盖面稳定在95%以上，基本实现全覆盖，同时筹资水平、保障范围不断提升，数亿城乡老人无疑是最受益的群体。

根据有关研究，从人均每年的筹资水平看，职工医保从2000年的392元上升到2018年的4274元；新农合由2003年的30元上升2018年的657元；

城镇居民医保从 2009 年的 251 元上升到 2018 年的 776 元；从保障的范围看，职工医保一开始就既保住院又保门诊，报销目录不断扩大；新农合和城镇居民医保从保住院保大病很快扩展到保门诊保小病，报销目录一直在扩展，保障的病种范围也不断在扩大；从报销水平看，职工医保住院政策内报销水平达 80% 以上，实际费用报销水平达 70% 以上，新农合、城镇居民医保住院政策内报销水平由 2008 年的 54% 上升为 2018 年的 66%，同期实际费用报销水平由 45% 上升为 56%。2015 年全面建立城乡居民大病医保后，城乡居民参保人在基本医保报销后可以获得大病医保的报销，实际报销比例可在基本医保的基础上提高 10 个百分点。

老年人还有一个突出需求，就是随着子女迁到新城市生活后，需要跨省异地就医。针对此需求，2009 年颁布的《医药卫生体制改革近期重点实施方案（2009—2011 年）》提出，建立异地就医结算机制，探索异地安置的退休人员就地就医、就地结算办法。此后政策不断落实，截至 2021 年年底，住院费用跨省直接结算定点医疗机构数量为 5.27 万家，2021 年当年国家平台直接结算 440.59 万人次，涉及医疗总费用 1070.20 亿元，医保基金支付 624.63 亿元。门诊开通联网定点医疗机构 4.56 万家，联网定点零售药店 8.27 万家，门诊费用跨省累计直接结算 1251.44 万人次，涉及医疗总费用 31.28 亿元，医保基金支付 17.50 亿元。

2022 年 8 月，国家医保局、财政部发布《关于进一步做好基本医疗保险跨省异地就医直接结算工作的通知》明确提出，2025 年年底前，住院费用跨省直接结算率提高到 70% 以上，普通门诊跨省联网定点医药机构数量实现翻一番，群众需求大、各地普遍开展的门诊慢特病相关治疗费用逐步纳入跨省直接结算范围，异地就医备案规范便捷，基本实现医保报销线上线下都能跨省通办。

医保在为民众带来健康保障的同时，也极易带来费用过快上涨、医保入不敷出的困境，为未来的长期良性运行带来隐忧。而由地方率先摸索、随后纳入国家行为的医药集中采购，正在成为解决这个问题的重要举措。

据媒体报道，自 2018 年以来，共开展 6 批国家组织药品集中带量采购，共采购234种药品，涉及金额占公立医疗机构化学药品年采购总额的30%，按集采前采购金额计算，累计节约费用2600亿元以上。在高值医用耗材集采方面，冠脉支架中选结果实施满一年，中选产品年度采购量169万个，达到协议采购量近1.6倍，人工关节平均降价82%。

集采制度覆盖范围不断扩大，有效控制了医疗费用过快上涨，将使中国的医保体系能够承受未来老龄化增量医疗需求带来的费用冲击。

而且从近年长护险的试点运行来看，其支出大多来自当地医保，那么如果未来医保控费成效越显著，节约的医保费用越多，为长护险预留的支出空间就越大，为长护险和相关护理服务、护理产品带来的发展空间就会越大。

第四，老龄化的区域梯次特征为应对带来灵活施展空间

中国老龄化的一大特征，是在广袤的国土上，各个区域的老龄化程度差异很大，呈现出明显的区域梯次特征。

上海、北京等一线城市，辽宁、黑龙江、吉林等东北地区，重庆、江苏、四川、天津、山东、湖北等省份的老龄化程度走在全国前列，2020年60岁及以上老人占比均超过20%。

与此同时，还有许多省份的老龄化程度尚处在相对较低的程度，这其中既包括西藏、新疆、青海、宁夏、海南等人口总量少、经济相对落后的省份，2020年60岁及以上老人占比多在15%以下，西藏最低为8.52%。也包括广东、云南、福建、江西、河南、浙江、安徽、山西、陕西等人口和经济大省，2020年60岁及以上老人占比在12%~20%。

中国老龄化的区域梯次特征，为应对老龄化提供了相对从容的灵活施展空间。

首先，不同区域间的养老需求和养老供给可以形成互补，促进各个区域协同发展。老龄化程度较高的区域，其老人的各种需求率先涌现，成为引领养老行业发展的需求方、购买方。而老龄化程度较低的区域，有很多是制造业、旅游业为主的中西部省份，恰好可以借此机会调整产业方向，将老年人普遍使用的产品和服务作为发展重点，形成当地的经济增长点。

比如上海、北京等老龄化程度较高、老人收入及政府财力也较高的一线城市，对各种养老产品和服务的需求一直颇为旺盛，为过去20年全国的养老行业提供了一个颇具规模的区域市场。而一些制造业大省、旅游大省也在过去几年纷纷将银发经济作为发展重点，着重鼓励扶持康复辅具、医疗器械和康养旅居等行业发展。

其次，老龄化程度较高的区域，率先对各种养老需求、产品、服务和模式进行摸索尝试，最终沉淀出行之有效的养老模式，为老龄化程度较低的区域提供宝贵的学习案例和发展路径。

最后，不同区域间的劳动力自由有序流动，可以缓解老龄化带来的劳动力短缺问题。老龄化程度较高的区域，一般会面临劳动力短缺的问题，尤其是和养老相关的岗位更是面临严重不足。而老龄化程度较低的区域，人口结构相对年轻，经济相对落后，能提供的工作岗位不足，正好可以将劳动力输出到老龄化程度较高而劳动力短缺的区域。

第五，科技创新能有效解决劳动力不足，降低养老岗位劳动强度，提高职业形象

中国将创新驱动作为国家层面的发展战略，在《国家创新驱动发展战略纲要》中强调"科技创新是提高社会生产力和综合国力的战略支撑"，企业界对科技创新同样迸发出极大的热情。而在应对老龄化方面，科技创新更将全面发挥积极作用。

首先，科技创新就是一个机器不断替代人力的过程，只要科技在快速发展、在全面普及，就必然会降低经济部门，尤其是工业、制造业等第二产业对劳动力的需求。从中国和世界各国的现代化历程来看，就业结构都会经历类似过程，即第一产业就业人数下滑、第三产业就业人数不断上升，而第二产业就业人数在达到顶点后开始稳定或逐渐下降。这是因为随着生产力发展，农业所需的劳动力迅速减少，工业则在快速发展阶段吸纳大量劳动力，但随着科技进步、产业转移等因素，第二产业对劳动力的需求逐渐降低，因而第三产业最终成为吸纳劳动力最多的部门。

而且随着机器人等先进技术的普及渗透程度越来越高,未来中国的制造业有可能释放出更多的剩余劳动力。

美国有一项研究指出,1990—2007年,每千人中增加一个机器人,就业人口就会降低0.18%~0.34%。根据牛津大学和花旗银行的预测,未来人工智能或机器人对OECD(经济合作与发展组织)国家工作岗位的平均替代率是57%,而中国将会有77%的岗位实现自动化。

从成本来说,工业机器人的价格与中国制造业人均工资的差距在不断减小,制造业加快机器人替代正迎来有利时机。从保有密度来看,中国在机器人替代方面有非常大的空间,2017年中国的机器人保有密度为97台/万人,2019年时为187台/万人,增长了近一倍。但这在全球排名中仅位列第15名,而高居榜首的新加坡拥有918台/万人,第二名韩国拥有855台/万人。

有意思的是,新加坡和韩国同时也是老龄化日益严重的两个国家,新加坡2017年底65岁以上老人占总居住人口的13.02%,韩国2020年65岁及以上人口占总人口比例15.7%,说明他们不约而同地用机器人替代来解决劳动力难题。至于老龄化最为严重的日本,其机器人保有密度却落后前者,可能是因为日本的制造业大量外流,留在本土的产业以服务业为主,故机器人保有密度较低。

试想一下,如果中国的工业机器人保有量达到新加坡和韩国的水平,制造业将空出大量的剩余劳动力,从而为养老行业带来充足的劳动力供给,当下对于劳动力短缺的忧虑自然不复存在。

其次,科技创新能够降低养老岗位的工作强度,提高职业形象,让养老行业对年轻人更有吸引力。

如前文分析,未来从制造业可能会流出大量剩余劳动力,但他们并不必然流向养老行业,也有可能流向外卖、网约车等服务业。因为养老行业的岗位如护理员,虽然一直以来需求缺口大,但工作强度大、收入一般、职业形象不高,因此长期出现招工难、流失率高的问题。而外卖、网约车等职业灵活度高,收入水平依赖于个人努力,收入高者不在少数,而且职业形象近年来也显著提升,对普通劳动者的吸引力显然更高。

因此，如何建立起养老岗位的荣誉感、价值感，并给予从业人员一份体面的收入，是养老行业解决劳动力缺口的核心，而科技的应用能有效解决这一问题。目前各种高技术产品快速进入家庭、社区和养老院等养老场景，比如各种电动护理床、助浴助厕机器人等，便能够大大减轻养老护理员的劳动强度和心理压力，同时提高护理老人的工作效率，使护理员这个传统认为是"伺候人""又脏又累"的职业形象产生很大改观。

最后，科技创新能够解决许多以前无法解决的问题，提升老人生活品质，同时也能降低社会对养老所付出的总成本。比如通过融合医学、康复和大数据、人工智能等技术的健康平台，对老人进行失能失智等各类健康风险筛查，制定有效的预防康复方案，便可以帮助老人降低最终的失能失智概率，获得更高的晚年生活品质，也能极大降低家庭和社会所付出的养老成本。

第六，低龄老人是一笔闲置的巨大社会财富

2035 年以前，中国新增的老年人口以 60~74 岁的低龄活力老人为主，这为中国应对老龄化提供了宝贵的时间窗口。根据有关统计，2020 年中国 60 岁及以上老人为 2.6 亿，其中 60~74 岁约 2 亿，占比 77%；2035 年中国 60 岁及以上老人为 4.15 亿，其中 60~74 岁约 3.02 亿，占比 73%。

与 75 岁及以上高龄老人失能概率高、对护理需求大的特点不同，60~74 岁低龄活力老人的特点是：虽然有各种慢性病，但身体活动能力尚未显著下降，生活自理能力较强，对护理服务的需求很低；城市老人收入大多处于社会中等水平，生活负担较轻；可自由支配的时间较多，但缺少参与有价值有意义的活动机会，精神世界容易空虚，易与社会脱节，是各种诈骗活动的主要目标。

因此，如果能将数亿低龄活力老人的空闲时间充分调动起来，无论是引导他们再就业，还是从事各种志愿服务，都将对中国经济和社会发展产生重大的积极影响，是一笔亟待开发的巨量社会财富。

从再就业来看，未来中国的老人中将有越来越多专业技术人员，拥有多年积累下的宝贵专业知识技能，在社会分工中具有不可替代性，如果退休后完全脱离工作其实是社会资源的浪费，通过各种途径帮助他们再就业，就能

够持续产生很大的社会价值。

此外还有很大一部分老人虽然缺少专业技能，但身体较为健康，可以承担一些轻体力劳动岗位。不过目前社会上的此类岗位越来越少，比如保安、看守、收银员等岗位越来越多地被智能安防、移动支付等高技术所替代。因此实际上能够消化大量低龄老人的可能是国内方兴未艾的志愿服务，比如现在各地积极推进的养老"时间银行"，大多都以低龄活力老人为主要参与者。

在此做一个简单的估算：假设一位老人每天志愿服务 1 小时，全年服务 250 天，以 2020 年 2 亿低龄活力老人计，总志愿服务时长为 500 亿小时；而一名全职工作人员的全年工作时长假定为 2000 小时（每天 8 小时，全年 250 个工作日），则 500 亿小时的总志愿服务时长相当于 2500 万名全职工作人员，这几乎顶得上有关学者测算的养老服务劳动力需求的 1/2。

当然，由于低龄活力老人的体力和技能有限，不能从事专业护理服务，但让他们从事低技能的养老服务工作，如上门送餐、陪聊等，仍然可以极大地缓解未来养老需求暴增情形下劳动力供给不足的矛盾。

此外，低龄活力老人的志愿服务还可以深入社会治安巡查（比如著名的"朝阳大妈"）、少儿课后托管、生态环境保护等社会生活的各个领域，在充实老后生活的同时更能促进社会的和谐稳定，实现比低技能再就业大得多的社会价值。

最后必须指出，老龄化严重与否，并不必然决定国家前途命运的好坏。从全球视野来看，非洲和拉丁美洲的人口结构最年轻，却从来没有人认为这几个国家会成为世界经济的中心和主宰。而欧洲、日本和美国的人口结构虽然不断老化，但依然在过去数十年，而且很可能继续在未来很长一段时间，继续成为世界经济的中心和焦点。

所以相较于老龄化这个客观的、将在未来持续数十年的社会现实而言，更重要的是我们如何采取正确的策略和行动，使老龄化的负面影响降到最低、积极影响提到最高，最终在老龄化的伴随下实现民族复兴。

第二章

中国经济动力切换：中青年需求萎缩，银发经济崛起

过去10年，中国经济正在经历一场深刻的动力切换，由中青年需求主导的经济部门开始从极盛走向萎缩，而代表老年人需求的银发经济则在许多领域悄然崛起。

一、中国经济发展背后的人口逻辑

要想准确把握中国经济动力切换的底层逻辑，必须从人口结构的演变着手。从人口结构特征看，新中国成立后可以大致划分为三个阶段。

第一个阶段是1949—1978年，即新中国成立之初、改革开放之前的30年。此时年轻人口大量出生，第一次婴儿潮1962—1975年即处在这一阶段，每年出生人口均在2100万以上，1963年为最高点2934万人，1975年为最低点2102万人，共出生3.56亿人。因此这一阶段的老龄化率是新中国成立以来最低的，1950年仅7.4%，1965年达到最低点5.94%。

正是在这30年里，在诸多方面为改革开放以后的经济腾飞奠定坚实基础。比如新中国的工业基础近乎为零，通过20世纪50年代中国参加抗美援朝而换来苏联援建156个项目，以及70年代中美缓和后从美国及其盟友英、法、德、日等国引进总价值43亿美元的成套设备的"43方案"，使得中国的工业基础初步建立，由此才有能力在改革开放后承接大量外部投资，并且顺利融入世界经济大循环。

再比如对外开放，1972尼克松访华时中美既已商定建交，只是后来美国突发水门事件，才使中美建交延后多年，对美国主导的世界体系的改革开放

也不得不推迟到 70 年代末。

但更重要的是，前 30 年在旧中国十分薄弱的人力资源方面做出了全面系统的巨大努力，为改革开放后中国进入世界经济体系奠定了巨大的竞争优势。

首先，中国改革开放后直至 2010 年长达 30 年时间的经济快速发展，离不开充裕而高质量的劳动力供给。此期间供给充沛、正值壮年的劳动人口，恰恰是 1962—1975 年第一次婴儿潮出生的人口，以及第一次婴儿潮人口在进入 1980 年后步入结婚生育高峰，又促成了中国第二次规模稍小的婴儿潮 1981—1997 年。第二次婴儿潮每年出生人口 2000 万以上，最高点为 1987 年的 2508 万人，最低点为 1997 年的 2028 万人，共出生 3.74 亿人。

如果没有前 30 年的第一轮婴儿潮，以及由此产生的第二轮婴儿潮，改革开放后持续 30 年的人口红利是不可能存在的。

其次，新中国成立后快速建立起九年义务制教育和从基础到高等的完整教育体系，让中国人的识字率、受教育水平得到极大提升。中国人口识字率 1949 年仅为 20%，文盲率高达 80%。经过十几年到 1965 年，共有近 1 亿青壮年文盲脱盲，文盲率迅速下降至 38.10%。根据联合国教科文组织的统计，2015 年，中国的文盲率已降低至 3.6%。

最后，建立起从城市到农村的医疗卫生体系，中国人的健康水平、人均寿命大幅提高。1949 年中国人均预期寿命为 35 岁，仅相当于当时世界平均水平的 73%。30 年后的 1981 年，这一数字提升到 67.77 岁，2022 年中国人均预期寿命达到 77.4 岁，相比于新中国成立初翻了一倍有余。

用经济学术语说，这些都大大提高了每个普通中国人的"人力资本"，为中国参与世界经济竞争奠定了强大的人力资源优势，这种优势不仅是数量上的，更是质量上的。

第二个阶段是 1978—2010 年左右的改革开放 30 年，第一次婴儿潮人口进入长达数十年的学习、工作年龄段，第二次婴儿潮在此期间发生，老龄化率（60 岁及以上人口占比）从 1980 年的低位 7.5% 慢慢提高到 2010 年的 12.2%。

这一时期是中国人口红利最丰厚的阶段，年轻、高素质劳动力供给十分丰富，中国迅速成为世界工厂，以中青年为主导的消费需求成为经济发展的强大动力，房地产、汽车、个人电脑、手机等一系列产品都在这一阶段快速普及，达于极盛。

同时人口红利的另一面——老龄化也在发展孕育之中，但尚未得到全社会的充分重视。

此时两次婴儿潮的父辈，即以"30后""40后""50后"为主体的一辈老人，是银发经济的主要需求方。由于他们的生活习惯整体上十分节俭，收入来源以有限的养老金和子女资助为主，加上儿孙辈买房负担重，养老支出受到抑制，银发经济在此阶段虽有零星热点，如旅游、保健品等，但并未迎来全面爆发。

但此时人口结构的变化正在经历一个重要拐点，第一次婴儿潮1962—1975年出生的人口开始从青年步入中老年，第二次婴儿潮1981—1997年出生的人口开始进入劳动力市场，但新生人口数量开始停滞乃至下降，劳动力供给的增量开始放缓，至2010年前后迎来刘易斯拐点，中国人口结构正式向老龄化的方向加速演变。

第三个阶段是2010年以来的10多年，第一次婴儿潮人口逐渐进入退休阶段，而第二次婴儿潮中的"90后"恐婚恐育思想蔓延，人口出生率显著下降，少子化趋势凸显。从2018年到2022年，中国每年出生人口分别为1523万人、1465万人、1200万人、1062万、956万，呈现逐年下降的态势。同时期老龄化则进一步加速，老龄化率（60岁及以上人口占比）从2010年的12.2%提升到2021年的19%。

此时经济上，房地产、汽车、酒水饮料等中青年需求主导的经济部门在迎来鼎盛后开始停滞或衰退，而与老人相关的银发经济则在多个方面出现崛起迹象。

下面就从一些代表性行业，来分析人口结构变动已经和正在带给经济发展的影响。

二、中青年需求主导的经济部门：从极盛到衰退

先来看对人口结构变动最敏感的行业，也就是与年轻人恐婚恐育、新生

儿数量下降直接相关的婴幼儿行业。

婴幼儿配方奶粉无疑是20世纪90年代以来发展最快的行业之一。根据欧睿国际数据，2006年市场规模约200亿元出头，2020年达到行业顶点1764亿元，15年间增长近8倍。但2021年行业突然迎来下跌，约为1587亿元，较上一年下降9%，是行业20多年来第一次下跌。

如果回溯中国人口结构变化尤其是新生儿数量变化，上述发展大势其实相当明朗。中国自1998年开始每年出生人口降到2000万人以下，2002年以后在1500万~1600万徘徊。此时中国哺乳方式正从母乳向奶粉转变，1998年中国母乳喂养率为67%，2013年降为20.8%，这为婴幼儿配方奶粉带来巨大的空白市场。

从价格角度看，国内婴配粉单位售价同样接近翻倍。2006—2021年，1段和2段婴配粉吨价从约15万元/吨提升至约31万元/吨，3段和4段婴配粉吨价从约13万元/吨提升至约22万元/吨。

由于中国人对孩子的重视，让婴幼儿配方奶粉的价格远远高于其他奶粉，这也为行业发展再添一把火。

根据有关数据，2021年国外品牌婴幼儿奶粉均价为257.79元/公斤，国产品牌婴幼儿奶粉为211.58元/公斤，而中老年奶粉仅为100.1元/公斤。

2010年中国新生儿曾跌至1596万人的低点，随后因二胎政策放开，新生儿数量回升，2016年达到高点1791万人，因此奶粉市场在这几年并未受到显著冲击，依然一路增长。

不过二胎效应并未维持太长时间，2019年新生儿数量跌破1500万，为1465万人。此后新冠疫情加剧了中国新生人口减少的趋势，2020年仅1200万人，2021年进一步降低到1062万人，2022年更是跌破千万大关，仅为956万。

而从2019年开始至今的新生儿下降趋势，决定了奶粉市场的向下拐点已然到来。2020年1764亿元，仅比2019年1755亿元增长0.5%，而2021年1587亿元，则同比大幅下滑9%。此外，尼尔森IQ发布的《婴幼儿配方奶粉市场洞察及趋势报告》显示，2022年婴儿配方奶粉销量下滑4.6%，羊奶粉下滑10.1%，婴儿谷麦类食品下滑20.5%。

这带动整个婴幼儿行业发生巨变。2022年12月，婴幼儿奶粉头部品牌雅培中国发布声明对外确认，雅培营养品将进行业务调整，重点发展医学营养品业务，并将逐步停止中国大陆市场的婴幼儿和儿童营养品的运营和销售。

如果连国际巨头都无奈退场，国内厂商的处境只会更加艰难。以国内婴幼儿奶粉龙头企业中国飞鹤为例，2022年婴幼儿配方奶粉产品收入为199亿元，相比2021年的215亿元下降7.4%，毛利率为68.8%，相比2021年的72.4%下降3.6%。

婴儿纸尿裤是另一个典型的借助新生人口红利发展起来的市场。婴儿纸尿裤于20世纪90年代进入中国市场，到2002年后进入快速发展阶段，产品渗透率由1993年的0.07%上升至2018年的63.9%，叠加庞大的婴幼儿人口数量，纸尿裤的市场规模迅速扩大。根据欧睿国际，2005—2019年，市场规模从48.07亿元上升至610.59亿元，年复合增速达到19.9%。

中国造纸协会生活用纸专业委员会的数据则显示，2012—2018年婴幼儿纸尿裤市场规模从223.0亿元增加至555.4亿元，此后进入下降通道，2019年婴儿纸尿裤市场规模499亿元，2020年485.6亿元，2021年412.6亿元，相比2017年顶点下跌了25%。

从上市公司的经营数据也能看出婴儿纸尿裤的下降趋势。根据可靠股份年报，其婴儿护理产品的收入在2020达到顶点9.39亿元后持续下滑，2021年为6.12亿元，下降35%，2022年为5.28亿元，继续下降14%。当然，可靠股份面向老人的成人失禁用品业务在过去几年快速增长，后文将深入分析。

除了奶粉、纸尿裤外，还有更多婴幼儿行业出现下降拐点。

早教方面，全国幼儿园数量2022年为28.92万所，比上年减少5610所；根据艾媒咨询，早教领域的融资项目数和融资额在2018年达到顶点142个、138.4亿元后，连年大幅缩水，2020年仅为20个、27.8亿元，只有2018年的1/6~1/7；国内曾经的"早教第一股"美吉姆，截至2023年7月31日收盘，报3.96元/股，市值约为32.56亿元，相较于2019年时接近10元的高位，下跌超过六成。

婴儿推车方面，上市公司好孩子国际在2022年陷入营收和净利双双下跌的局面，当年营业收入74.07亿元，同比下降6.4%，归属母公司净利润2991万元，同比下降70%。

母婴连锁零售方面，上市公司孩子王2022年营收85.20亿元，同比减少5.84%；盈利能力也大幅下滑，归母净利润1.22亿元，同比减少39.44%

母婴垂直APP方面，上市公司宝宝树2022年营业收入3.146亿，仅为2018年顶点7.601亿的41%，且归母净利润为-4.676亿，亏的比赚的还多。

而以年轻人为主体的消费品，其下降拐点同样来得令人猝不及防。

啤酒是以中青年为主体的消费品，其发展上升最快速的时段是上世纪90年代至2013年。根据相关数据，2005年时全国啤酒消费量为3000千万升，2013年增长至5394千万升。

事实上，啤酒主力消费人群即20~49岁人口的鼎盛时期正是1990—2010年前后，2005年中国20~49岁人口约为6.4亿人，2011年到达顶点6.8亿人，此后20~49岁人口规模不断缩小，尤其是20~30岁的年轻群体萎缩更快。啤酒的消费量对人口结构变动十分敏感，20~49岁人口的下滑立即反映到啤酒消费量的下降。因此2013年后啤酒消费类开始逐年下滑，2021年啤酒消费量为3856.6万千升，相较2013年萎缩了28.5%。

当然，从啤酒均价上看，在啤酒消费量达到顶点的2013年之后的数年间，由于居民收入上涨、年轻人消费升级引发啤酒高端化趋势，啤酒单位价格出现显著提升，2013年啤酒行业出厂吨价约3500元/千升，2020年出厂吨价约4500元/千升，提升了29%。

不过这依然未能让啤酒行业重返升势。啤酒行业销售收入在2015年达到顶点1897亿元，随后一路下滑，2018年跌至1474亿元，此后略有回升，但距2015年顶点仍有较大差距。

从啤酒企业数量也能看出行业的兴衰。2013年，中国规模以上啤酒厂数量达506家，此后一路下滑，2021年仅有331家。同时整个行业呈现出大面积亏损的态势，规模以上啤酒厂在过去10年间一直有20%~30%处于亏损，反映了啤酒市场竞争高度内卷的特点。

白酒同样是以30~50岁中青年男性为主力群体，在过去20多年经历了快速增长，也在最近几年迎来行业拐点。

根据官方数据，中国白酒规模以上企业2004年产量311万千升，销售收入545亿元，2016年产量1358万千升，增长3倍多，销售收入6125.74亿元，增长超10倍。

不过自2017年开始，白酒行业开始进入下行阶段，产量、收入一路下滑，2021年白酒行业规模以上企业产量716万千升，相比2016年将近腰斩，2021年规模以上企业销售收入6033亿元，相比2016年高点亦有小幅下降。

产量腰斩足以说明白酒的客户需求、客户规模萎缩之剧烈，背后人口结构老龄化影响至深。之所以销售收入下降幅度不大，是因为白酒行业采取高端化提价策略，尤其是茅台等垄断性品牌强化投资属性，才保证了行业整体收入没有断崖式下滑，但也带来一个重大的行业趋势，即白酒行业集中度愈加向头部企业集中，大部分中小企业则无奈出局。

2017年白酒行业规模以上企业1593家，2022年预计仅剩997家。大量白酒企业退市的同时，是茅台等头部企业的进一步壮大。根据财报数据，2019年茅台集团的利润约412亿元，2020年约467亿元，2021年约525亿元，占全国白酒业总利润的比例稳定保持在30%上下。

近年走向拐点的行业还有不少，比如汽车，同样是一个以中青年为主的大宗消费行业，2006年中国乘用车销量517.6万辆，此后10余年一直保持增长势头，2017年到达顶点2471.8万辆，相比2006年增长近4倍，但从2018开始震荡下滑，乘联会统计显示2022年乘用车零售销量为2054.3万辆，相比2017高点下降了17%。

类似的例子还可以举出许多，但最后必须要说到房地产行业。

房地产是体量最大的中青年需求部门，覆盖了20~35岁人口刚需婚房和35~50岁改善型住房的巨大需求，但在中国人口结构老化的过去10年，即使伴随着政策的不断调控，却一直维持上升势头，直到2022年才出现真正的拐点。

房地产之所以能在2000年后爆发式发展，主要是由于供需失衡和金融杠杆双重因素导致的。1998年开始住房货币化改革，中国人累计数十年的巨大住房需求急需在市场上短时间兑现，但此期间房地产市场即使加快建设，可相对于巨量需求来说，供给依然在相当长时间里都会严重不足。

据计算，在 1997—2010 年，我国累计竣工商品房约 5400 万套，1999—2010 年竣工商品房约 4500 万套，而 2009 年全国城镇家庭总数为 2.15 亿户，也即是说只有约 1/4 的家庭能够从商品房市场中满足住房需求，房价在不断的政策调控下依旧水涨船高，也就不足为奇了。

同时房地产又是所有行业中对经济、就业和地方财政带动作用最大的部门，因此在 2008 年全球金融危机以及此后的十余年间，包括疫情初起的 2020 年，一旦经济出现较大下滑风险，房地产的调控就会相对放松，相应的金融支持政策就会恢复乃至加码，导致中国房地产市场在人口结构老化的 10 年间依然高歌猛进。

根据公开数据，2000 年商品房销售面积为 1.86 亿平方米，2021 年为 17.94 亿平方米，增长 8.64 倍；2000 年商品房销售额 3935 亿元，2021 年商品房销售额 18.19 万亿元，增长 45 倍；2000 年全国平均销售价格 1948 元，2021 年为 10139 元，增长 4 倍。

但随着中国人口结构老龄化趋势的加速和国家对房地产"房住不炒"、回归居住属性政策的坚决贯彻，房地产从经济舞台的中心退场，已成为必然趋势。

根据官方统计，2022 年，全国新建商品房销售面积 13.58 亿平方米，比上年下降 24.3%，销售额下滑至 13.33 万亿元，比上年下降 26.7%。

而当中国人逐渐减少对房地产的支出，那么将必然扩大其他方面的消费支出，与养老相关的银发经济必将迎来巨大机遇。

三、悄然崛起的银发经济

就在以中青年需求为主导的经济部门在过去 20 年纷纷经历了从极盛到衰退的过程时，银发经正在各个领域呈现"星火燎原"之势。

比如老年旅游，2004 年时市场规模仅为 800 亿元，此后十几年间可谓飞速增长，2015 年高达 8260 亿元，是 2004 年的 10 倍有余。

比如保健食品，2011年市场规模为894亿元，2019年3500亿元，9年增长3倍。从业企业数量也能看出行业的快速发展，2016年中国保健品生产企业数量为3071家，2020年为8693家，5年时间企业数量接近翻两番。

此外还有一些看似不起眼的小品类，同样在过去20年获得快速发展。

比如以中老年男性为主体的保健酒，2010年市场规模为67.50亿元，2018年增至345.40亿元，9年增长4倍。

比如常用于老人居家监测血压的电子血压计，2012年市场规模仅为9.6亿元，2019年增至53.71亿元，8年增长4倍多。

以老人为主体的糖尿病人最常用的血糖仪，2013年市场规模仅为18.2亿元，2019年增至41.8亿元，7年增长2倍多。

以失能、卧床不起的老人为使用主体的成人失禁用品（包括成人纸尿裤、纸尿片等），2012年市场规模为23.8亿元，2019年为93.6亿元，8年增长近4倍。

当然，上述行业并非永远保持高速增长，前进路上同样有着高低起伏。

这主要是由于行业固有周期属性发生作用，比如产能建设过快、参与企业过多，导致一定时期内行业供给相对于需求有所过剩，或原有的营销渠道发生变化，比如微信、抖音、快手等APP取代电视报纸，淘宝、京东、拼多多等电商取代传统线下商超药店，而许多企业对此变化反应不及时而发展滞后。

另外一个重要因素，是老人及其子女的收入随着经济周期而有一定的起伏。比如在疫情期间人们收入普遍下降，就会降低老人及其子女对银发经济的支出，地方财政也会遇到一定困难，从而减少在养老方面的政府购买力度。

但更重要的是，银发经济的底层逻辑并未发生重大变化，因为人口结构老龄化、中国经济长期向上这些基本因素并未发生根本改变。而且进入2020年以来，中国1962—1975年婴儿潮出生的人口陆续进入退休阶段，以后每年退休人群的增量起码在2000万人以上，他们的收入水平、消费观念与老一辈老人截然不同，必将带来中国银发经济的全面发展。

可以毫不夸张地说，中国经济正在跨入银发经济主导的时代，社会的方方面面都将为之做出适应、调整和变化。而能否抓住这个时代红利，将是未来30年所有企业和个人能否成功的关键。

四、日本的启示：老龄化重塑经济结构，先转型者胜

在日本老龄化的过程中，那些靠年轻人口需求支撑的经济部门普遍经历了严重的衰退，如房地产和汽车，而率先向代表老年人需求的银发经济转型的企业，则迎来新一轮的大发展。

日本的这些宝贵经验，无疑将带给我们重要启示。

如同坐过山车的日本房地产业

根据有关研究，第二次世界大战之后，日本房地产业经历了三个阶段。

第一个阶段是战后至1970年的快速上涨，土地价格出现飙升。1966年，日本城市总体平均土地价格指数为19.2，1975年飙升至61.6，增长2倍多。

这一轮房地产泡沫在1975年出现过为期一年的短暂调整，至1980年土地价格指数缓慢升至70.7。之所以仅用短短几年，日本房地产就能恢复并创新高，原因在于当时日本经济仍处在中高速增长阶段，城市化率仍有较大提升空间，人口结构仍以中青年为主，为房地产恢复乃至再创新高提供了坚实的基本面支撑

第二个阶段是1980年至1991年的疯狂泡沫，日本在1985年"广场协议"之后，地价上升斜率猛然陡峭，1991年土地价格指数升至顶点147.8，相比1975年增长了140%。

最能体现这个时期日本房地产泡沫疯狂程度的是，1990年日本全国地价总额是当时第一经济强国美国地价总额的4倍。

第三个阶段是1991年以来，日本房地产长达30年的下行和艰难复苏。2010年日本地价指数为58.5，仅为1991年顶点时的40%。日本六大城市住宅用地价格指数2010年为76.9，为1991年顶点218.8的35%。日本六大都市商业用地价格指数2010年为72.8，为1991年顶点502.9的15%。

之所以这一次房地产调整幅度如此之大、持续时间如此之长，除了经济增速下降、城市化接近尾声外，更重要的原因无疑是人口结构的快速老龄化和少子化，使日本的真实购房需求消失，缺少基本面支撑的房地产只能应声而落。

其实从宏观角度来看，日本房地产行业的兴起、辉煌、衰落，主要是战后出生的婴儿潮一代人口所推动。他们20~30岁时买婚房，倾向于选择价格较低面积较小的户型，因此1970年日本房价上涨相对理性。当他们进入40~50岁中年时，收入水平比年轻时大大提高，开始购买价格更高、面积更大的改善型住房，同时因为资金实力提高，加上宏观社会风气，于是他们一股脑投机性买房，推高房价进入20世纪80年代的泡沫阶段。

这群人对日本经济的推动不只体现在房地产，在汽车、家用电器、消费电子、服饰时尚等各个行业的发展上均产生过很大功劳，比如索尼Walkman、任天堂游戏机等一系列享誉世界的创新产品，都是以战后婴儿潮一代为核心种子用户的。

当这群人老了，他们的消费支出重点从房地产、汽车等方面退出，转移到医疗、护理和更具老人特色的文娱、旅游、健身等方面。日本经济在以年轻人需求为主力的行业衰落的同时，以老年人需求为主的银发经济，则在过去20年快速蓬勃发展，稍后还将详细分析。

受到老龄化冲击最严重的另一个行业：汽车

另一个受到老龄化巨大影响的例子是日本本土的汽车业。

根据有关研究，1955—1970年是日本汽车进入普通家庭的快速引入期。在此期间，日本经济快速发展，人均GDP从1960年的479美元增长至1970的2027美元，增长4.2倍，年均复合增长率15.5%。

在GDP带动下，日本乘用车销量从1955年2万辆提升至1970年238万辆，增长118倍，年均复合增长率38%。日本乘用车保有量从1955年15万辆提升至1970年878万辆，增长57倍，年均复合增长率31%。

1971—1990年是日本本土汽车业的稳健增长期。在此期间，日本经济继续保持中高速增长，并逐渐泡沫化，人均GDP从1971年2260美元提升至1990年25417美元，增长10倍，年均复合增长率13.6%。

日本乘用车销量从1971年263万辆，提升至1990年510万辆的高峰，增长94%，年均复合增长率4.1%。同期乘用车保有量从1971年1057万辆提升至1990年3492万辆，增长2.3倍，年均复合增长率7.5%。

1991—2006年为日本本土汽车业的销量稳定期。在此期间，日本经济泡沫破裂，经济增长和国民收入均出现放缓乃至停滞，同期日本人均GDP从1991年28874美元提升至2006年35434美元，增长23%，年均复合增长率1.4%。

日本乘用车销量从1991年487万辆略微下滑至2006年477万辆，销量中枢稳定在450万辆上下，年均复合增长率为–0.3%。同期乘用车保有量自1991年3708万辆提升至2006年5752万辆，增长50%，年均复合增长率3.2%。

2007年至今为日本本土汽车业的销量衰退期。在此期间，日本经济停滞，对日本的评价从"失去的十年"变成"失去的三十年"。乘用车销量从2007年440万辆下滑至2021年的367万辆，下降幅度达到16.6%。

日本本土汽车业在过去数十年间的兴衰起伏，是日本人口结构从年轻向老龄化过渡时，对经济和内需冲击的最好例证。

抓住银发经济红利的那些日本企业

自20世纪90年代开始陷入长期经济萧条的日本，许多企业都呈现出经营衰退的态势，尤其是那些曾经以婴幼儿和青少年为主要客户的企业，收入和利润严重萎缩，最后甚至破产倒闭。但也有少数企业敏锐地察觉到老龄化社会带来的新商机，迅速向银发经济转型，获得了非常丰厚的回报。

食品营养方面，日本著名乳企明治乳业是此类转型企业的成功代表。明治乳业自创立以来一直以婴幼儿和年轻人乳品为主要业务，进入21世纪后，深感日本少子化和老龄化带来婴幼儿市场严重萎缩与银发市场迅速扩大，于是果断转向以中老年群体为对象的产品开发，推出许多针对老年群体的功能性乳制品。如针对高血压人群的GABA酸奶，每瓶含GABA元素12.3mg；名为"Meiji ProBio Yogurt PA-3"的酸奶，含有56亿个单位的乳酸菌PA-3，据称能抑制尿酸水平的上升。

迅速果断的转型为明治乳业带来新生。根据公开数据，明治乳业的功能性酸奶业务占比从2004年的4%上升为2018年的37%。而鲜奶及发酵乳业务营业利润率从2013年的4.7%提升至2018年的14.5%。2016年明治乳业的老年保健食品市占率达31.4%，成为日本行业第一。

另一家日本知名乳企森永乳业曾推出一款针对高血压人群的酸奶——Triple Yogurt 三重酸奶，具备降低高血压、餐后抑制血糖升高和餐后抑制中性脂肪升高三重功效，据称在日本已经卖出2亿瓶，是一款相当成功的爆款产品。

家电方面，松下电器于2012年开始推出针对50~60岁老人的"J概念"系列产品，已经发布了5款产品，包括洗衣机、吸尘器、空调、电饭煲和电动助力自行车。2016年J系列产品销售额达到500亿日元（约30亿元人民币），其中50~60岁顾客占比60%。

美妆护肤方面，佳丽宝2000年9月率先推出面向50岁以上女性的自选护肤品牌并在包装上明确标注了"50岁"字样，2007年销售额超过100亿日元。

资生堂于2015年推出"PRIOR"系列，是专门面向50岁以上女性群体的综合美容品牌，推出后销售增速一度高达120%。

日本假发上市公司——爱德兰丝（Aderans）是一家专注于毛发、美容和健康产业的日本公司。根据2013—2016年年报，定制假发是公司主要业务，客户以中老年群体为主，每年收入都在256亿~300亿日元，占总收入的比重为35%~50%。

零售商超方面，亚洲最大零售集团，全球拥有19000多家店铺，中国拥有近500家店铺的永旺，在日本本土启动了一项十分大胆的战略，即全面向银发经济转型，对13家老旧购物中心进行老年化改造，并且计划到2025年打造100个银发版永旺，覆盖整个日本全境。其位于东京的永旺葛西店，改造后单店营收达到8000万美元。

被誉为"阿婆们的原宿"的巢鸭街，是一条位于东京核心区的传统商业街，一度因为年轻人大量流失而滑落低谷，20世纪70年代，日本政府开始将巢鸭街的主营方向转变为出售老人用品和服务的银发经济，由此逆袭成为日本老人社交胜地，高峰时一年营业额接近200亿日元。

健身运动方面，Curves起源于美国，是专为女性设计的连锁健身房品牌，2005年引入日本，从2006年的300家店铺、74000名会员的规模发展至2016年的1760家店铺、790000名会员，店铺数增长了近5倍，会员数增长近10倍。

2016 年，日本 Curves 收入达 216.67 亿日元，比上一年增长 16.2%，利润为 42.35 亿日元，同比增长 9.8%。根据官网，日本 Curves 的客户群体主要是 60 岁以上的老年女性，用户平均年龄是 61 岁，该年龄段群体占比为 63%，50 岁以上中老年女性占比则达到 87%。

旅游方面，Club Tourism 是日本最大的老年旅游公司，总部位于东京，成立于 1996 年，有 700 万名会员，以 60~70 岁老人为主。Club Tourism 以服务老年人群的旅游业务为主，包括国内旅行、国外旅行、主题旅行、游轮旅行等多种产品，并基于老年人群的需求而延伸到健身、家政、护理、保险、咖啡馆等多个领域。近年来每年收入稳定在 1600 亿日元左右，净利润在 20 亿日元上下浮动，在全日本旅行社中排名前十左右。

养老服务方面，日医学馆成立于 1973 年 8 月，并于 1999 年 3 月在东京证券交易所第 2 部上市，是日本规模最大的养老服务公司。2017 年收入 2837 亿日元，相较于 2000 年增长 200%。截至 2022 年，日医学馆除在东京的总公司外，还有 6 个地区办事处，95 个分公司，13 个育儿业务分公司、11 个营业所

媒体内容方面，《Halmek》杂志创刊之初，便确立了"为 50+ 女性提供有价值的信息"的核心理念。内容包罗万象，时尚、健康、理财、文娱等读者大部分是 50 岁以上的女性，平均年龄为 68.3 岁，其中 60+、70+ 的读者占 70%。在调查杂志实际销量的日本 ABC 协会登记的所有杂志中，《Halmek》位居第一，且印刷数始终保持着稳步增长的态势，到 2022 年上半年达到了平均每月 44.6 万本。

日本的经验已经充分说明，在老龄化的社会趋势下，经济结构、行业形态、企业业态会发生一系列重大变化，而率先转型者才能摆脱被淘汰的命运，并获得发展壮大的宝贵机会。

当下中国经济正处在深刻转型中，经济结构正在随着人口结构而重新洗牌。由老年人需求推动的银发经济，将向社会经济各个行业、各个角落全面渗透，每个企业都将与银发经济产生密切的关联。对于所有企业和个人来说，必须尽早加入银发经济的转型大潮，才能更好地抓住银发经济红利，实现企业和个人的可持续发展。

而且，中国发展银发经济的意义不仅在于解决数亿中国老人的问题，更是为世界老龄化提供一个中国方案。

从世界范围看，老龄化并不只是中国的独有难题，更是日本、韩国等亚洲国家，德国、法国、意大利等欧洲国家，美国、加拿大等美洲国家都需要面对的世界性难题，而且印度等发展中人口大国也会在未来 30 年陆续进入老龄化社会，老龄化问题的世界性将更加突出。中国的银发经济发展得好，将可以为老龄化严重的世界各国提供丰富的产品供给和成功的商业模式，为世界老龄化的解决提供中国方案，成为中国对世界的又一重大贡献。

第三章
银发经济大趋势前瞻（2020—2050年）

银发经济无疑是未来中国经济发展中确定性最强的大趋势，但中国的银发经济在未来30年时间里将如何演变，哪些细分行业的机会最大，哪些省份和城市的潜力最强，哪类老人群体的市场需求最大？这一系列问题，都必须从中国未来的人口结构演变趋势中寻找答案。

一、2020—2050年中国人口变化趋势

通观关于中国人口结构变化的各项学术研究成果，基本上已有三点达成共识：一是由于生育率降低、新生儿减少等因素，年轻人口的占比和总量将在未来30年持续降低；二是大约在2035—2040年之前，中国老人数量快速增长，60岁及以上人口将从2020年的2.64亿上升到2050年的5亿左右，60~74岁低龄老人占比将在2035年左右达到顶点，此后占比开始下降；三是大约在2025—2030年之后，中国高龄老人数量开始快速增长，低龄老人和高龄老人的比例将从2020年约4:1转变为2050年约3:2。

学术界关于未来人口结构预测的成果较多，但由于理论模型、预设条件等差异，尤其是人口研究本身所具有的高度复杂性和极强的不确定性，使得各项成果虽然各有所长，但在数据上往往并不完全一致，因此我们只能互相参考，斟酌使用。联合国发布的2019年人口报告详细列出世界各国每5岁间隔的人口数据，采用此项数据，更便于从人口结构变化角度分析研究老龄化对中国经济消费的影响。下面就以此为基础来看中国未来人口结构所可能发生的变化。

首先是 0~19 岁人口在未来将大幅下降，从 2020 年 3.37 亿降至 2050 年的 1.85 亿。2020 年开始的疫情，在拖累经济大盘和民众收入的同时，也大大降低了中国年轻人的生育意愿，再加上年轻人追求个人生活品质和就业问题加剧等，少子化很可能成为未来中国的社会特征之一，并进一步加剧老龄化的水平。

而 20~39 岁和 40~59 岁两个年龄段的人口规模也在未来出现明显下降。20~39 岁人口从 2020 年的 4.14 亿元降至 2050 年的 3.40 亿人，降幅达 18%；40~59 岁人口从 2020 年的 4.38 亿降至 2050 年的 3.38 亿，降幅达 23%。

未来 30 年唯一增长的年龄段是老年人口。60 岁及以上人口 2020 年为 2.64 亿，2050 年为 4.85 亿，增长高达 84%。

如果将中国老人进一步细分，划分成 60~74 岁的低龄老人和 75 岁及以上（以下简称 75+ 岁）的高龄老人两个年龄段，可以发现：

60~74 岁人口从 2020 年 2.07 亿人增至 2035 年最高点 3.02 亿，增长 46%；其后开始缓慢下滑，2050 年为 2.87 亿，相比 2035 年顶点下滑 5%。

75+ 岁人口从 2020 年 0.57 亿开始一路保持增长，2025 年后开始加速，2050 年增长至 1.98 亿，相比 2020 年增长了 2.5 倍。

二、2020—2035 年低龄老人红利期，2025—2050 年高龄老人红利期

上述人口结构特征，一是老年人数量总体快速攀升，二是老年人中的低龄老人在 2020—2035 年快速增长并触顶，而高龄老人从 2025 年后保持快速增长直至 2050 年，决定了未来中国银发经济规模总量和结构上的演变特点。

以下估算根据联合国 2019 人口报告的分年龄段数据和中国家庭追踪调查（CFPS）2010 年基线调查数据库中的分年龄段分项消费支出数据进行。由于消费支出数据是 2010 年的，故根据 2020 年社会消费品零售总额与 2010 年社会消费品零售总额的比值关系进行调整，得出 2020 年各年龄段人群的消费支出数据，再以此为基础，结合未来人口数据，估算未来 30 年消费支出数据。

根据估算，中国消费总量在 2025 年进入顶点 25.94 万亿元，相比 2020 年的 25.80 万亿元增长不足 1%。而且此后中国消费一路下滑，2050 年仅为 23.21 万亿元，相比 2025 年下降 10.5%。

从各个年龄段的消费看，婴幼儿和中青年两个年龄段的消费下滑最为严重。0~19 岁年龄段在 2020 年的消费规模为 6 万亿元，2050 年下滑至 3.30 亿元，降幅高达 45%。20~39 岁年龄段在 2020 年的消费规模为 7.37 万亿元，2050 年为 5.07 万亿元，降幅达 31%。40~59 岁的中年群体消费规模也整体上处于下降趋势，2020 年为 7.93 万亿元，2050 年为 6.13 万亿元，降幅达 23%。

而人口规模不断扩大的老年人群，其消费将在未来 30 年迎来大幅增长。60~74 岁的消费总量在 2035 年达到顶峰 5.45 万亿元，相比 2020 年的 3.55 万亿元增长 53.52%。但随后将进入缓慢收缩的过程，2050 年时稳定在 5.19 万亿元。

75+ 岁高龄老人的消费总量是未来 30 年增幅最大的。虽然在初期的 2020 年仅为 0.95 万亿元，但在随后的时间里由于人口规模不断扩大，尤其是 2025 年后高龄老人加速增长，其消费规模扩张越来越快，至 2050 年时为 3.53 万亿元，是 2020 年的 3.7 倍。

表 3-1 消费规模估算（单元：亿元）

年份 \ 不同年龄段	0~19 岁	20~39 岁	40~59 岁	60~74 岁	75+ 岁	合 计
2020	59964	73724	79255	35548	9471	257962
2025	56718	70119	78644	41973	11984	259438
2030	51405	61870	78816	48730	16741	257563
2035	44682	59662	74468	54505	20068	253386
2040	38331	58977	72713	53282	24674	247977
2045	35027	55950	69367	49675	30977	240995
2050	32970	50657	61256	51882	35345	232109

这背后的原因是，1962—1975 年婴儿潮出生的数亿"60 后""70 后"，构成 2020—2035 年的 60~74 岁低龄老人主体，由此带来此间低龄老人的消费高

峰。而进入 2035 年之后，他们将陆续进入 75+ 岁年龄段，从而大大推高 75+ 岁高龄老年人群的消费总量。

而 2035 年之后的 60~74 岁低龄老人，以"75 后""80 后"为主，其整体人口规模相较于 1962—1975 年婴儿潮出生的数亿人明显收缩，故 2035 年之后低龄老人的消费总量较之前的时间段显著下降。

必须指出的是，上述数据是在以 2010 年调研的老人消费习惯为基础测算的，当时老人收入普遍较低，社保医保尚不完善，消费习惯能省则省，收入中还有很大一部分用于资助儿女孙辈买房、上学教育等，因此对老人消费规模的估算有可能偏低。

而且上述数据是根据老人现金支出估算的消费规模，而像养老金融、养老地产等一次性缴纳大额费用或借贷加杠杆的行业，并不包括在上述数据范围内。

考虑到 2010 年后中国老人的退休金不断上涨，医疗保障水平不断提高，尤其是房地产这个最大宗的消费，2020 年后在中国人的消费支出中大幅缩小，那么中国老人的收入将有更多的部分用于自身消费。而且子女没有了买房负担，也将有更多收入用于老人身上，那么未来银发消费的实际规模应该是远远大于上述数据的。

另外，现在尚处于中年的"75 后""80 后"人群，未来 10~20 年陆续步入退休，他们的资产实力和消费偏好将更加雄厚和积极，将是未来银发经济的最大增量贡献者。

因此，上述数据最大的意义并不在于对未来的银发经济市场规模给出精准预测，而是基于中国老人的人口规模变化和消费支出结构，探索中国银发经济的重点、热点将在未来几十年里如何演化，这才是上述数据的真正价值。

低龄、高龄老人消费规模的变化

下面具体分析未来 30 年中国银发消费市场在人口结构推动下的变化。首先看低龄老人。

表 3-2 低龄老人（60~74 岁）各项消费支出（单元：亿元）

年份	食品	家庭设备与服务	交通与通信	文化娱乐与教育	居住	医疗保健	衣着
2020	17351	3622	3120	2878	3238	3816	1522
2025	20529	4285	3679	3402	3791	4489	1798
2030	23833	4975	4283	3959	4405	5189	2086
2035	26602	5554	4771	4404	4964	5876	2334
2040	25974	5423	4636	4276	4869	5820	2283
2045	24263	5066	4327	3999	4505	5386	2129
2050	25380	5298	4551	4209	4683	5539	2222

2035 年以前，低龄老人的各项消费支出将快速增长，其中尤以食品的体量和增量最大。2020 为 17351 亿元，此后至 2035 年达到顶点 26602 亿元，15 年的市场规模增量约超过 9000 亿元，大约每年平均扩大约 600 亿元。

其他消费支出在 2020—2035 年的增量，家庭设备与服务为 1676 亿元，平均每年增量 100 亿元以上；交通与通信增量为 1431 亿元，平均每年增量接近 100 亿元；文化娱乐与教育增量为 1331 亿元，平均每年增量近 90 亿元；居住增量为 1726 亿元，平均每年增量 115 亿元；医疗保健增量 2060 亿元，平均每年扩大超过 137 亿元；衣着增量 700 亿元，平均每年扩大近 50 亿元。

2035 年后，由于低龄老人的人口规模开始下降，60~74 岁人口在 2050 年为 2.87 亿，相比 2035 年顶点 3.02 亿下降了 5%，其各项消费支出不再保持增长势头，但也没有出现大幅下滑。

再看高龄老人。

表 3-3 高龄老人（75+岁）各项消费支出（单元：亿元）

年份	食品支出	家庭设备与服务	交通与通信	文化娱乐与教育	居住	医疗保健	衣着
2020	4526	1036	741	789	857	1152	370
2025	5739	1305	932	995	1080	1462	471
2030	8031	1817	1295	1387	1502	2049	661
2035	9572	2203	1579	1676	1825	2434	781

续表

年份	食品支出	家庭设备与服务	交通与通信	文化娱乐与教育	居住	医疗保健	衣着
2040	11778	2704	1936	2058	2239	2996	962
2045	14790	3394	2430	2583	2810	3763	1208
2050	16807	3902	2805	2964	3236	4266	1365

在2020—2050年的30年，75+岁高龄老人的消费规模相较于60~74岁低龄老人，整体上较低，但高龄老人的消费增速在未来30年远大于低龄老人。尤其是在2025年后，75+岁高龄老人的人口规模和消费规模开始加速扩大，2050年高龄老人消费规模高达3.53万亿，是2020年0.95万亿的近四倍。

这里规模和增量最大的细分市场仍然是食品。高龄老人2020年的食品支出仅为4526亿元，但随着人口规模的扩大，其消费规模也逐步增大，尤其是2025年后开始加速，至2050年高达16807亿元，平均每年市场增量超过400亿元，是一个持续30年增长的庞大市场。

高龄老人的其他消费也显现出类似的增长潜力，如医疗保健方面，高龄老人支出在2020年为1152亿元，2050年为4266亿元，平均每年市场增量为104亿元。

家庭设备与服务，高龄老人支出2020年时规模为1036亿元，2050年为3902亿元，平均每年市场增量为95亿元。

交通与通信，高龄老人支出2020年为741亿元，2050年为2805亿元，平均每年市场增量为69亿元。

文化娱乐与教育，高龄老人支出2020年为789亿元，2050年为2964亿元，平均每年市场增量为73亿元。

居住，高龄老人支出2020年为857亿元，2050年为3236亿元，平均每年市场增量为80亿元。

衣着，高龄老人支出2020年为370亿元，2050年为1365亿元，平均每年市场增量为33亿元。

低龄、高龄老人消费差异及来源：观念、收入和失能比例

在此需要说明，为什么从银发经济的角度，需要将老人划分成 60~74 岁低龄老人和 75+ 岁高龄老人两个年龄段进行分析。

下面先看过往的一些研究，它清晰地揭示了不同年龄段老人在消费上的差异。

第四次中国城乡老年人生活状况抽样调查显示，75 岁是老人消费的重要分水岭，75 岁以下老人的消费倾向（年消费支出占年收入的比例）总体上都在 75% 以上，但过了 75 岁以后，消费倾向显著下降，最低的为 80~84 岁，仅为 72%。

而且不同年龄段的老人，其消费支出有着不同的重点。有学者统计分析中国人一生各个年龄段的消费支出特点，40 岁以后医疗保健支出处于上升通道，但在 55~64 岁时会进入一个停滞期，然后在 65~69 岁时上升到一个新的支出高度，并在 75~79 岁时达到医疗保健支出的最高峰。[1]

在旅游消费上，年龄的差异同样非常显著。第四次中国城乡老年人生活状况抽样调查显示，旅游消费意愿最强的是 60~69 岁老人，"未来一年有旅游打算"的占比 16.46%，而后随着年龄增长，旅游意愿越来越弱，80 岁以上老人仅为 4.66%。

类似的差异还体现在很多产品上面，比如拐杖就是以 80 岁以上老人为主要使用群体，60~69 岁老人使用率约为 3%，70~79 岁老人使用率约为 11%，80 岁及以上老人使用率为 30%。因为 80 岁及以上年龄段的老人出现腿脚不便的可能性比低龄老人要高很多。

高龄老人与低龄老人在消费支出上的差异显著，一方面是因为每个年龄段的老年人群都有各自独特的生活背景、成长经历和人生轨迹，因此决定了他们的产品需求、渠道偏好、消费习惯都很不一样。

出生在二十世纪三四十年代、工作于新中国成立后第一个 30 年的老一辈

---

[1] 朱勤. 人口老龄化与碳排放：劳动供给与消费模式的影响[M]. 北京：社会科学文献出版社，2018.

老人，如今普遍进入高龄阶段，他们的整个中青年时期都是生活在收入低、子女多、家庭负担重的环境下，养成了根深蒂固的勤俭持家、能省则省的消费习惯，即使晚年的退休金一涨再涨，也舍不得在日常吃穿上多花一分钱。但这群老人为了子女孙辈的教育、买房愿意大方掏钱，对于声称能够医治他们一身病痛的各类"神药"慷慨解囊。

而老一辈老人的子女一代，即出生在新中国成立后五六十年代的"50后""60后"，成长、工作于改革开放时期，文化水平、受教育程度相比老一辈老人有了很大提高，普遍具有初中以上文化程度，70年代末重启高考更是让他们成为知识改变命运的一代人。他们的收入相比老一辈提高很多，对各种新鲜事物的接受能力一点也不比年轻人差，甚至很多新鲜事物就是由他们创造的。在消费习惯上他们对价格的关注度下降，更加注重品质品牌，消费偏好更加与世界前沿接轨，各种奢侈品、豪车、境外旅游等高端消费上都充满了他们的身影。

以上是高龄老人和低龄老人在观念、收入层面的差异，另一个决定两者消费差异的关键因素，是高龄老人的失能比例比低龄老人大得多，决定了高龄老人对失能相关产品及服务需求的显著增加，而低龄老人对失能相关产品及服务的需求是非常低的。

因此，老人从低龄步入高龄阶段后，由于身体机能下降，生活自理能力逐渐下降直至卧床不起，期间需要越来越多的各种产品和服务来满足其日常生活需求，这是高龄老人区别于低龄老人最大的消费特点。

三、4000万还是2000万：失能老人真实数量和市场规模

在此有必要探究中国失能老人的真实数据到底是多少，因为这个数据实际上决定了一系列与失能老人密切相关的行业的市场规模和发展潜力，比如养老院、康复辅具、适老用品等。

关于失能老人的两组数据：4000万还是2000万？

关于中国失能老人的数量，有一个广为流传的数据——4063万。公开新

闻提道："根据2016年发布的第四次中国城乡老年人生活状况抽样调查结果，我国失能、半失能老年人大致为4063万人。"

按此数据调研年份的2015年人口数据推算，以当年中国60岁及以上人口为2.22亿人为基数，则中国老人的失能率为18.30%；以当年65岁及以上人口1.44亿为基数，中国老人失能率为28.24%。

许多咨询机构和养老企业由此推算养老床位、护理服务、老年用品等各个细分市场的潜在规模，此后又衍生出中国有4400万失能老人这一数据，可能是在上述4063万数据基础上乘以年均增长率而得。

在这项广为流传的数据之外，学术界和官方还做过多项调查统计。与4063万失能老人、18.30%失能率接近的数据有：

2010年全国老龄办《我国城乡老年人口状况追踪调查》显示，中国完全失能老年人规模为1208万，完全失能老年人比例是6.80%。

2010年全国老龄办、中国老龄科学研究中心《全国城乡失能老年人状况》显示，中国完全失能老年人规模为1080万，完全失能老年人比例是6.23%。

2020年中国保险行业协会与中国社会科学院人口与劳动经济研究所联合发布《2018—2019年中国长期护理调研报告》，报告显示，调查地区有4.8%老年人处于日常活动能力（即ADL）重度失能、7%处于中度失能状态，总失能率为11.8%。

以上第一、第二项数据仅统计完全失能老人，未计入中度、轻度失能老人，第三项数据仅统计中度和重度失能老人，未计入轻度失能老人。假设在上述数据基础上补足未计入的中度或轻度失能老人数据，最终得出的失能老人数据大概率是和4063万失能老人、18.30%失能率相吻合的。

但除此之外，有多项调查统计显示，中国失能老人的数量可能显著低于上述数据。

2010年全国第六次人口普查数据显示，中国老人"生活不能自理"占比为2.95%（参照后文分析，此处"生活不能自理"应指中度和重度失能老人，不包括有一定生活自理能力的轻度失能老人）。

2017年6月《人口学刊》发表的论文《我国失能老人数量及其结构的定

量预测分析》（作者景跃军、李涵、李元）测算，根据 2011 年北京大学"中国老年健康影响因素跟踪调查（CLHLS）"得出的中国 65 岁及以上老人的加权平均失能率为 10.48%（加权平均轻度失能率 6.99%，加权平均中度失能率为 1.50%，加权平均重度失能率 2.07%）。该研究测算 2020 年我国 60 岁及以上老人的失能人口为 1893 万人，中度、重度失能老人为 709 万人。据此推算，中国老人的失能率（包括轻度、中度、中度失能）2020 年为 7.45%（中、重度失能率 2015 年和 2020 年均为 2.69%。）

2020 年出版的《中国失能老人长期照护多元主体融合研究》（曹信邦著，社会科学文献出版社，2020）估算，2020 年中国失能老人数量为 2628 万（包括轻度、中度、重度），其中中度、重度失能老人为 680 万。据此推算，2020 年中国老人失能率 9.95%，中度、重度失能率为 2.58%。

另外，再从单个城市的老人失能率进行对比，可以与上述数据相互参照。

以老龄化走在全国前列的北京为例，2021 年 9 月公布的《北京市养老服务专项规划（2021—2035 年）》中的"第 51 条　养老床位数缺口数计算方法"提到，近几次全市老年人状况抽查结果表明，北京老年人失能率为 4.78%，中度、重度失能率在其中占比 70%。据此推算，中度、重度失能老人在老人整体中占比 3.35%。

再看另一个老龄化严重的城市上海，根据公开新闻，失能失智老人数量为 63.65 万人，按户籍常住老年人口算，上海老人失能率为 14.6%；如果按常住老年人口算，失能率则为 10.94%。

北京和上海两个老龄化严重、高龄老人占比较高的城市，失能率基本上能代表全国的高线水平。再看部分全国其他省市老人的失能率，基本都在北京、上海的水平上下浮动。

在《农村失能老人照护问题研究》（高利平著，中国社会科学出版社，2020）一书中披露了一项山东省 2015 年的调查统计，在 17669 个调查样本中，60~69 岁占 56.92%，70~79 岁占 28.68%，80 岁及以上占 14.40%。其中完全自理的老人占 89.30%，部分失能（半失能）老人占 9.7%，完全失能老人占 1%，失能、半失能老人合计 10.7%。

大连市养老福利协会2013年《大连市老年人养老现状与服务需求调查报告》显示，大连市失能老人比例达到7.1%，轻度失能者占4.6%，中度失能者占0.5%，重度失能者占2%，合计7.1%；另外还有6.5%为潜在失能群体。

《河北社会发展报告（2021）》（康振海主编，社会科学文献出版社，2021）披露，2015年1%人口变动情况抽样调查样本汇总数据显示，河北省60周岁及以上老年人口失能率为3.07%（推测应为中度、重度失能老人，不含轻度失能老人）。

《老龄政策调研（2018）》（中国老龄协会编，华龄出版社，2019）一书收录了多个地方的失能老人数据。书中披露，云南省宾川县60岁以上老人57229人，失能老人1247人，据此计算失能率为2.18%（推测应为中度、重度失能老人，不含轻度失能老人）。

新疆维吾尔自治区昌吉州截至2017年底，60周岁以上老年人22.13万人，失能失智老年人6408人，占3.56%。

江西省万安县60岁以上人口4.06万人，失能老人1722人，据此计算失能率为4.24%。

综合上述来自地方一线的调研统计，老人总体上的失能率（包括轻度、中度、重度）在5%~11%，中度和重度失能率在1%~4%，大部分集中在2%~3%。

同时须注意到，东北和内陆的部分欠发达城市由于长期的年轻人口外流，高龄老人、失能老人的占比可能显著高出其他城市，但因为其人口总量有限，应该不会对全国整体的老人失能率水平造成较大的误差扰动。

至此，产生一个重要疑问，为什么在中国失能老人数量和失能率上存在差异较大的两组数据？一组数据显示中国老人失能率在18.30%，失能老人数量高达4000多万，另一组数据则显示中国老人失能率至多11%，失能老人仅在2000万上下？

失能评定量表的选择

导致各方调查统计对中国老人失能数据存在较大差异的原因，可能一方面是由于调查所选取的老人样本广泛分布于全国各地，误差在所难免；另一方面，更重要的原因可能是各方选取的失能老人评定量表并不统一，量表之间对失能老人的评定标准松紧不一，故导致最终数据差异较大。

有学者对此做过专门分析，以 2016 年中国老年社会追踪调查（China Longitudinal Aging Social Survey，CLASS）为基础，发现在三种不同量表的评定下，统计出的中国老人失能率存在相当大的差异。[①]

在 Katz 量表下，2016 年中国老人完全自理占比 89.81%，部分自理占比为 7.69%，失能占比为 2.51%，部分自理和失能合计占比 10.20%。

在 Barthel 指数评定量表下，2016 年中国老人完全自理占比 83.22%，轻度失能为 14.35%，中度失能为 1.16%，重度失能为 1.27%，总体失能率合计 16.78%。

在 CLASS 问卷量表 11 项测量指标下，2016 年中国老人完全自理占比 76.67%，轻度失能为 21.1%，中度失能为 1.05%，重度失能为 1.18%，总体失能率合计为 23.33%。

可以看到，在 Barthel 和 CLASS 两种量表下的失能率分别为 16.78% 和 23.33%，和前述中国 4063 万失能老人、失能率 18.30%（基数为 60 岁及以上老人数量）或 28.24%（基数为 65 岁及以上老人数量）的数据较为接近，而与 Katz 量表下 10.20% 的数据相差较远，说明不同量表对老人失能判定标准的松紧不同，是造成中国老人失能率差异的原因。

在此需要说明，三种量表中，对老人失能判定最严格的当属 Katz。Katz 是应用最广泛的功能评价指数，其日常生活活动能力测定内容包括进食、穿衣、大小便控制、如厕、自主洗澡、床椅转移等 6 项。

Barthel 指数（the Barthelindex of ADL）对老人失能判定的松紧程度处于中间水平。Barthel 是在 1965 年由美国人 Dorother Barthel 及 Floorence Mahney 设计并制订的，是美国康复治疗机构常用的一种 ADL 评定方法。包括：进食、洗澡、修饰、穿衣、控制大便、控制小便、如厕、床椅转移、平地行走、上

[①] 翟振武、杜鹏、张文娟等．中国老龄社会的数据、事实与分析［M］．北京：科学出版社，2021．

下楼梯 10 项。与 Katz 相比，将控制大小便拆解成控制大便、控制小便两项，增加了修饰、平地行走、上下楼梯三项。

CLASS 问卷量表未在公开渠道查到详细信息，可能是指中国老年社会追踪调查（China Longitudinal Aging Social Survey，CLASS）专门设计的量表。CLASS 问卷量表中关于 ADL 状况的测量指标有 11 项，比严格的 Katz 量表 6 项指标丰富很多，增加了打电话、吃药等测量指标。

此外，还有一种更加宽松的"劳顿—布洛迪量表"，共设置 14 项评估指标，分为"日常生活身体活动能力量表"（Physical Activities of Daily Living Scale，PADL）和"日常生活利用工具能力量表"（Instrumental Activities of Daily Living Scale，IADL），前者与 Katz 量表十分接近，为 6 项，即行走、洗澡、如厕、穿衣、进食、梳头刷牙；后者有 8 项，包括使用交通工具、购物、做家务、做饭、打电话、自理经济、服药、洗衣。

CLASS 问卷量表和劳顿—布洛迪量表，将打电话乃至使用交通工具、购物、自理经济等广泛内容纳入评定范围，如果从对老人的关怀角度来说，当然是一种值得肯定的进步，让我们不仅仅关注老人生理层面的生活自理能力，更关注他们与社会连接的能力、与社会保持良性互动的能力。

但这样一种明显宽泛得多的失能判定标准，把许多生活能够自理但不会使用手机、不会网络购物的老人判定为轻度失能，从而大大扩大了"失能老人"的数量和比例。而使用手机、网络购物、理财等对老人，尤其是低龄老人来说是一项可以通过家人、社区、志愿者以及老年大学的培训而快速习得的技能，而不是像穿衣、洗澡、如厕、大小便、床椅转移这类由于身体机能下降而无法逆转的丧失的生活功能，更不会像真正的中度和重度老人那样，需要一系列专业的康复护理和配套产品。

前文之所以要将老人失能率进行轻度、中度、重度的划分，正是因为三种失能程度老人的健康需求、医护策略以及由此衍生的市场特性差异很大。对轻度失能老人应该加强康复锻炼，助其恢复身体活动能力，推迟中度、重度失能状态的来临；对中度失能老人在提供康复锻炼、推迟重度失能状态来临的同时，还需要加强生活辅助、失能护理和安全监测；对重度失能老人，重新返回健康状态的概率已经不大，应重点做好排便、压疮等高危环节护理，并且引入安宁疗护等临终关怀服务。

但宽松的失能老人评定量表让人得出"膨胀"的失能老人数据，对于企业和社会来说，容易造成一种误解，以为此种大大扩充的"失能老人"还是以前那种卧床不起、生活起居都需要专人照料的失能老人，进而放大中国失能老人对养老院、养老社区、康复辅具等的市场需求和行业规模，最后难免形成一定的"需求泡沫"。

31省区失能老人市场规模估算

失能老人对照护、助浴等养老服务和成人纸尿裤、易食食品等老年用品具有刚性需求，是银发经济的重要支撑市场。通过对全国31个省区的失能率数据和老年人口数量，可以估算出各个省份的失能老人数量，再结合每个省份的收入数据，各个省份失能老人的潜在市场需求规模便一目了然。

根据2010年全国第六次人口普查数据，全国31省区老人失能率（统计称为"生活不能自理"，对照上文分析，可能仅包含中度、重度失能老人，不包含轻度失能老人）如下：

表3-4　2010年全国第六次人口普查关于全国31省区老人失能率统计表

省　区	失能率（单位：%）	省　区	失能率（单位：%）
西藏	5.45	新疆	3.18
北京	4.43	重庆	3.12
云南	3.9	海南	3.08
山西	3.71	湖北	3.03
上海	3.71	湖南	2.97
青海	3.68	辽宁	2.74
天津	3.63	山东	2.68
内蒙古	3.53	吉林	2.62
甘肃	3.53	黑龙江	2.51
河北	3.46	江苏	2.39

续表

省 区	失能率（单位：%）	省 区	失能率（单位：%）
贵州	3.4	浙江	2.37
安徽	3.39	广西	2.31
四川	3.31	江西	2.16
宁夏	3.30	福建	2
陕西	3.24	广东	1.8
河南	3.19		

综合来看，18个省区在3%~4%，9个省区在2%~3%；只有2个省区高于4%，分别是西藏5.45%、北京4.43%；只有一个省区在2%以下，即广东1.8%。

失能率高不代表失能老人数量就多、养老市场就一定大，比如失能率最高的西藏，其老人数量是全国最少的省区之一。而失能率最低的广东，虽然老人数量在全国居于中间位置，但其老人收入和地方财力排名全国前列，其市场规模自然也不会落后。

虽然上述失能率数据来自2010年全国第六次人口普查，距今已过去十几年，但考虑到中国老人医疗条件、健康水平在此期间有很大提高，失能率有下降的可能；同时由于高龄老人在2020年的占比相较于2010年有所提高，失能率又有提高的可能；所以综合来看，在没有最新数据的情况下，沿用2010年数据应该是大致符合当下失能率情况的。

以上述失能率数据结合2020年全国第七次人口普查60岁及以上老年人口数据，可以得出2020年全国31省区的失能老人数量。

表3-5 2020年全国第七次人口普查关于全国31省区老人失能率统计表

省区	60岁及以上人口（万人）	失能率（%）	失能老人数量（万人）
四川	1816	3.31	60
河南	1796	3.19	57
山东	2122	2.68	57
河北	1481	3.46	51
江苏	1851	2.39	44

续表

省区	60岁及以上人口（万人）	失能率（%）	失能老人数量（万人）
湖南	1321	2.97	39
安徽	1147	3.39	39
湖北	1179	3.03	36
辽宁	1095	2.74	30
浙江	1207	2.37	29
广东	1557	1.8	28
云南	704	3.9	27
陕西	759	3.24	25
山西	661	3.71	25
重庆	701	3.12	22
上海	582	3.71	22
黑龙江	840	2.51	21
贵州	593	3.4	20
广西	836	2.31	19
北京	430	4.43	19
内蒙古	476	3.53	17
江西	762	2.16	16
甘肃	426	3.53	15
吉林	555	2.62	15
福建	664	2	13
天津	300	3.63	11
新疆	292	3.18	9
海南	148	3.08	5
宁夏	97	3.30	3
青海	72	3.68	3
西藏	31	5.45	2

31个省区的失能老人数量差异很大，四川、河南、山东、河北、江苏的失能老人数量最多，都在40万人以上，其中四川位居第一，为60万人；湖南、

安徽、湖北等13个省区的失能老人数量处于中等，在20万~40万人；广西、北京、内蒙古等13个省区的失能老人相对较少，均在20万人以下，最少的5个省区是新疆9万人，海南5万人，宁夏3万人，青海3万人，西藏2万人。

决定各地失能老人市场规模的因素，除了失能老人数量外，还有失能老人的消费支出能力、当地长护险支出比例等。长护险目前仅在少量城市试点，对这些城市的失能老人市场规模具有重大影响，但对全国来说影响不大。

与消费支出能力最直接的数据无疑是老人的养老金水平和子女的赡养支出水平，综合各种调查统计，城镇老人的养老金水平大致处于当地中等偏低收入水平，收入来源中来自子女的占1/4左右，农村老人养老金水平一般是城镇老人的1/10~1/20，生活来源中的七成以上来自子女。

但目前缺少能量化子女赡养支出水平的可靠数据，只能退而求其次，以各地城乡居民人均可支配收入作为衡量失能老人消费支出能力的测算数据。城乡居民人均可支配收入包括了城镇和农村两个收入层面，避免了单一采用城市养老金或城市收入水平带来的夸大市场规模的误导。而且城乡居民人均可支配收入既包含了老人收入，也包含其子女收入，某种程度上符合失能老人消费支出包括自身养老金和子女赡养支出的结构。当然，当下许多年轻人在经济发达的一二线城市工作，父母仍留在经济欠发达的老家，由此而来的收入统计很多时候并不在同一个省份，相关误差在所难免。

下面在31省区失能老人数量的基础上，加上城乡居民人均可支配收入（以下选用2020年数据），可估算出31个省区的失能老人潜在市场需求规模。

表3-6 31个省区的失能老人潜在市场需求规模

省区	失能老人数量（万人）	城乡居民人均可支配收入（元）	失能老人市场规模（亿元）
江苏	44	43390	192
山东	57	32886	187
四川	60	26522	159
上海	22	72232	156
浙江	29	52397	150

续表

省区	失能老人数量（万人）	城乡居民人均可支配收入（元）	失能老人市场规模（亿元）
河南	57	24810	142
河北	51	27136	139
北京	19	69434	132
湖北	36	36706	131
湖南	39	29380	115
广东	28	41029	115
安徽	39	28103	109
辽宁	30	32738	98
重庆	22	30824	67
陕西	25	26226	64
云南	27	23295	64
山西	25	25214	62
内蒙古	17	31497	53
黑龙江	21	24902	53
福建	13	37202	49
天津	11	43854	48
广西	19	24562	47
江西	16	28017	46
贵州	20	21795	44
吉林	15	22798	33
甘肃	15	20335	31
新疆	9	23845	22
海南	5	27904	13
宁夏	3	25735	8
青海	3	18284	5
西藏	2	21744	4

在2020年城乡人均可支配收入数据的基础上，全国31省区的失能老人

市场规模可分为：

第一层次，规模在 100 亿~200 亿元有 12 个，江苏省最高，为 192 亿元，山东省次之为 187 亿元，四川省为 159 亿元，上海市为 156 亿元，浙江省为 150 亿元；

第二层次，规模在 30 亿~100 亿元有 14 个，排名前列的辽宁省为 98 亿元，重庆市为 67 亿元，陕西省、云南省均为 64 亿元；

第三层次，规模在 30 亿元以下的 5 个，与失能老人数量最少的 5 个省区重合，新疆为 22 亿元，海南省为 13 亿元，宁夏为 8 亿元，青海省为 5 亿元，西藏为 4 亿元。

在未来与失能老人相关的市场发展中，全国区域格局将基本保持上述三个层次的特点，因为失能老人数量、人均可支配收入水平等底层因素在未来相当长一段时间内依然会保持惯性。而对于企业来说，从现在开始就应该在哪些地区重点布局深耕，已经一目了然。

四、银发经济四大特征

在对银发经济的宏观大趋势进行分析之后，下面对银发经济的整体特征做一个概略性的分析，归纳出银发经济的四大特征。

特征一：老人需求广，创新机会多，平台型企业和小而美品牌齐飞

中国老人在未来 10 年可能增长到 4 亿人左右，这样的人口规模在世界上都堪称一个"大国"，而且中国老人年龄覆盖从 60 岁到 100 岁的超长年龄段，广泛分布在 960 万平方公里的土地上，其需求必然是十分广泛而差异化的，其中既有数亿老人共性需求形成的大市场，也有许多由数百万上千万老人的小众化需求形成的长尾市场。

在老龄化进程先于中国大约 20 年的日本，已经发展出了一套完整覆盖研发、生产、市场的老年用品产业链，老年用品种类多达 4 万多种，充分满足老年人在居家、社区、养老院场景下的各种生活需求。据了解，老年用品产业规模在日本健康产业中的比重达到28%，是日本建筑产业规模的1.5~2.5倍，在东京股票市场上市的企业有1/3都涉足老年用品市场。

与之相比，中国老人的数量虽然高达日本老人的8~10倍，但中国老年用品的供给仍然相当匮乏，据统计种类上仅有2000多种，而且相应的研发、生产、市场等产业环节很不健全，极大阻碍了中国老人晚年生活的幸福和安康。

但需求和供给之间的鸿沟也意味着巨大的机会。可以设想，在老龄化的社会趋势推动下，即使中国老年用品仅仅从现有的2000种发展到与日本相同的4万种，也预示着20倍的创新机会和市场增量。这将为许多苦苦寻求转型的制造业中小企业带来巨大的发展机遇，带来许多细分品类创建小而美品牌的丰富机会。

而且由于老年用品品类很多，单一的产品、品类、品牌销售收入较小，很难独自建立完整的宣传、市场、销售、售后体系，因此就需要强大的老年用品交易平台来对接庞大丰富的企业供给和纷繁复杂的老人需求，这就为主流电商平台、社交社群电商、会员制老年生活平台、连锁超市、连锁药店、连锁老年用品店等线上线下交易场景带来巨大机会。

特征二：老人、家庭、政府三大购买方，需求、渠道各不同

中国的银发经济与美、日、欧发达国家最大的不同是，除了快速增长的老人群体为银发经济贡献强大的购买力外，更有老人背后庞大子女群体的孝心购买所构成的"孝心经济"。尤其是在中国房地产走向下降通道、中国家庭支出重心从房地产转向消费的大趋势下，中国老人不用再充当子女孙辈买房的"钱包"，不仅老人自己的钱自己用，子女孙辈也有更多的钱孝敬老人。

如何让"孝心购买"发挥出最大的经济效益和社会效益，将是促进中国银发经济长期健康发展的重点课题，也为中国银发经济的发展创造了相比美日欧发达市场更加广阔的空间。

在老人及其家庭这两个最大的购买方外，政府对各种养老服务、老年用品的大量采购，推动了中国养老基础设施和信息化、智慧化水平的快速提高，政府由此成为中国银发经济的重要购买方，并将在未来继续发挥重要作用。

不过需要注意的是，政府采购高度依赖于地方财政收入的体量和增速，即地方财政越宽裕，对养老服务和老年用品的采购力度越大，反之则越小。由于财力差异较大，不同的地方政府在采购上会出现较大差异，比如近年在全国各地兴起的辅具租赁配置上，上海等财力雄厚的一二线城市倾向于配备价格较高、功能先进的电动轮椅，而财力紧张的内地三四线城市则配备价格实惠的手动轮椅。

因此对于企业来说，进入某个区域的政府采购市场之前，除了考察当地老龄化水平外，当地财政收入水平也应该成为考察重点，如此才能保障企业业务的健康发展。

特征三：科技加快提升中国养老水平，银发经济为新技术新产品提供丰富应用场景和巨大增量空间

在老龄化加速的背景下，由人口规模基数决定的中国养老需求将迎来快速爆发，这对养老服务的供给能力和服务品质将提出更高要求。

但是，中国在养老服务供给方面存在一些不利因素，比如养老行业劳动强度较大、薪酬待遇较低、劳动力供给不足，中国老人整体上存在未富先老的特点，老人及其家庭的购买力有限，不足以支撑昂贵的完全市场化的养老服务，等等。

在国家积极应对老龄化的战略中，对上述问题做出了系统的决策部署，而以物联网、人工智能、机器人、虚拟现实等为代表的新一代高新科技，在扩大养老服务供给、提升养老服务品质等方面将发挥重大作用，可以有效实现老人、家庭、社区、机构与养老资源的高效对接和优化配置，推动健康养老服务智慧化升级，提升健康养老服务质量效率水平，是中国老龄事业和银发经济当下和未来相当长时期的发展重点。

经过过去10多年的发展，高新科技在养老领域已经具备了很好的发展基础。早在2010年，全国老龄办就率先提出养老服务信息化，2012年首次提出"智能养老"理念，此后中央和地方出台了一系列促进智慧健康养老应用发展的规划、政策，以及智慧健康养老应用试点示范和智慧健康养老产品及服务推广目录等多项配套措施，推动智慧养老快速发展。

在养老领域的纲领性文件《"十四五"国家老龄事业发展和养老服务体系规划》中着重提出，促进老年用品科技化、智能化升级，强化老年用品的科技支撑，加强老年科技的成果转化，发展健康促进类康复辅助器具，推广智慧健康养老产品应用。具体来说，加快推进互联网、大数据、人工智能、第五代移动通信（5G）等信息技术和智能硬件在老年用品领域的深度应用。支持智能交互、智能操作、多机协作等关键技术研发，提升康复辅助器具、健康监测产品、养老监护装置、家庭服务机器人、日用辅助用品等适老产品的智能水平、实用性和安全性，开展家庭、社区、机构等多场景的试点试用。

在政策带动下，企业层面积极投身新一代信息技术在养老领域的应用，其中既有传统的老年用品企业，也有高技术企业跨界进入养老行业。他们引进融合各种前沿科技，推出许多创新养老产品，如运用先进传感器的健康监测设备、跌倒监测设备，面向失能老人的大小便护理机器人、助浴机器人，等等。

作为行业合作平台的老年用品博览会在过去10年也呈现出普遍开花的态势，据不完全统计，全国各地老博会数量超过20家，为来自世界各地的创新老年用品提供交流平台。而在这些老博会上，来自中国本土的应用各种高新科技的创新养老产品的比例越来越高。

有数据显示，2021年我国智慧养老市场规模近5.5万亿元，随着老龄化程度的加深，预计每年将会以30%的速度增长。毫无疑问，高新科技正在全面提升中国养老的水平和质量，以老年人需求为主导的银发经济成为各种新技术、新产品的重要应用场景和增量空间。

但在科技创新企业大举投入银发经济的过程中，需要避免出现先进的技术产品与现实的养老需求脱节的问题。过去，有的企业在老龄化大趋势和国家政策规划的带动下投入养老行业，研发出融合高新科技的创新产品，但由于对老人在各种场景下的养老需求调研不足，产品采用的高技术过于前沿而实际功能不够实用，产品体验烦琐复杂不易于被老人掌握，以及价格过高超出大多数普通家庭和一般养老机构承受水平，致使最终生产出的产品不能完全满足老人及其家人、养老机构的需求，最终造成企业和社会资源的浪费。

因此在未来的银发经济创新大潮中，不管是大型企业还是创业企业，在开发各种采用高新科技的老年用品时，一定谨记"磨刀不误砍柴工"，在产品立项开发的前期阶段就要认真进行用户调研和市场调研，搞清楚作为目标客户的老年群体规模有多大，他们在功能上到底需要什么，存在哪些必须解决的痛点，对价格的承受水平是怎样的，企业现有的供应链能否在这个水平上实现盈利或盈亏平衡，怎样才能对他们对进行高效的宣传、推广和教育，等等。只有这样，企业才能真正抓住银发经济的红利。

特征四：周期性对银发经济企业影响大

如同其他经济部门一样，银发经济也有着显著的周期性，也会受到宏观周期和行业周期的重大影响。

宏观周期主要是指经济周期和金融周期，从两个方面促进或制约银发经济的发展。一方面是宏观周期决定了居民收入是否高速增长，老人养老金水平能否不断提升，老人及其家庭的购买力是不是能够两三年上一个新台阶。这些因素从需求端决定了银发经济发展的天花板。因为只有以持续增长的收入和购买力作为基础，老人及其家庭才有源源不断的收入进行各种消费，才能够有银发经济的蓬勃发展。另一方面是宏观周期决定了银发经济企业的融资成本和融资难度，企业能否以较低的利率获得银行贷款、发行债券或者得到股权融资乃至上市，对于企业的生存和成长，以及整个行业的健康发展都是至关重要的

但宏观周期受到各种国内外政经因素的复杂影响，很难为银发经济企业准确把握和预测，只能跟踪观察、顺势而为。而中观层面的行业周期，对于银发经济企业的经营来说关系更加密切，也更加容易认识和把握。

比如一个银发产品在老年人群中的渗透率从低到高，行业产能从紧缺到平衡再到过剩，产品为企业所带来的利润率从很高到盈亏平衡再到亏损，这些因素演化形成的周期才是企业盈利的决定性原因。

具体来说，行业周期可以看作循环往复而又螺旋式上升的三个阶段：

高利润、低竞争的行业上升期：某个长期被忽视，但老人及其家庭有充分

购买力的需求，被一个思维敏捷的厂商率先发现，并通过卓有成效的媒体广告投放和销售渠道，迅速将产品推向市场，获得老人认可，赚得行业上升期的高额利润。

同质化竞争加剧、利润开始掉头向下的行业高位平台期：由于上述厂商巨大的赚钱效应，众多同行纷纷进入该产品市场，在产品、营销各层面从全面模仿到单项创新，行业看上去发展火爆，但由于门槛低、差异化小，市场天花板被迅速做到头，行业利润开始下降。

产能过剩、全行业亏损的行业下降期：行业表面上的火爆不仅吸引同行，还吸引了大量外行加入，由于抢占市场、做大做强的激情冲动，企业开始加杠杆扩张经营，产品层面扩大产能，营销层面加大广告投放和经销渠道扩张，但产品价格由于供给过剩而快速下降，导致全行业面临亏损。

此时，头脑灵活的企业便需要通过对老人需求的深刻洞察和行业趋势的前瞻理解，引入新的原材料、功能需求、设计理念乃至渠道策略，创造出一个全新的品类，从而开启一个新的行业周期。

如此循环往复、螺旋式上升的产业周期，在过去的中国经济里，尤其是在与老人相关的银发经济里，一直不断出现。比如针对老人的补钙需求，从普通的钙片一路升级到维生素 D 钙片、液体钙再到氨糖软骨素；针对老人的日常营养需求，中老年奶粉从高钙奶粉一路升级到高钙高铁奶粉、促消化控血糖奶粉、健脑益智降低痴呆症风险的奶粉等。

而不断寻找到老人潜在需求巨大，但被现有市场忽视的新品类，将是企业抓住银发经济红利做大做强的关键。

第四章
新老人、新定位、新变革

当下社会对中国老人的流行印象，仍停留在出生于二十世纪三四十年代的老一辈老人，但出生于新中国成立后的"新老人"，已经在过去10年陆续进入退休阶段，中国老人的构成正在发生深刻变化。

而且随着1962—1975婴儿潮一代在未来15年退休，"新老人"将一跃成为中国人口结构的主力，担当起中国经济内需消费的主要动力。各个行业的从业者需要迅速刷新对中国老人的过时认知，建立起全面系统的中国"新老人"用户洞察和营销体系，才能抓住中国人口结构趋势性转变带来的银发经济红利。

一、四个趋势性变化铸就"新老人"

我们对于中国老人的固有印象，很多是来自于新中国成立以前出生的老一辈老人。他们大多出生于1930—1950年，年轻时生活工作条件十分艰苦，即使后来在改革开放经济条件大为改善的情况下，依然保持极度勤俭节约的习惯，对生活品质的要求很低。

因此，以老一辈老人为对象的服饰、食品和各种消费品，主打卖点只有一个，就是便宜，至于外观、品质、品牌等，都不在考虑之列。

同时因为老一辈老人大多是终生生活在农村，或者在青年时期进城务工来到城市，对城市生活有诸多不适应，于是出现一些看来不够文明的现象。

而这一切正在发生根本性变化。随着新中国成立后20世纪50年代出生人口步入老年，尤其是未来10年，出生于1962—1975年婴儿潮一代大量进入退休阶段，中国的老人群体正在文化水平、信息渠道、收入资产、家庭结构等方方面面发生根本性变化。

本文愿意将他们称为"新老人"，一个将在未来 30 年大放异彩的社会群体。

趋势变化一："新老人"是知识改变命运的一代

新中国成立之后，九年义务教育全面普及，从此一改老一辈老人目不识丁、不能读写的状况，大大提高了新中国成立后出生的"新老人"文化教育水平。尤其是 20 世纪 70 年代末开启高考，"新老人"成为率先考上大学，通过知识成功改变命运的一代。

以人均受教育年限为例，根据有关研究，中国 1950 年仅为 1.6 年，1990 年迅速提升到 8.6 年，2010 年为 7.95 年。

再看学历和识字率，新中国成立后出生的老人相比成立前的老人，在文化教育水平上有了很大提高，而且出生年代越接近 1970 年，高中和大学的比例就越高。

新中国成立前出生的老人学历大多为不识字和小学，根据学者 2015 年时的测算[①]75~79 岁人群（1940 年前出生）不识字占比为 48.66%，小学占比 37%；70~74 岁人群（1945 年前出生）不识字的占比 25.16%，小学占比 47.37%；65~69 岁人群（1950 年前出生）不识字的占比达到 17.26%，小学占比 50.76%。

在新中国成立前出生的各个年龄段老人中，拥有高中学历的占比在 3.67%~6.80% 之间，大专及以上学历的占比在 2.49%~3.82%，可见老一辈老人的文化教育水平整体上是非常低的。

所以毫不奇怪，我们以往多年会形成中国老人顽固守旧、不接受新事物等负面印象，因为他们中的大部分人，在人生最宝贵的青少年阶段，却根本没有机会接受基础的教育，甚至连汉字都不认识几个，连自己的名字都不会写，还怎么可能在年老的时候去学习新鲜事物呢？

---

① 陈卫.中国的低生育率与两孩政策效应[M].北京：清华大学出版社，2021.

而新中国成立后出生的"新老人",文化程度大大提高。2015年时,60~64岁人群(1955年前出生)、55~59岁人群(1960年前出生)、50~54岁人群(1965年前出生)、45~49岁人群(1970年前出生)不识字的占比分别为11.79%、7.28%、3.89%、2.82%,相比新中国成立前老人在快速降低。

此时他们的学历以九年义务教育为主,学历结构以小学和初中为主,两者合计达到75%左右,高中学历占比逐渐提高,60~64岁人群(1955年前出生)为8.80%,45~49岁人群(1970年前出生)12.98%。

读大学的比例相比新中国成立前老人有了很大提高,大专及以上学历在新老人中的占比,随着年龄段逐渐年轻而逐步提高,在45~49岁人群(1970年前出生)中达到7.87%。

教育普及是"新老人"与"老老人"的最大差别,这决定了"新老人"有更强的自学能力,他们可以天天读书看报,八九十年代跟着电视上电大,2000年后对着电脑学网课,2015年后捧着手机聊天、看新闻、刷短视频,甚至自拍、购物,熟练程度完全不输年轻人。

更重要的是,文化教育水平的提高,让新老人通过知识改变命运,通过奋斗积累殷实的资产,让他们在晚年能够更加从容享受生活,进而带动银发经济的全面崛起。

如果我们再看未来15年陆续步入退休阶段的"70后"的学历结构,就会发现文化教育水平进一步提高。

2015年时,40~44岁人群(1975年前出生)、35~39岁人群(1980年前出生)的高中和大专及以上学历大大提升,其中高中占比分别为15.85%和19.17%,大专及以上占比分别为11.30%和16.56%。

其间蕴含的意义是,随着"70后"在未来大量退休,他们的思维观念、消费习惯将比新中国成立后出生的"新老人"更加开放包容、更加追求品质,这无疑将为中国银发经济的长远发展带来强大动力。

趋势变化二:"新老人"是互联网影响较大的一代

传统中心化媒体在老一辈老人心里地位至高无上,他们无限信赖电视、报刊上的一切，所以由此建立起的老年营销传播模式，比如在央视、地方卫视、老年报刊上高频打广告，在过去很长时间里曾经获得巨大的成功。

但"新老人"是移动互联网的原住民，十几年前流行的大按键、小屏幕、外形简单、售价两三百元的老人机，如今早已不见人影，"新老人"手中拿的变成华为、小米，甚至苹果手机。

如果比较对智能手机的沉迷程度，"新老人"绝对不输于年轻人。这背后是智能手机已经在"新老人"中完成了全面普及渗透，智能手机已经成为"新老人"的第一甚至唯一信息来源。

根据中国互联网络信息中心数据，中国60岁及以上网民2016年为3000万，经过7年时间，2022年飙升到1.53亿，直逼20~29岁网民的1.6亿。互联网在中国老人中的渗透率，已从2015年的12%升至2022年的55%，未来这一数据仍将进一步提升。

一份调研还显示，2021年全国网民的日均上网时长为3.74小时，而在中老年群体中，有51%的人日均上网时长超过4小时，这一水平已经与年轻人不相上下。

在各个主流APP上，"新老人"已经成为重要甚至主要的用户群体。根据QUESTMOBILE的银发经济报告，2022年8月，银发人群月活跃用户规模2.97亿，相比上年增长12.5%，是各个年龄段中唯一保持用户增长的群体。银发人群在移动互联联网细分行业渗透率方面，即时通信达到90.6%，综合电商达到85.0%，短视频达到80.9%。

在线上消费能力（1000元以上）月活跃用户数方面，银发人群2022年8月为1.98亿，相比上年增长10.6%。在综合电商APP月活跃用户规模，2022年8月，银发人群在拼多多为1.53亿，淘宝为1.45亿，京东为0.54亿。

在典型内容平台月活跃用户规模上，2022年8月，微信为2.53亿，抖音为1.4亿，快手为1.04亿。在月人均使用时长上，2022年8月，快手极速版为35.7小时，抖音极速版为35.0小时，快手为32.7小时，微信为30.4小时，抖音为29.0小时。

以上数据充分说明，相比于老一辈老人，"新老人"接收信息的方式更加去中心化、碎片化、垂直化、社群化，"新老人"的社交关系也不再局限于有限的空间关系，不再只有小区、菜场、公园，而是突破了所有这些空间束缚，在一个个辐射全国甚至全世界，以兴趣爱好组织起来的无限开放的网络社群里自由畅游。

"新老人"全面转向互联网生活方式，揭示了一个根本性变化，即他们已经完全从传统的中心化媒体，如电视、报刊中挣脱出来，10年前曾经十分奏效的那套营销方式，在央视和地方电视、报刊打广告就能引来大量老人客户的时代一去不复返。

如果不想被"新老人"崛起的银发经济时代所抛弃，营销、品牌、传播各个领域就必须像对待年轻人一样，全面转到线上。

趋势变化三："新老人"是衣食无忧、资产殷实的一代

"新老人"是改革开放的参与者、建设者，依靠他们的艰苦奋斗，中国经济才能有今天雄踞世界第二的规模和实力。

"新老人"同样是改革开放最大的受益者，享受着越来越健全的社会保障体系，积累起丰厚殷实的家庭资产。因此，他们相比于老一辈老人，更有底气、有能力享受奋斗的成果和人生的美好。

中国的养老金体系经过20多年发展，截至2020年年底，基本养老保险覆盖率已经超过95%，农村养老保险覆盖率达到了81.6%。

中国城市老人养老金水平经过十几年连续上涨，目前一线城市普遍在4000元以上，二线城市普遍在3000元以上，三四线城市普遍在2000元以上。

农村老人养老金体系起步较晚，相比于城市老人存在较大差距，大多数地方农村养老金仅一二百元，只有北京、上海等一线城市和沿海发达地区的农村老人养老金可以达到千元上下的水平。但随着国家积极应对老龄化和乡村振兴等战略的推进，农村老人的养老金将在未来逐渐赶上城市老人的水平。

养老金主要是保障"新老人"的日常生活开支，而"新老人"在改革开放过程中积累的丰厚资产，则为提高他们晚年的生活品质提供了强大保障支撑。

从社会面的调研统计来看，中国老人的住房拥有率相当高。2016年发布

的中国老年社会追踪调查（CLASS）显示，城乡84.77%的老年人拥有自己的住房。城市老年人拥有住房的比例为87.75%，农村老年人有住房的比例约79.97%。其中，城市老年人拥有2套住房的比例为6.94%，农村为3.51%。

2019年中国老年人财富状况调查显示，全国老年人家庭平均资产净值为93.9万元，其中有1/3的老年人家庭资产净值在100万元以上。可以想见，家庭资产净值的主体应该主要是房产。

再从银行业透露的数据看，老人已经成为银行主力客户。

兴业银行旗下社区银行设立数量超出1000多家，老年人在客户群体中占到八成，社区银行1600多亿的总资产中，六成以上是老年客户的贡献。

中信银行从2009年开始布局养老金融，截至2021年5月末，中信银行累计服务老年客户1690.50万，占全行借记卡客户数的21.52%，老年客户管理资产高达1.35万亿元。

"新老人"中还有一个重要群体，就是改革开放造就的一大批先富者。招商银行《2021年私人财富报告》中披露，2021年中国高净值人群数量达到262万人，50~59岁占20%，60岁及以上占5%。这群先富者分布在各行各业，退休之后将有强烈的金融财富管理需求，成为银发经济的前沿推动力量。

趋势变化四："新老人"是空巢迁居、亟须关怀的一代

老一辈老人大多是与子女同住，吃饭、护理、洗浴等很多养老需求是由子女所提供。但"新老人"的生活形态、家庭结构发生了根本变化，首先就是空巢独居已经成为"新老人"的主流生活形态，养老功能正在由家庭转向社会。

来自民政部的数据显示，2016年中国城乡空巢家庭超过50%，部分大中城市达到70%，其中农村留守老年人口约4000万人，占农村老年人口的37%。

《"十三五"国家老龄事业发展和养老体系建设规划》指出，到2020年，独居和空巢老年人将增加到1.18亿人左右。

有专家预计，到2030年，空巢老人家庭比例或将达到90%。

另据预测，2010—2050年中国丧偶老年人口的总量将快速增长，到2050年达到11840万，是2010年的2.5倍；尤其需要值得重视的是，2010—2050

年女性丧偶老年人口始终占到丧偶老人的 80% 以上,足见未来中国女性老年人口养老问题的重要性。

空巢老人的身心健康是中国养老必须重视的问题。有研究发现,空巢老人面临的最大问题是孤独感,在生活满意度及主观幸福感方面,空巢独居的老年人明显低于非空巢独居的老年人,由此引发焦虑、抑郁和负性情绪等各种心理和生理问题。

除了空巢独居,流动、迁居是"新老人"的另一个特征。

根据《中国流动人口发展报告 2010—2017(精编版)》,2010 年第六次全国人口普查数据表明,2010 年我国户籍不在原地且离开户口登记地半年以上的 60 岁以上人口数量达到 934.4 万人,占全部流动人口的 5.79%。流动老人跨省流动比例最高,约为 58.0%,省内跨市和市内跨县较少,分别为 25.1% 和 16.9%。

而在 2015 年动态监测所调查社区的流动人口中,流动老人所占比例达到 7.2%。流动老人的年龄中位数为 64 岁,其中 70 岁以下的流动老人约占八成,80 岁及以上的高龄流动老人不到 5%。流动老人中,农村户籍者约占七成,城镇户籍者约占三成。

城市流动人口中的老人,除了许多是随子女迁居到新城市外,还有很大一部分是多年前就来到城市打工的农民工。

全国农民工监测调查报告显示,2015 年全国 50 岁以上的农民工数量高达 4967 万人,占全部农民工比例 17.9%,分别比 2010 年提高了 1352 万人和 3.6 个百分点。未来,随着中国城市化水平继续提高,将有越来越多的农民工在城市退休养老。

可以看到,未来空巢独居和流动迁居将是"新老人"的主流生活形态,原有的由家庭和乡土亲情网络提供的养老功能面临瓦解,"新老人"亟须由企业、政府和社会各界力量建设的社会化养老服务体系。

二、"新老人"呼唤新定位:活力、自主、富足、成长

数亿出生于二十世纪六七十年代,思维观念、文化学历和经济水平与新

中国成立前出生的"老老人"差异巨大的"新老人",将成为未来30年中国老龄化的主体人群,这为我们带来的不仅仅是经济层面的深刻变革,更有对传统社会观念的全面冲击,对现有社会利益的重新调整。

传统的老人观念、老年观、老龄化理论已不适应新的中国现实,新的理论呼之欲出。下面愿就此提出一些初步看法,希望能推动中国老龄化理论的形成,更好地促进中国老龄化社会和银发经济的发展。

中国老龄化社会的基本现实和理论要求

第一个现实,是社会的养老负担将在未来迅猛增加,亟须赋予老人更加积极自主的角色定位,合理划分各方在养老上的权责利。

空巢独居将在未来成为中国老人的主流居住形态,而日益严重的少子化将使整个社会的老年抚养比进一步提高,年轻人的养老负担进一步加重,这让政府、企业和社会必须承担起比以往大得多的养老责任。而且随着中国人均寿命在未来不断延长,高龄老人和失能失智老人的占比必然不断升高,由之带来的社会养老支出必将迅猛增加,医保、退休金、长护险,以及其他各种可能的福利叠加起来,将为社会带来越来越大的负担。

从率先进入老龄化的日本和欧洲国家经验来看,庞大的老年人口和沉重的养老负担消耗了大量的国家财力,对许多普通家庭的财富和人力也造成相当大的压力。因此,如何在老人福利和社会发展之间求得平衡,对于中国的未来发展来说是一个具有战略层面重要性的问题。

由于长期形成的对政府的信任乃至依赖心理,社会各界很容易将与老人、养老相关的所有问题,都看作政府的责任。各路专家、媒体、企业在分析中国养老存在的问题与不足时,常常与发达国家进行比较,第一反应总是政府应该加大投入,而对于资金来源这些看似细枝末节但最为关键的问题却避而不谈。这样的结果是过度加大了政府对于养老的责任,并导致在一些不具有重要性和紧急性的养老需求上耗费财政资源,而在一些重要的养老需求上又缺少足够的投入。

因此中国的老龄化理论,需要赋予老人更加积极自主的定位,在子女、社会和老人之间合理划分养老方面的责任和权利。老人应该对自己的晚年生活有一个更为合理的预期，这个预期在满足老人生活基本需求之上，随着社会发展而不断向上提升，但同时又不至于对子女、社会造成过度负担。而子女和社会也应该积极运用各种方式，承担起为广大老人构筑幸福晚年生活的责任。

同样，在政府、企业、社会组织之间也需要划清各自的职责和活动范围，从而保障整个社会在老龄化时代的平稳健康运行。比如在养老中，各方应避免将老人看作无自主能力的个体，尤其是避免对老人需求的大包大揽，实际上这样既无财力人力做到，并让老人百分百满意，也无法长期可持续地运行下去。更合理的做法是，划分清楚哪些是必须拿出真金白银兜底解决，哪些是支持鼓励社会力量、由各种社会组织共同解决，哪些是充分放开由市场化力量的企业来解决。以此，使各方面减少误会消除阻力，合力高效推动养老事业发展。

第二个现实，是老人退休后空闲时间猛然增多，原有社会关系面临断裂，精神世界容易空虚，需要引导老人构建积极向上、丰富多彩的晚年生活方式。

中国老人在退休后脱离了原有的以单位、企业等工作关系建立起来的社交网络，如果新的、积极的社交关系不能迅速建立起来，他们会很容易陷入孤独、抑郁等心理健康问题，滑向赌博、宗教迷信等活动，或者成为诈骗团伙重点坑害的目标。

而且智能手机在中国老人中已经全面普及，完全取代了过去电视、报纸等中心化媒体在老人心中的影响力。各种社交 APP、网络社群在老人中拥有众多的使用者，互联网社交关系的去中心化、碎片化、社群化等特征也被带到广大老人中。这让老人像年轻人一样，容易受到网络媒体为追求流量牟利而制造心理冲突、贩卖焦虑情绪的影响，让一些谣言和不实信息快速传播，甚至让老人在思想情感上产生剧烈波动，对老年人的精神心理健康十分不利。

因此中国的老龄化理论，应该引导老人在退休后积极融入社会，鼓励社会各界为老人提供丰富的机会来加强社会参与，比如再就业、志愿服务、老年大学等，从而大大提升老年人的精神健康水平，降低孤独、抑郁等心理健康问题发生的概率，提高老人自身和家庭的幸福感，同时也能显著减少医保支出，减轻社会整体的养老负担。

第三个现实，是老年人与年轻人的代际矛盾开始浮现，需要为老人和年轻人形成有益于社会和谐的行为规范。

当下老年人与年轻人的代际矛盾在社会生活的某些方面开始浮现，比如老年人为了跳广场舞而占用篮球场、足球场，与年轻人产生场地占用的矛盾，或者因为跳舞伴奏的音响声音过大，影响到附近社区中小学生的学习，而与家长发生矛盾；再比如有些地方的老人结伴在马路上健步锻炼，影响车辆通行，阻碍了正常交通秩序，等等。

这些矛盾总体上看只是一些局部的、个人层面的社会现象，其产生有多方面的原因。从城市发展角度来看，许多城市发展速度较快，人口居住密度较高，但留给居民的公共活动空间明显规划不足，这让退休之后闲下来的大量老年人缺少正常社交娱乐的场所，从而产生场地占用、噪音扰民等问题。从个人行为角度来说，篮球场、足球场等场地使用权和广场舞音响使用时段等，是一个应该而且可以由各方友好协商的问题，并不存在必然的冲突。

因此对这些问题的解决，从老龄化理论的角度来看，主要是增进老年人和年轻人之间的相互理解，鼓励社会为老年人创造更多的公共活动空间和社会参与机会，同时也需要引导形成老年人和年轻人良性互动的行为规范准则，避免局部的、个人层面的矛盾经过社交媒体的发酵扩大变成社会群体之间的代际矛盾，以利于社会整体的和谐。

西方老龄化理论评析

下面简要分析西方近代以来的老龄化理论，对中国形成自己的老龄化理论可以有所启示。

老龄化现象最早出现在19世纪中期的欧洲发达国家，此时正是工业革命高歌猛进、列强争霸瓜分全球的年代，身强力壮的年轻人成为时代发展的主要动力，而体弱多病、生产力下降的老年人则成为被追求利益最大化的资本主义抛弃的对象。

此时占据老龄化理论主导地位的是脱离理论，认为老年期是个人的社会角色、人际关系逐渐退出社会的时期，老年人与社会之间相互脱离、逐渐退缩。

在经历了20世纪的两次世界大战后，各种社会矛盾迎来缓和，生产力和经济获得新一轮快速发展，人类健康水平和预期寿命得到很大提高。在这个过程中，欧、日、美等发达国家的老龄化水平快速提高，受益于人文价值的凸显和社会福利水平的提高，老人作为一个整体的生活状况较以前的时代有了很大提升。老龄化理论也随之经历了长足发展，对老年人的温情与关怀已经成为主流。

生产性老龄化，是由Butler和Robert于1982年提出，认为老人在进入身体衰退期后仍有"剩余价值"，即老人仍然具有从事产出社会经济价值活动的能力，仍然具有一定的生产性。这本质上仍是对老人做工具化的理解，没有体现老人的主体性和作为万物之灵的人的最高价值（转引自《中国老龄社会的社会支持体系研究》）。

成功老龄化概念最早于20世纪40年代由Simmons博士提出，认为老年人渴望健康地、有意义地、更长久地活着的愿望具有跨文化普遍性。Rowe和Kahn于1987年提出成功老龄化三维模型，又称R-K模型，从生理、心理和社会三个维度定义、评估成功老龄化，包括低患病率和残疾风险、高认知和身体功能、持续性地参与社会活动。

巴尔特斯和妻子玛格丽特则在成功老龄化概念下提出选择补偿最优化模型，这是一个关于老年人生活管理策略的模型。他们提出"变化"和"可塑性"两个概念，将成功老龄化定义为良好的心理适应过程，并继续提出了成功老龄化的元理论模型，成功老龄化被定义为获得积极的（想要的）结果，并使之最大化，避免消极（不想要的）结果并使之最小化。

健康老龄化概念由世界卫生组织于1990年提出，指达成老年人群的健康长寿以及身体、心理和社会功能的完美状态的目标。2001年，联合国大会进一步发展健康老龄化概念，界定为从整体上促进老年人的健康，使老年人在体力、才能、社会、感情、脑力和精神等方面平衡发展。

积极老龄化于20世纪90年代在美国逐渐传播开来，是由美国Masterpiece

Living（MPL）老年活力服务提供商提出。其理论基础来源于美国麦克阿瑟基金会关于人体衰老研究课题的重大发现，即人体衰老 70% 的生理差异和 50% 的智力差异是由人的生活方式引起的，因此从个人、家庭和社会多个层面，影响、干预和改善老年人的生活方式成为积极老龄化的重中之重。

世界卫生组织吸收了积极老龄化的概念，在 2003 年发布的《积极老龄化政策框架》中，定义为"为了提高老年人的生活质量，使健康、参与和保障三大机制最大化地发挥功效的过程"，使老年人"享有充实、健康，具有保障和在经济文化和政治中积极参与的生活"。

"健康"指的是老年人在身体、心理、社会等各方面都保持着良好的健康状况，降低由于有机体老化所引起的疾病，让老年人的慢性病可以获得治疗和康复，从而提升他们的生活质量，尽量延长他们的社会参与时间。

"参与"指的是社会为老人创造丰富的机会和完善的环境，鼓励他们积极地参加各种社会活动，在这些活动中，他们可以获得自信心，并实现自己的社会价值。

"保障"则指的是政府、社会、家庭与个人通力合作，全方位地保障老年人的生活质量。特别是在老年人不能自己照顾自己的情况下，支持家庭和社区通过各种方式来照顾他们。

积极老龄化容许人们在一生中能够发挥自己在物质、社会和精神方面的潜力，按照自己的需要、愿望和能力参与社会，在需要帮助时，能够获得充分的保护、安全和照料。

"积极"强调的是继续参与社会、经济、文化和公共事务，不仅限于体育活动或劳动。积极老龄化旨在让老年人不仅能享受体育活动或劳动带来的好处，还能获得健康的预期寿命和生活质量。这改变了以往人们认为老年人只会消耗社会资源，成为社会负担的观念。他们强调老年人是被忽视的宝贵的社会资源，他们健康地参与社会、经济、文化和公共事务，将依然是社会财富的创造者和社会发展的积极贡献者。

积极老龄化可以说完全扭转了近代西方资本主义高速发展但充斥丛林社会弱肉强食的对老年人的负面消极心态，转变成了 20 世纪下半叶以来的正面、积极、关怀、温情的以人为本的基调，这是一种社会的进步，更是一种文明体系的精神转折。自从积极老龄化被提出之后，它就得到了各国政府和社会的广泛认可，并被纳入了很多国家的政策规划之中，同时也大大推动了养老企业、志愿服务机构等的开展，比如互助养老、时间银行等，这些都可以被认为是积极老龄化理念的具体实践。

中国古代思想对新的老龄化理论的价值

中国传统思想文化里关于孝道、关于人生的思想非常丰富，其中有许多在今天仍具有十分重要的意义。下面初步提炼出传统思想对于构建当代中国老龄化理论的三个价值。

价值一：重温饱，更重"色养"。

传统思想认为子女对老人的赡养，物质层面的温饱只是最基本的要求，更重要的是精神层面的"色养"，重视老人精神层面的愉悦，让老人感受到儿女的尊重、尊敬，让老人的面容神色充满由内而外散发出的安心舒心。

《论语·为政》载："子游问孝。子曰：'今之孝者，是谓能养。至于犬马，皆能有养；不敬，何以别乎？'"这是说，如果子女仅仅以衣食赡养老人，那么和犬马并没有本质区别，子女必须以"敬"的心态指导自己赡养老人的各种行为，才能真正和"犬马"区分开来，称之为"人"。

《礼记·内则》载："孝子之养老也，乐其心，不违其志，乐其耳目，安其寝处，以其饮食忠养之，孝子之身终。终身也者，非终父母之身，终其身也。"这就是说，子女赡养父母，最重要的是让父母身心愉悦，"乐其心"，如此才能称得上"孝子"。

价值二：双向关系，不仅"子孝"，也要"父慈"。

近代以来对中国传统思想存在很多误读，许多学者文人有意无意地突出传统伦理关系的单向性、强制性，比如君对臣、父对子、夫对妇，似乎君、父、夫具有绝对的权威和权力，可以对臣、子、妇任意妄为，而臣、子、妇只能无条件顺从。

其实传统思想的真相绝非如此，君、父、夫虽然具有较高的地位和权威，但同样对其有严格的道德准则和行为规范。《礼记·礼运》明确指出："何谓人义？父慈，子孝，兄良，弟悌，夫义，妇听，长惠，幼顺，君仁，臣忠。"《荀子·王制》则说："父慈子孝，兄友弟恭，夫义妇顺，长宽之谓和。"虽然在具体文字上不尽相同，但对于伦理关系的双方都给予了规范要求，而不是单方面的压制和强迫。

从子女与父母的关系来说，传统思想并不是单方面强调子女对父母的顺从顺服，也强调了父母自身应具有的严格规范。

孟子认为父亲在家庭生活中应该重视信用，注重家庭责任和义务，"父子不信，则家道不睦"（《孟子·尽心上》）。《荀子·解蔽》则说："养子不教，犹如禽兽。"对于父母不承担教育子女的职责，提出了非常严厉的批评。

如果父母犯了错误，子女并不因为其具有更高的权威而只能委屈顺从，而是应该如孔子所说，"事父母几谏"，以委婉、暗示的方式规劝、建议父母认识改正错误。

《孝经·谏争章》也有记载，曾子问于孔子："子不从父之令，可谓孝乎？"孔子对此态度坚决："是何言语……父有争子，则身不陷于不义。故当不义，则子不可以不争于父，臣不可以不争于君。故当不义则争之，从父之令又焉得为孝乎？"这足以清楚说明，孔子是反对盲目服从父母的，子女应该做一个"争子"，才能让父母避免陷于不义的陷阱，相比于"不争于父"的盲从，敢做"争子"才是真正的孝。

这对于当今社会的启示相当宝贵，在长期以来普遍宣传尊老爱老的社会环境下，也应该为老人群体树立起道德规范，因为老人的尊严除了社会给予外，也要靠自己争取和保障。应该教导每个老人都争做一个值得晚辈发自内心尊重的老人，摒弃"为老不尊"的行为和现象，这对于促进家庭和谐、解决代际矛盾具有十分重要的意义。

价值三：赋予晚年生活崇高性。

许多老人在退休后失去了原有的众多社交关系，精神世界陷入空虚，而中国传统思想充满对家国情怀和理想人格的追求，不仅可以丰富老人的精神世界，更能够给予老人晚年生活以目标感，让人生的下半程充实而有意义。

第四章 新老人、新定位、新变革

中国古代思想的一个特征是将个人层面的生活融入宏大的整体世界范畴，最典型的表达即是"修身、齐家、治国、平天下"，将渺小的个人与宏大的天下联系起来，赋予个人平淡无奇的日常生活以崇高的价值感和终极的目标感。

在当下中华民族伟大实现复兴的关键时刻，个体生活和国家整体再一次迎来同进退、共命运的关口。人口规模高达数亿的中国老人不应该被排斥或被忽视于这个进程之外，他们身体仍然硬朗、闲暇时间十分充裕，正可以各种普通人的方式投身这个伟大进程。可参与各种志愿服务，如社区育儿育幼、街道治安联防、宣传社会主义核心价值观等，虽然看似都是日常生活里的小事，但同样也是为社会排忧解难，是无数个普通人为伟大进程奋斗的凡人小事，是个体生命融入国家命运历史长河的滔滔向前。

引导中国老人的晚年生活融入宏大的历史进程中去，给予他们的不仅仅是唱红歌、做志愿者这些"小事"，更让他们获得强大的精神力量，让他们的晚年生活再一次绽放出耀眼的光彩。

"新老人"，新定位：活力、自主、富足、成长

在未来老龄化不断加深的时代，中国老人作为一个越来越重要的社会力量，将为社会的方方面面带来巨大而深远的影响。时代迫切呼唤新的老龄化理论，既给予老人积极向上的自我定位、充实丰富的精神世界，又能切实减轻老龄化对社会运行带来的负担，实现整个社会的长远可持续发展。

下面就老人的角色定位、人生目标提出一些初步看法，希望为形成中国自己的老龄化理论有所助益。

首先，关于中国老人的角色定位，起码应该符合两个要求：第一，老人不应该是被动等待照护帮助的弱者角色，而应该是主动积极、助人助己的建设性角色，这样不仅可以减轻社会和子女的负担，更可以让老人自己的心态更加阳光自信，以老人的精神健康带动身体更加健康。老人不应该是落后、守旧、不理解新事物、被时代发展抛弃的形象，而应该是心态开放、乐于学习、喜欢接触新事物的形象，通过终身学习获得精神层面的持续成长，为家庭为社会持续创造独特的价值。

其次，关于中国老人的角色定位和人生目标，应该包括一系列积极向上的关键词，如活力、自主、富足、成长等。

活力，指老人应具备精神与身体的双重活力，身体方面通过运动健身、健康管理、医疗护理等各种方式减缓衰老、延长健康寿命；精神方面通过学习新知、增加社交而不断促进精神世界的成长并保持心理健康。

自主，指老人应该积极面对生活，维持和增强独立生活能力，保持昂扬向上的人生心态，并且加强再就业、志愿服务、老年大学等各种与社会的参与互动，家庭和社会也应该为老人提供完善的生活帮助和心理支持。

富足，指多层次的养老金体系和健全的医疗保障体系为老人的晚年生活奠定坚实基础，让老人在财务上享受有保障的物质生活，同时精神上也更加安心而富足。

成长，指老年人的晚年生活并不是一个衰败的、走下坡路的过程，而是重启一段崭新的人生成长，可以摆脱以往工作、家庭带给自己的束缚，让人生的晚年成为老人精神层面的宝贵成长机遇，在知识技能、社交关系、人生境界等各个方面创造出新的人生成就。

最后，我们提出中国老人的三个人生原则：

第一个目标——健康：尽可能长久地保持生命活力。

第二个目标——富足：做好财务准备，从容度过一生。

第三个目标——丰盈：建立新的人生目标，并努力去实现它。

二、"新老人"引领银发经济三大变革：需求变革、渠道变革、品牌变革

"新老人"在教育水平、信息渠道、收入资产、生活形态方面的四个趋势性变化，和新时代背景下中国老人的全新定位，决定了基于老一辈老人的用户洞察、营销模式、渠道体系将全部失效，在旧时代大获成功的老年营销将全部重构，代之而起的是围绕"新老人"而重新建立起来的中国银发经济营销体系，并在需求、渠道和品牌方面掀起全面变革。

需求变革：从"活着"到"活好"，引领安心生活、人生圆梦、生命焦虑、长寿理财四大需求

"新老人"对银发经济营销体系掀起的第一个变革，就是需求变革。

思考"新老人"的需求，固然可以根据传统惯性思维，划分成刚性需求和可选性需求、生存型需求和发展型需求、生理需求和精神需求等各种类型。这些划分虽然看似全面，并且沿用多年，但却是面向全年龄人群的，而我们现在更应该贴近"新老人"群体本身，从他们的角度思考其需求的本质。由此出发，将发现"新老人"的需求与全年龄人群和老一辈老人大为不同，可以分为安心生活、人生圆梦、生命焦虑、长寿理财四个方面。

一是安心生活。

安心生活的第一个层面，需要突出基础性、普惠性，满足最大多数老人的普遍性日常生活需求，在衣食住行各方面为老人提供品质放心、价格实惠的丰富产品。

第二个层面，着重于为老人提供提升生活舒适性、减轻身体劳动强度的高品质产品，比如冬天保暖性好的内衣、冬装，夏天凉爽透气速干的夏装，走路省力、雨天防滑的鞋履，为糖尿病老人设计的降糖电饭煲，让老人免于家务劳作的扫地机器人，全天候监测老人身体健康指标和跌倒风险的智能硬件，等等。

二是人生圆梦。

"新老人"的人生圆梦需求，正在掀起一波又一波经济热点，近年来兴起的旅游旅居、老年大学和银发网红，正是"新老人"挣脱束缚、表达自我，追求人生圆梦的具体表现。

过去10年旅游旅居的红火，可以说是中国老人在精神需求上的第一次爆发。他们虽然在饮食、穿着等日常生活层面十分节省，但却十分热衷于外出旅游，天安门、延安、井冈山等革命圣地成为他们的首选，名山大川、历史遗迹甚至国外的知名景点地标，也越来越多地能看到中国老人的身影。

"新老人"除了在旅游中实现走遍世界的梦想外，还通过参加各种老年大学和文艺团体，重新回到课堂、琴房、舞蹈室，重温青春时候的文艺梦想。最近几年短视频平台在"新老人"中普及之后，出现了一批快速走红的银发网红，他们或时尚靓丽，或幽默搞笑，或精通厨艺，成为真正从普通老人中走出来的 KOL 甚至明星。

这不仅反映了以"60后"为代表的"新老人"在人生追求上的突破，更是一种深层次的精神需求和自我实现的表现。

"新老人"在圆梦过程中，会产生丰富的商机，不仅会提高对旅游、出行、住宿的需求，更会大大增加对服装、化妆品、珠宝首饰、假发等时尚产品的需求。因为时尚产品本质上是受社交需求驱动的，如果老人们总是待在家里，自然没有这些需求，但如果经常出门与朋友出游、上老年大学，甚至走上T台表演、拍摄创意短视频，那么对时尚产品的需求就一定会迸发出来。

三是生命焦虑。

生命焦虑对应的产品既包括保健食品、理疗器械这些实物商品，也包括健身、康复、健康管理等课程和服务。

从表面上看，这些都可以称之为健康需求，但为什么定义为生命焦虑更契合老人需求的本质？因为健康需求是属于老人的生理层面，解决的是身体物质层面的问题，导向的是对产品效用、性能的比较。生命焦虑则是源自老人的内心深层动机，害怕衰老，害怕死亡，对准的是内心最深处的恐惧，这样就能更加理解老人的真实需求，更好地设计、制造、营销老年产品。

四是长寿理财。

对于在改革开放过程中积累起殷实资产的"新老人"来说，投资理财是一个必须考虑的重要问题。

随着医疗科技水平的提高，"新老人"的寿命将比老一辈老人大大提高，如果单靠基础养老金，很难支撑长达几十年的优裕晚年生活，因此为老人提供物质财富支撑的投资理财服务必不可少。

当然，在周期反复和波动剧烈的现代经济条件下，如何保证老人资产的保值增值，在长达几十年的晚年生活里保持长期稳定正收益，对国内外金融机构都是一个巨大的挑战。

渠道变革：信息渠道和销售渠道全面打通，社群化、视频化、垂直化、线上线下融合是重点

"新老人"在互联网领域的全面普及渗透，预示着面向"新老人"的渠道体系正在发生质变，一方面是"新老人"的信息渠道和销售渠道正在打通融合，另一方面则是垂直化、社群化、视频化和线上线下融合成为"新老人"渠道的主要特征。

传统的银发渠道在信息和销售上是分离的，比如电视、报刊这类中心化媒体负责对老人的广告传播，电话、会销、门店则负责对老人的产品销售。

但在人手一部智能手机的时代，"新老人"的生活全面转向互联网，他们的信息渠道和销售渠道出现了打通融合，并借助互联网的力量对传统渠道实现了全面替代。

比如在微信中边聊天边拼单购物，这就是拼多多、社交电商的成功模式；再比如刷着抖音快手看短视频或者直播，随时下单冲动购买，这就是短视频平台电商业务迅速崛起的成功模式。

移动互联网让"新老人"以往观看广告、购买决策、支付下单等分割在多个场景下的行为，全部压缩在一个智能手机上几分钟内就能全部完成，实现了信息渠道和销售渠道的全面打通，让"新老人"的消费效率得到极大提高，也为银发经济的渠道体系带来全面重构的重大机遇。

面向"新老人"的渠道体系，有四个主要特征，即垂直化、社群化、视频化和线上线下融合。

微信作为"新老人"第一应用，各种微信群、公众号矩阵、视频号矩阵、企业微信、小程序构成一个完整的商业体系，通过特定的垂直化内容或 KOL，精准聚集相同爱好、特征的老人群体，在打通公域和私域基础上运营社群、裂变用户、增强黏性，从而成功构建融合内容、社群、交易的闭环。

抖音、快手近年在"新老人"群体中快速崛起，也在加紧构建公域、私域打通的业务闭环，而且其视频化的内容显然受到"新老人"的高度青睐，不过在社群、私域等方面的运营体系，和微信相比仍有差距。

需要强调的是，线上对于"新老人"的渠道体系当然十分重要，但线下依然是必不可少的。线下场景为老人带来的情感社交价值和服务教育价值，对老人的身心健康至关重要，是线上永远无法替代的。

未来的"新老人"渠道体系一定是线上线下互相融合，线上侧重于通过各种运营手段增强老人黏性，线下则着重宣贯新理念新知识新产品，营造打动老人内心的高峰体验，这样才能将各种丰富的银发用品和服务真正送达"新老人"的生活中。

品牌变革：构建积极、自主的中国"新老人"形象

审视中国老年行业的现状，能发现在很多从业者中存在思维僵化的问题，他们天然地认为老人就是疾病缠身、身残体弱、需要照顾，因此其品牌传播、营销推广也都是从老人弱势形象这个原点出发而构建的，从而禁锢了从业者的思维，阻断了为中国老人提供更加丰富多样生活方式的机会。

但在正在兴起的银发经济大潮里，企业和社会各界需要重新认识、塑造和传播中国老人的社会形象，被动、弱势、无助、乞怜这些负面印象应该果断舍弃，积极向上、自强自主才是中国新一代老人的精神内核。

退休后继续创造社会价值、实现年轻时未竟的人生梦想、在衰老过程中获得人生的掌控感，应该成为企业和社会各界在构建中国老人新形象、新传播、新营销时，聚焦发力的三大方向。

退休后继续创造社会价值，对应的是中国未来老龄化过程中，大部分老人是60~74岁低龄老人，身体健康、充满活力，他们退休并不代表脱离社会，而是应该通过时间银行等志愿服务、老人再就业平台、银发创业平台、互联网APP等各种方式重新融入社会，建立新的人生阶段的价值感，这不论是对于社会的整体和谐，还是个人的身心健康，都有十分重要的意义。

实现年轻时未竟的人生梦想，对应的是中国新一代老人是有知识、有理想、有抱负、有自我的一代，他们在年轻时艰苦奋斗，为了家庭和工作舍弃了许多个人的喜好。但在退休后的人生新阶段，衣食无忧、子女孝顺，个人生活终于拥有了属于自己的自由，而且社会层面具有十分丰富的文艺供给，比如从国家到地方的各种老年大学、广场舞队、模特队、合唱队等，以及抖音、快手、微信视频号等丰富的网络平台，这些都为"新老人"们实现人生梦想提供了无比广阔的空间和可能。

在衰老过程中获得人生的掌控感，对应的是老人从科学角度看，处在一个持续的身体衰老、机能减退的过程中，但这个过程并不是无助的、被动的，而应该通过智能硬件、医疗器械、康复辅具等科技产品的帮助，运动健身、康复理疗、健康管理的学习培训来尽可能地减缓身体衰老的过程，尽可能延长身体保持正常机能的时间，从而帮助老人获得人生的掌控感。

这三个方向，其实是中国新一代老人的内在精神需求，在银发经济的发展过程中外化为企业的用户洞察，并在此指导下去构建各种丰富的营销策略、传播场景、主题策划。

第五章

银发经济热点区域透视

中国国土广袤，各个地区的经济结构、人口结构、收入水平、消费观念差别很大，在发展银发经济时自然也会呈现出许多差异，比如不同地区的银发经济市场潜力、适合发展的银发经济产业方向等，都会存在很多不同。下面将从 31 个省区和 70 个大中城市这两个层面分析，找出最具银发经济发展潜力的热点地区，并提炼总结部分地区发展银发经济的成功经验，为期望大力发展银发经济的地区提供参考。

一、31 个省区银发经济发展分析：市场容量和地区特点

31 省区银发经济市场容量估算

老年人口数量和老人消费支出水平是决定一个地区银发经济市场容量的基础因素，由于后者具有较大不确定性，在此用易于获得的城乡居民人均可支配收入来替代。

下面根据 2020 年全国 31 个省区的 60 岁及以上老年人口数量和城乡居民人均可支配收入两项数据，估算 31 个省区的银发经济市场容量。

表 5-1　31 个省区的银发经济市场容量估算

银发经济	省　份	60 岁及以上人口（万人）	60 岁及以上人口占比（%）	城乡居民人均可支配收入（元）	银发经济市场容量（亿元）
第一梯队	江苏	1851	21.84	43390	8031
第一梯队	山东	2122	20.90	32886	6978
第一梯队	广东	1557	12.35	41029	6388
第一梯队	浙江	1207	18.70	52397	6324
第二梯队	四川	1816	21.71	26522	4816
第二梯队	河南	1796	18.08	24810	4456
第二梯队	湖北	1179	20.42	36706	4328
第二梯队	上海	582	23.40	72232	4201
第二梯队	河北	1481	19.85	27136	4019
第二梯队	湖南	1321	19.88	29380	3881
第二梯队	辽宁	1095	25.72	32738	3585
第二梯队	安徽	1147	18.79	28103	3223
第三梯队	北京	430	19.64	69434	2985
第三梯队	福建	664	15.98	37202	2470
第三梯队	重庆	701	21.87	30824	2161
第三梯队	江西	762	16.87	28017	2135
第三梯队	黑龙江	840	23.22	24902	2092
第三梯队	广西	836	16.69	24562	2053
第三梯队	陕西	759	19.20	26226	1991
第三梯队	山西	661	18.92	25214	1667
第三梯队	云南	704	14.91	23295	1640
第三梯队	内蒙古	476	19.78	31497	1499
第三梯队	天津	300	21.66	43854	1317
第三梯队	贵州	593	15.38	21795	1292
第三梯队	吉林	555	23.06	22798	1265
第三梯队	甘肃	426	17.03	20335	866
第三梯队	新疆	292	11.28	23845	696
第三梯队	海南	148	14.65	27904	413
第三梯队	宁夏	97	13.53	25735	250
第三梯队	青海	72	12.15	18284	132
第三梯队	西藏	31	8.52	21744	67

根据全国 31 个省区的银发经济市场容量，可以划分成四个梯队：

第一梯队为江苏、山东、广东、浙江，银发经济市场容量在 6000 亿~8000 亿元；

第二梯队为四川、河南、湖北、上海、河北、湖南、辽宁、安徽，银发经济市场容量在 3000 亿~5000 亿元；

第三梯队为北京、福建、重庆、江西、黑龙江、广西、陕西、山西、云南、内蒙古、天津、贵州、吉林，银发经济市场容量为 1000 亿~3000 亿元；

第四梯队为甘肃、新疆、海南、宁夏、青海、西藏，银发经济市场容量为 1000 亿元以内。

可以看到，决定一个省份银发经济市场容量的因素，主要是当地老年人口数量和城乡居民人均可支配收入，而老龄化率只是一个相对次要的指标。比如处于第一梯队的江苏、山东、广东、浙江，其老龄化率在全国处于中等偏低水平，其中广东的老龄化率甚至低至 12.35%。但因为这些省份的人口基数大，故而老年人口的数量其实排在全国前列，比如山东老人 2122 万人、江苏老人 1851 万人，是全国老人最多的两个省份。广东老年人口为 1557 万人，在全国也处于中等偏高水平。

更重要的原因是，江苏、山东、广东、浙江四省经济发达，当地收入水平在全国处于领先地位。从城乡居民人均可支配收入来看，浙江为 52397 元，仅次于上海、北京两个直辖市，江苏、广东、山东分别为 43390 元、41029 元和 32886 元，均处于全国前十水平，这与全国大部分省份城乡居民人均可支配收入主要集中在 2 万~3 万元相比，无疑具备了十分显著的银发经济先发优势。

事实上，江苏、山东、广东、浙江四省，再加上京津沪渝四大直辖市和中西部省份的省会城市，正是中国银发经济率先发展起来的消费市场，旅游旅居、文娱教育、养老护理等细分行业在这些地区发展得最为火热。

多个省份发挥资源优势抢跑银发经济

需要指出的是，上述分析主要是从需求侧估算各个省份的银发市场规模大小，有助于企业选择合适的区域市场进入策略。但仅从需求侧看待一个省份的银发经济发展潜力显然是不够全面的，对于老年人口数量较少和居民收入水平较低的省份来说，虽然在银发经济的需求侧不占优势，但却可以在银发经济的供给侧积极发力，充分发挥本地自然资源、制造业和人力成本优势，大力发展旅游旅居、异地养老、老年产品研发生产等银发产业，将发达省份的旺盛银发消费转变成本地区的强大发展动力。

比如广西、海南、云南等旅游大省，虽然本省的老年人口数量和人均收入水平在全国并不占优，但大力发展凸显本地生态环境优势的旅居康养产业，为本地经济的发展打开广阔的空间，并引来众多兄弟省份的学习。

广西作为传统旅游大省，疫情前的2019年旅游总消费10241.44亿元，占当年GDP48%，服务于老年人的旅游旅居是广西旅游业的重要支柱。广西共有29个长寿之乡，全国长寿之乡总数81个，广西占据近四成。另外广西还有四个世界长寿之乡，提出打造"长寿福地·壮美广西"的省域养老品牌。

海南在全国旅居市场占有重要地位，数据显示，"十三五"期间海南候鸟人口和旅游人口不断增长，在琼"候鸟"数为164.77万人，约为海南户籍人口总数的17%。以东北、北京与上海客群占比较大，多为高净值老人。海南提出到2025年，建立起体系健全、结构合理、康养主题突出的产业体系，成为国内首屈一指的康养目的地，初步建成亚洲康养中心雏形和全球重要的康养旅游目的地。

云南在《云南省"十四五"文化和旅游发展规划》《云南省"十四五"健康服务业发展规划》等文件中提出，建设国际康养旅游目的地，辐射周边国家和地区的边境国际化康养医疗中心，到2025年，争创1~2个国家健康旅游示范基地，同步创建一批省级健康旅游示范基地；加快建设面向南亚东南亚的医疗健康服务辐射中心、特色鲜明的国际康养旅游示范区

四川在2021年发布的《四川省关于进一步推动健康旅游发展的实施意见》提出，到2025年力争将四川打造成为全国医疗康养旅游目的地，到2030年全面形成"医、康、养、健、智"五位一体的健康旅游产业创新发展格局，建设成为全国健康旅游产业强省和国际康养度假旅游目的地。

江西于2021年12月发布《关于推进康养旅游发展的意见》，2022年4月

发布《江西省康养旅游发展规划（2021—2030年）》，明晰未来10年江西省康养旅游产业发展"江西风景独好，康养这边更好"的形象定位，明确了康养旅游收入在旅游总收入中的比重大幅增加，康养旅游产业成为江西省旅游产业的战略性新兴增长点，把江西省打造成具有江西特色和底蕴的全国一流、世界知名的康养旅游目的地的发展目标。

山西于2022年5月发布的《山西省人民政府办公厅关于支持康养产业发展的意见》提出，聚焦发展避暑康养、温泉康养、森林康养、乡村康养、运动康养、中医药康养等康养业态，到2025年，康养产业初具规模，品牌效应凸显，来晋康养客群超过150万人，综合收入达到1000亿元。

《安徽省"十四五"养老服务发展规划》提出，依托皖南山区、大别山区、皖北地区生态旅游和中医药康养优势资源，打造15个左右面向长三角的康养产业带、康养小镇和旅居健康养老基地。培育发展适老化的养老地产，拓展房地产业态，支持开发老年宜居住宅和代际亲情住宅。

除了依托自然生态资源发展旅居康养产业外，还有一些省份依靠制造业优势，大力发展符合老年人需求的老年产品研发制造，成为当地的新兴增长点。

河北省对康复辅具产业全面发力，在《河北省康复辅助器具产业发展规划（2019—2025年）》中提出，保持全省康复辅助器具产业年均增长50%左右，到2025年，康复辅助器具产品种类大幅增加，打造2大国家级康复辅助器具产业基地，建成2个百亿元级产业基地（集群、园区），培育3~5家龙头企业，打造5个以上知名自主品牌，全省主营业务收入力争达到1000亿元。

安徽在2021年1月发布《建设康复辅助器具特色产业园推动高质量发展行动方案》，提出争取到"十四五"末，在全省范围内培育5家以上销售收入达5亿~10亿元的带动性强的龙头企业，形成1个在国内外有影响力品牌展会。

浙江在16部门出台的《关于加快发展康复辅具产业的实施意见》则提出，实施科技攻关，加大康复辅助器具领域前沿技术、关键共性技术和新产品的研发，重点支持康复辅助器具企业及研发机构运用通用设计、人机工程、美学创意的理念，创新研发残疾预防、人工智能、可穿戴设备、康复及护理机器人、仿生设备、3D打印技术、康复训练设备、数字化平台、无障碍交通工具等康复辅助器具产品。

上海在康复辅具产业上明确提出，发展产业集群，依托长三角区域产业集聚和资金、技术、人才等优势，建设国际先进研发中心和总部基地，发展区域特色强、附加值高、资源消耗低的康复辅助器具产业。

二、70个大中城市银发经济发展分析：市场容量和地区特点

70个大中城市银发经济市场容量

城市是企业开展业务的主阵地，下面以全国70个大中城市为对象，根据老年人口数量和人均可支配收入，估算出各个城市的银发经济市场容量。

表5-2　以全国70个大中城市为对象估算其银发经济市场容量

城　市	银发经济市场规模（亿元）	60岁及以上常住人口（万人）	城乡居民人均可支配收入（元）
上海	4201	582	72232
北京	2985	430	69434
重庆	2161	701	30824
成都	1582	376	42075
广州	1347	213	63202
天津	1317	300	43854
杭州	1244	201	61879
南京	1073	177	60606
宁波	1019	170	59952
青岛	962	204	47156
武汉	893	212	42133
沈阳	891	211	42231
温州	854	158	54025
无锡	847	147	57589
长沙	831	154	53931

续表

城 市	银发经济市场规模（亿元）	60岁及以上常住人口（万人）	城乡居民人均可支配收入（元）
济南	792	184	43056
大连	771	184	41880
哈尔滨	745	220	33861
西安	744	208	35783
烟台	715	182	39306
石家庄	642	208	30955
唐山	614	176	34871
深圳	610	94	64878
合肥	595	143	41619
郑州	594	162	36661
金华	572	113	50580
福州	563	139	40477
徐州	552	177	31166
长春	545	189	28862
济宁	477	163	29261
泉州	473	116	40772
昆明	470	122	38522
扬州	462	119	38843
南宁	388	129	30114
南昌	387	94	41124
南充	370	146	25356
赣州	368	140	26304
常德	367	132	27808
洛阳	362	129	28096
襄阳	330	109	30290
遵义	311	113	27480
宜昌	304	100	30432
太原	302	85	35473

续表

城　市	银发经济市场规模（亿元）	60岁及以上常住人口（万人）	城乡居民人均可支配收入（元）
湛江	292	117	24986
岳阳	291	102	28577
贵阳	288	80	35958
厦门	285	49	58140
桂林	277	100	27745
泸州	277	98	28270
兰州	258	72	35845
九江	253	81	31276
包头	252	55	45879
呼和浩特	243	62	39230
惠州	242	61	39745
安庆	242	90	26884
平顶山	227	91	24929
吉林	225	91	24562
乌鲁木齐	220	54	40794
秦皇岛	207	73	28417
锦州	196	77	25434
丹东	180	64	28053
蚌埠	175	59	29600
牡丹江	173	58	29892
韶关	143	52	27546
大理	138	57	24218
银川	129	37	34806
海口	126	36	35025
西宁	106	35	30203
北海	88	30	29196
三亚	38	11	34642

整体上可以将70个大中城市划分成四大梯队：

第一梯队：共9个城市，主要为直辖市和省会城市，银发经济市场容量均在1000亿元以上。其中排名前三的上海4201亿元，北京2985亿元，重庆2161亿元。

上海和北京的老人数量和人均收入都排在全国前列，银发经济市场容量占据全国前二并不奇怪。而重庆作为地处中西部的直辖市，受制于城镇化率相对较低（重庆69.46%，上海89.30%，北京87.50%），城乡人均可支配收入在全国70个大中城市中排名中后段，仅为第44名、30824元，分别是上海、北京的42.6%、43.2%。但得益于重庆老年人口总体数量大，位居全国70个大中城市首位，为701万人，故其银发经济市场容量仍然高达2161亿元，仅次于上海、北京。

第一梯队9个城市中的最后一位宁波，老年人口数量并不算多，60岁及以上常住人口为170万，在全国70个大中城市排名21，老龄化率18.10%，排名37；宁波虽然不是省会城市，但却是副省级城市、计划单列市，人均可支配收入居于全国前列，为59952元，排名第七，因此宁波的银发经济市场容量进入全国第一梯队。

第二梯队为青岛、武汉、沈阳等20个城市，银发经济市场容量为500亿~1000亿元。

这20个城市中，既有中西部和东北的省会城市如武汉（893亿元）、沈阳（891亿元）、长沙（831亿元）、济南（792亿元）、哈尔滨（745亿元）、西安（744亿元）、石家庄（642亿元）、合肥（595亿元）、郑州（594亿元）、福州（563亿元）、长春（189亿元），也有沿海发达地区的三线城市，如青岛（962亿元）、温州（853亿元）、无锡（847亿元）、大连（771亿元）、烟台（715亿元）、金华（572亿元）。

值得注意的是，经济上位居一线的深圳，由于老年人口太少，仅为94万人，老龄化率仅为5.36%，因此即使其人均可支配收入高达64878元，仅次于上海、北京，但总的银发经济市场容量只有610亿元，在全国70个大中城市排名23。

第三梯队为济宁、泉州、昆明等 30 个城市，银发经济市场容量为 200 亿~500 亿元。30 个城市中，一部分为中西部省会城市，如昆明（470 亿元）、南宁（388 亿元）、南昌（387 亿元）、太原（302 亿元）、贵阳（288 亿元）、兰州（258 亿元）、呼和浩特（243 亿元）、乌鲁木齐（220 亿元），其余多为各个省的三线城市。

第三梯队中，大部分城市老人数量在 100 万~200 万，由于人口基数不同，老龄化率差异很大。如长三角地区的扬州老龄化率高达 26.01%，在全国 70 个大中城市中排名第三，但老人数量则为 119 万，排名倒数第五。而以风景著称的厦门，老人数量仅有 49 万人，老龄化率仅为 9.56%，均排在全国最后几名。

第四梯队为锦州、丹东蚌埠等 11 个城市，银发经济市场容量为 200 亿元以下。11 个城市中，有部分为省会城市，如银川（129 亿元）、西宁（106 亿元）、海口（126 亿元），其余为中西部和东北的三线城市。

第四梯队中的东北城市普遍人口基数低，但老龄化率较高，同时人均可支配收入大多排在全国末尾，银发经济市场容量普遍很小，如锦州（28.59%，25434 元，196 亿元）、丹东（29.04%，28053 元，180 亿元）、牡丹江（25.25%，29892 元，173 亿元）。

同时还有部分以自然风光闻名的旅游城市，老龄化率和收入水平在全国处于中位，老人数量很低，故银发经济市场容量排名垫底。如大理（57 万人，17.01%，24218 元，138 亿元）、三亚（11 万人，10.42%，34642 元，38 亿元）。

但需要指出的是，本地老人数量偏少，虽然是一个城市发展银发经济的不利因素，但如果拥有卓越的自然生态条件，也可以转化为吸引全国老人到来、发展康养旅居产业的有利条件。比如三亚、海口、桂林等南方旅游城市所做的那样，而这一点，同样适合丹东、锦州等老龄化严重、经济发展急需增量的东北城市所借鉴学习。

哪些城市抢跑银发经济？

70 个大中城市广泛分布在全国 31 个省区，经济结构、收入水平、产业资源各不相同，在发展银发经济上同样各具特点。

北京在《北京市养老服务专项规划（2021年—2035年）》中提出，培育养老产业创新研发，创建养老产业发展实验区、养老服务产业园区、科技养老服务示范基地和国内养老服务产业核心集聚地，进行老年产品研发和科技孵化，培育一批国内国际知名的品牌和产品。

上海在《上海市老龄事业发展"十四五"规划》中提出，把老龄产业纳入经济社会发展总体规划，定期公布相关扶持政策措施清单和投资指南。优化老龄产业市场竞争环境，建立健全老龄产业相关产品和服务的标准规范。提升融资能力，加强财税支持，加大对养老服务、智慧养老、生物医药等企业和项目的支持。大力发展辅具用品产业，加快发展老年人服装服饰、日用辅助产品、生活护理产品、康复训练及健康促进辅具等老年用品产业，培育一批"专精特新"小巨人企业。发展一批养老产品和服务特色街区、园区，广州则提出，扩大融投资渠道，落实金融、土地、规划、税费、补贴等扶持政策，打造广州养老产业功能性园区，支持养老服务企业在广州设立总部，支持老年金融、旅游、康养、教育、产品用品等产业业态发展，推动集研发、生产、销售、展示、物流、服务于一体的综合性养老服务产业建设，打造一批具有影响力和竞争力的养老产业商标品牌，培育一批在全国有一定影响力、规模较大的养老产业、龙头企业和社会组织，形成产业链长、覆盖领域广、经济社会效益显著的养老服务产业集群，支持养老产业企业上市，加强养老产业企业商标和品牌保护，提升养老产业的核心竞争力。

重庆已在全市建成养老产业集聚区3个，国家级养老综合改革试点区2个、国家级居家和社区养老试点改革区1个，国家级示范养老机构1家，医养结合示范机构5家。提出推动"养老+"多业态深度融合。建设一批富有特色的康养小镇，打造一批健康养老产业集聚区，培育一批健康养老产业基地。充分发挥中医药在治未病、慢性病管理、疾病治疗和康复中的独特作用，支持中医医疗资源进入养老机构、社区和家庭。鼓励中医医疗机构面向老年人群开展上门诊视、保健咨询等服务，探索设立中医药特色康养机构。

深圳提出，力争到2025年，聚集35家以上国内乃至国际高端智能康复辅助器具产业领军企业、培育 3 家上市公司，设立不少于 1 个国家级测评认证中心执行机构、1 个全球创新产品展示交易中心、1 个创新产业加速器（骨干企业孵化中心）、1 个残疾人事业发展研究中心，举办 5 场以上年度国际产业论坛，整体带动深圳市康复辅助器具产业规模突破 1000 亿元，逐步形成以大湾区为中心、辐射全国、影响全球的高端智能康复辅具产业体系。

合肥在《合肥市开展康复辅助器具产业第二批国家综合创新试点实施方案》《合肥市康复辅助器具特色产业园规划方案》中提出：到 2025 年，全市康复辅助器具产业技术创新能力和国际竞争力明显增强，产业发展水平达到全国前列，产业集聚、特色鲜明、布局合理的产业体系基本形成，全市康复辅助器具产业主营业务收入力争达到 200 亿元。

秦皇岛提出，力争到 2025 年产业主营业务收入达到 300 亿元。秦皇岛早在 2016 年 1 月，就与民政部下属国家康复辅具研究中心签署"部地共建、院市合作"战略合作协议，双方在康复辅助器具技术创新、质量检测、养老示范等方面开展合作，共同打造康复辅助器具科技创新、产业集群和康复、健康养老服务示范基地。2018 年国家康复辅具研究中心、秦皇岛市人民政府联合河北省相关厅局，召开首届中国康复辅助器具产业创新大会，并将秦皇岛列为永久会址，为康复辅具产业的发展注入资源动力。

温州则提出打造区域养老产业中心城市，依托该市区域医疗康养城市建设，促进养老服务业、老年用品业、老年金融业等行业的特色发展，打造全国民间资本参与养老产业发展示范区。结合全域旅游和乡村振兴，大力发展老年旅游业，鼓励各县（市、区）发展候鸟式旅居项目，积极融入全国候鸟式旅居网络，打造浙南闽北赣东候鸟旅居节点城市。到 2025 年，力争将温州打造成为浙南闽北赣东的老年医学研究中心，培育和集聚一批国内知名的老年医学人才。

三、一线城市异地养老带来的银发经济机遇

北京、上海等一线城市老人数量多、收入水平高，其银发经济发展水平

走在全国前列。而在未来 10~15 年，两地将共同面临高龄老人快速增加、养老护理需求猛增的问题，异地养老或许是解决这个问题的一剂良方，并将为广大企业带来银发经济发展机遇。

北京、上海老龄化特征：中心城区老龄化率高，未来 10 年高龄失能老人增长快

根据最新的人口普查数据，北京的老年人口分布呈现中心城区老龄化程度高、郊区相对较低的分布特征。2020 年年底，北京各区 60 岁及以上常住人口数量排在前三位的是朝阳区、海淀区和丰台区，分别为 70.9 万人、57.8 万人和 47.9 万人；60 岁及以上户籍人口数量排在前三位的是朝阳区、海淀区和西城区，分别为 64 万人、55.2 万人和 43.7 万人。

中心城区不光是 60 岁以上老人占比高，80 岁以上人口占比同样占据高位，表明对护理方面的养老需求十分强烈。根据《北京市老龄事业发展报告（2020）》，北京市各区 80 岁及以上户籍人口最多的区是海淀区和朝阳区，均达到 12.1 万人，占本区 60 岁及以上户籍老人比例分别为 22.0%、18.9%。

再从人口结构的演变上看，未来 10 年北京高龄人口将出现飙升。2020 年北京 80 岁及以上户籍人口 63.3 万，在 60 岁及以上户籍老年人口的占比为 16.7%。这个数字看上去并不高，但需要高度重视的是，70~79 岁人口为 98.7 万人，这部分老人无疑大部分将在未来陆续成为 80 岁以上高龄老人。

也就是说到 2030 年，北京的高龄老人将上升到 150 万~160 万，是现在的 2~3 倍。不太精确地估算，2030 年失能老人的养老需求也将是现在的 2~3 倍。

上海的老龄化特征与北京有相似之处，中心城区养老压力显著大于远城区。根据《2020 年上海市老年人口和老龄事业监测统计信息》，60 岁及以上人口占比最高的区是虹口区 42.5%，黄浦区 41.7%，普陀区 41.1%，静安区 40.1%，长宁区 39.1%，80 岁及以上人口占比最高的区是徐汇区 18.2%，长宁区 17.8%，崇明区 16.5%，虹口区 15.8%，杨浦区、闵行区 15.6%。

与北京类似，上海未来 10 年高龄老人也将迎来飙升。上海 2020 年年末 70~79 岁人口为 150.94 万，在未来 10 年陆续成为 80 岁以上高龄老人，算上

2020 年已有的 80 岁及以上老人 82.53 万，到 2030 年将超过 230 万，是 2020 年的将近 3 倍。

养老供给与购买力存在不足

一般的印象会以为，北京、上海这种经济发达、财力雄厚的一线大城市，在养老相关的资源供给上应该同样是十分宽裕的。两个城市经济发达不假，但由于人口总量大、老年人口多，如果用人均资源来算账，就显得局促很多，甚至比周边城市还要低。

以上海为例，在与老人需求最紧密的医疗健康方面，上海的床位数、技术人员数均处在上三角城市的中游水平。

根据《上海社会发展报告 2020》，2017 年上海万人卫生机构床位数 55.66 张，在长三角 40 个城市中排名 16，首位城市是杭州 80.22 张。2017 年上海万人卫生技术人员数排名第 8，为 77.73 人，杭州依然排名第一，为 117 人，高出上海 50%。

从养老机构床位数量来看，虽然上海中心城区的老龄化率显著高于远城区，但中心城区的床位数比例却显著低于远城区，呈现出养老资源供给不足的特征。

根据《上海社会发展报告 2020》，在上海各区中，2018 年养老机构床位数占本区户籍老年人口比例最低的是黄埔 1.6%，静安 1.8%，徐汇 2.1%，普陀 2.4%，杨浦 2.4%；床位比例较高的都是远城区，如青浦 4.7%，嘉定 4.7%，奉贤 4.0%，松江 3.8%，闵行 3.8%。

再从养老机构入住率看，中心城区的入住率普遍在 60% 以上，如长宁 77.4%，杨浦 74.7%，黄埔 72.8%，静安 68.6%，徐汇 63.3，远城区入住率普遍较低，尤其是青浦仅有 26.7%，其他区多在 40%~60%。

这说明上海的养老需求和养老供给在区域空间分布上存在不匹配的现象，而中心城区由于土地紧缺，租金、人工等成本高昂，缺少大力建设养老设施的基础条件，进而限制了中心城区的养老服务供给能力。

这一点北京和上海是有共性的，所以说未来将中心城区的养老需求引导到远城区乃至周边城市进行消化，是解决两个城市高龄失能老人养老难题的重要思路。

经济和收入级差，是推动北京、上海老人异地养老的核心动力

从北京、上海两地老人的收入角度看，也具有将两地中心城区老人养老需求向周边物价、租金、人工成本较低的区县和城市转移的必要性。

根据公开信息，上海市领取城镇职工基本养老金的老年人有434.29万人，占老年人口的81.4%，平均养老金为每月4779元。单看这一数字会觉得上海老人应该过得很不错，毕竟在很多二三线城市，四五千元对于年轻人都是个很不错的收入。但同期上海城乡居民人均可支配收入为72232元，换算下来，养老金仅占79%。而且还有9.5%的老人领取的是城乡居民养老金，人均每月1353元，算上这个因素，上海老年人的实际养老金水平还要下一个台阶。

北京2020年城镇职工人均养老金为4365元，同期城乡居民人均可支配收入为69434，换算下来北京老年人的城镇职工养老金占人均可支配收入75%。

在国家对居民生活相关的水电气暖和食品等价格进行管控，同时大力改革医疗体系、推行集中采购降低医药价格的大环境下，以四五千元的养老金维持在北京、上海的日常生活是没有问题的。但如上文所述，两地老人未来10年大量进入高龄失能状态后，将产生很多养老护理需求，而在租金、人工成本高昂的北京和上海，这些服务需求必将在高成本下难以被满足，从而产生很大的缺口。

但换个角度看，在北京、上海属于中低收入水平的人均养老金，在周边城市却成了中高收入。以北京每月4365元的城镇职工人均养老金估算，全年养老金收入为52380元，是河北石家庄城镇居民人均可支配收入（2020年40247元）的130%，是河北保定城镇居民人均可支配收入（2020年34112元）的153%。

以上海每月4779元的城镇职工人均养老金估算，全年养老金收入为57348元，是江苏扬州城镇居民人均可支配收入（2020年47202元）的121%，是江苏盐城城镇居民人均可支配收入（2020年40403元）的142%。

其实不用多说，周边城市的地价、租金、工资、物价水平（尤其是服务价格）都比北京和上海低得多。因此，对高龄失能老人的服务成本中最重要的两项因素，租金和人工，都将在和北京、上海存在经济和收入级差的城市里得到化解。

也就是说，同样水准的养老服务供给，在周边城市需要支付的价格，可能是北京、上海本地价格的几分之一。不论是对个人还是政府，都将大大减轻支出压力。

政策积极推动异地养老，北京、上海进入加快实施阶段

对于异地养老，从上文分析看，具有现实上的可行性和紧迫性。北京上海两地都于近年出台了相关政策，十分务实地推动实施，比如医保异地结算、异地购买政府服务、长护险异地结算等，并且制定时间表加快未来几年落地进度。

北京及京津冀的政策主要有三个方面值得重视。

一是养老服务向环京周边地区延伸。

《京津冀民政事业协同发展三年行动计划（2021—2023年）》提出，京津冀三地将协同推进养老服务向环京周边地区延伸。出台落实北京养老项目向廊坊市北三县等环京周边地区延伸布局鼓励政策，在养老服务设施建设、运营补贴等方面加大支持力度。积极支持国有企业、社会资本通过建设、收购、合作、改造等多种方式，在环京周边地区建设运营养老机构，增加区域养老服务供给。

《北京养老服务专项规划2021—2035年》提出，加强京津冀协作，以北京城市副中心建设与廊坊北三县一体规划、协同发展为契机，制定专项支持政策，推动北京养老项目向天津武清、廊坊、保定，特别是北三县延伸布局。

二是异地购买养老服务。

《京津冀民政事业协同发展三年行动计划（2021—2023年）》提出，推动跨区域购买养老服务合作，研究制定北京市政府购买养老服务指导性目录、服务标准，完善政府购买养老服务机制，改进购买服务的方式方法，拓展政府购买养老服务的领域和范围,进一步深化跨区域购买养老服务合作。

三是养老服务人才培养。

《京津冀民政事业协同发展三年行动计划(2021—2023年)》提出,做好养老服务人才培养工作,鼓励雄安地区养老服务人员分批次到北京市定点公办养老机构实践交流,加强两地政策学习、经验分享。

《北京养老服务专项规划2021—2035年》提出,推进京津冀养老深度合作,在养老人才管理、康复设施建设、养护查房、心理慰藉、人员进修等环节开展全方位的交流互动。加强专业养老人才的交流、培训,提升京津冀养老服务能力水平及管理水平。北京市属高校应在河北省、对口援助省市等特定地区定向招生,培养养老服务人才为老年人提供服务。

上海及长三角政策则有两个值得重视的地方。一个是在继续优化长三角医保异地结算的基础上,"进一步优化长三角医保异地结算信息平台,支持三省一市之间实现异地门诊结算互联互通",在长护险的异地结算上,也将有实质性动作。根据《上海市老龄事业发展"十四五"规划》,上海将"试点开展本市长期护理保险和养老服务补贴有关待遇异地延伸结算工作",本质上和北京及京津冀的异地购买养老服务有相通之处。另一个是上海将更加注重市场和行业自发的力量,《上海市老龄事业发展"十四五"规划》提出,"构建长三角区域智慧养老平台,推进长三角区域养老智慧服务体系建设。支持长三角区域内的养老服务行业联合开展养老服务领域民间合作,为老年人选择异地养老提供服务"。

至于未来哪些城市最有可能承接北京、上海两地养老需求,可以设定两个标准,一是交通距离适合日常通勤。处于一小时交通圈,家属探望可以周末一天内往返完成,这样对老人家庭才有吸引力。二是经济和收入水平与京、沪两地存在显著落差。北京周边城市发展水平普遍与北京有较大差距,不必多说。而长三角地区紧邻上海的城市普遍发展水平较高,比如苏州、无锡、嘉兴、宁波等,似乎承接上海养老需求的意愿有限。而地处苏北的扬州、盐城等地,与上海收入差距够大,也许更有承接的基础和意愿。

第六章
银发经济热门赛道分析

在老龄化不断加速的未来 30 年，银发经济将成长为十万亿级乃至百万亿级的超级产业集群，而食品营养，衣着服饰，教育、文娱与旅游，银发时尚消费，家电与智能设备，家居适老化，医疗健康将成为银发经济最热门的主流赛道。

一、食品营养

中国自古就有"民以食为天"之说，而老人由于身体机能退化和患有多种疾病，亟须科学全面的食品营养来维持身体的健康状况。在老人越来越多的老龄化社会，与老人相关的食品营养无疑将是最大的赛道之一。

进入老年阶段后，由于活动量减少、肠胃消化功能减弱等种种原因，老人对主食和肉类的消费逐渐减少。但由于普遍存在慢性病、营养不良、吞咽障碍等问题，老人对具有明确功能定位的营养品、保健食品、易食食品等方面的增量需求将凸显出来。

国家卫健委数据显示，截至 2021 年 12 月，我国已有 1.9 亿老年人患有各类慢性病。另有数据显示，患有一种及以上慢性病的老年人占比高达 75%。这些老人在日常服药之外，还在饮食上有着特殊需求，比如低盐、低糖、低油，摄入有助于降血压、降血糖、降血脂的食品营养成分，等等。

但由于饮食观念不够科学、老年食品供给不足等原因，中国老人普遍存在营养不良的问题。有专家表示，我国按照国际营养不良的筛查方法，对北京、上海、广州、重庆、成都等几个经济发展较好的城市调查发现，65 岁以上老年人中，超过 50% 的人存在营养不良风险。这些经济发达城市的老人营养状况尚且普遍不良，广大三四线城市和农村老人的营养状况可想而知。

因此在 2017 年国务院办公厅印发的《国民营养计划（2017—2030 年）》中，明确要求开展老年人群营养改善行动。

保健食品作为老人主餐之外的重要营养摄入渠道，在改善老人营养水平、补充身体所需营养成分等方面发挥着重要作用，在改革开放的 40 多年间经历了从无到有的快速发展，在未来老龄化加速的背景下，仍将是食品营养最大的细分市场之一。

中国保健食品市场从 20 世纪 80 年代开始萌芽，经过大约 40 年时间，如今市场规模和企业主体均获得长足发展。根据 Euromonitor 数据，2020 年我国保健食品市场零售额为 2887.76 亿元，其中以老年人为主要消费对象的维生素和膳食补充剂的零售额为 1743 亿元，草药/传统药品的零售额为 969 亿元，两者合计占比达到 94%。

保健食品市场还孕育了众多上市公司，如主打中医药养生滋补品的同仁堂、东阿阿胶、片仔癀，主打膳食补充剂的汤臣倍健、金达威、仙乐健康等。

值得一提的是，奶粉是一个对老人营养需求适应性很强的品类，国内外各大乳企都已加入这个日益庞大的市场。早期的中老年奶粉基本以高钙、高铁等基础营养元素为卖点，市场陷入同质化竞争。而近几年，雀巢、伊利、蒙牛等各大乳企纷纷从控血糖、肠道健康、心血管健康、预防阿兹海默症等方面切入，推出丰富的新奶粉品类，为老年人的营养补充提供了更多的选择。

这些品牌还推出专门定位中老年人群的奶粉子品牌或产品线，并邀请明星艺人代言。如雀巢旗下的怡养，先后邀请张继科、成毅做代言；伊利旗下的欣活先后邀请孙红雷、张云龙、王一博、刘国梁做代言；蒙牛雅士利旗下的悠瑞，先后邀请李建义、张国立做代言。

但相较于发达市场，中国保健食品仍有广阔的发展空间。有统计显示，美国保健食品渗透率超过 50%，日本渗透率达 40% 左右，而中国渗透率仅为 20% 左右。随着老龄化时代的来临，老年人越来越多、健康意识越来越强，中国与美国、日本在渗透率上的差距也将逐渐缩小，中国保健食品的市场空间将在老龄化时代进一步打开。

随着社会中高龄老人的增多,对易食食品的需求也会显著增加。老人在进入75岁的高龄阶段后,肠胃功能显著弱化,吞咽功能更是会有显著下降,因此之前能够正常食用的食品就变得难以下咽,需要在日常饮食中增加大量的易食食品。

易食食品是专门面向咀嚼或吞咽功能下降的老年人群,通过改善食物的物理性状以满足他们饮食需求的一类特殊食品。2018年国家卫健委发布《食品安全国家标准老年食品通则》(征求意见稿),参照日本、美国等国家标准,将易食食品从固态到液态分为六大类,包括软质型、细碎型、细泥型、高稠型、中稠型和低稠型。不仅涵盖了适合不同程度咀嚼吞咽功能下降老年人的食物,并参考各国食物分类制定出检验方法,增加了企业实际生产的可操作性,为中国易食食品市场的发展奠定了基础。

央视财经《环球财经连线》曾报道,日本约有70家开发老年护理食品的企业,护理食品市场连续10年保持高速增长,2020年的市场规模达到25000亿日元,约合人民币1600亿元。

另根据日本介护食品协会数据,2020年日本介护食品生产量超过7万吨,在案商品数量超过2100件,而且最近几年呈现快速上升的势头。

参照日本经验,随着中国老龄化的加速,高龄老人的比重逐渐提升,中国易食食品的市场将在不久的将来迎来巨大的发展空间。

日本在面向老年人的食品开发方面积累了很多有益经验。日本企业瞄准三高、骨质疏松、认知症等老年人普遍存在的健康问题,积极寻找有益于老年人身体健康的营养成分,添加到主食、调味料、乳品、饮料等各种食品里,获得市场的广泛认可,可以为中国企业提供丰富启示。

在主食方面,吉野家推出过一款专门面向老年人的牛肉饭,添加了多种有益于健康的成分。其中,五层龙分子可以抑制糖类分解,控制血糖和调整场内环境;γ-氨基丁酸(简称GABA)是一种非蛋白质氨基酸,对人的大脑健康十分关键,还能起到降血压的作用;珠肽粉是从新鲜猪血提取的活性成分,能减少体内对于脂肪的吸收,对控制三高有显著效果。

调味料方面，龟甲万推出一款添加了大豆肽的减盐酱油，大豆肽是利用生物技术将大分子的大豆蛋白质分解成 2~10 个小分子，富含 22 种氨基酸，其中 9 种是人体不能合成的必需氨基酸，可以起到降血压的作用。

Kagome 推出的一款番茄汁，含有番茄红素和 GABA，番茄红素能够增加血液中的 HDL 胆固醇，具有降低血糖的功能，GABA 则具有降低血压的功能。

乳品方面，明治乳业推出多款针对老年群体的功能性乳制品，如面向高血压人群的酸奶，每瓶含 GABA 成分 12.3mg；"Meiji ProBio Yogurt PA-3"酸奶，其活性成分为 56 亿个单位的乳酸菌 PA-3，声称能抑制尿酸水平的上升。

森永乳业推出针对高血压人群的酸奶——Triple Yogurt 三重酸奶，具备降低高血压、控制餐后血糖的上升和增加甘油三酯的三重功效。其专利成分 MKP 是一种新型的水解酪蛋白肽，通过抑制血管紧张素转换酶（ACE）来降低血压。

朝日集团旗下的可尔必思品牌推出一款降血压的乳酸菌饮料，含有乳三肽（VPP、IPP）成分，官方声称每日一瓶有助于降低血压。

雪印公司推出的 MBP 系列产品包含酸奶、乳酸菌饮料、膳食补充剂等，添加功能性成分 MBP（乳碱性蛋白），可以有效提高骨密度。

饮料方面，朝日集团推出针对 50 岁以上老年人的功能性乳酸菌饮料，每盒添加 2000mg 的氨基葡萄糖盐酸盐，能够缓解老人的关节疼痛和炎症。

DYDO 推出一款针对高血压人群开发的罗布麻叶功能茶饮料，每瓶添加 30mg "燕龙茶黄酮"。"燕龙茶黄酮"是从罗布麻茶叶中提取的金丝桃甙（HP）和异槲皮苷（IQ），有助于降低血压。

值得一提的是，日本老龄化社会已进展到高龄化阶段，认知症的发病概率大大增加，因此近年来针对认知症的保健食品开发成为热点，经许可上市的产品已达上百款。原料方面采用较多的有银杏叶提取物、DHA·EPA、PS、缩醛磷脂、姜黄素、叶黄素、玉米黄质、橙皮油内脂、组氨酸、L-茶氨酸、假马齿苋皂苷等。

针对认知症开发的产品形态相当丰富，有米饭、饮料甚至口香糖等多种类型。乐天推出一款获得功能性标示食品备案的冷冻米饭，口味有茄子、回锅肉等，每袋添加 EPA/DHA 450mg，减盐 30%，功能声称为"维持记忆力"。

森永推出一款针对 40 岁以上中老年人的功能性酸奶，添加了双歧杆菌 MCC1274，声称可以防止记忆力下滑和认知能力下降。朝日推出针对用脑健康的功能性饮料"工作大脑"系列，包括乳酸菌饮料、咖啡饮料和果汁饮料。产品添加了取自可尔必思发酵过程中产生的一种成分，据称能够帮助中老年人群保持注意力和增强记忆。乐天推出一款专为中老年人设计的不黏牙口香糖，添加了银杏叶提取物，是一款具有"维持记忆力"的机能性标示食品。

二、衣着服饰

人在进入老年阶段之后，身体机能发生诸多变化，对衣着服饰的需求与年轻时大为不同。但由于中国服装企业大多将重心放在年轻群体身上，长期充斥着老年服饰就是"低价、劣质、老土"的误解，忽视了老年人对衣着服饰的巨大需求，市场上也十分缺少满足老年人切实需求的优质供给。

下面对老年人由于身体机能退化而产生的衣着服饰需求进行分析，希望为服装企业开发老年服饰、抓住银发经济商机提供启发。

老年人驼背、肥胖、圆背等身材变化，需要服装设计来修饰身形

随着年岁的增长，老年人身体各部位的关节软骨会不断萎缩，脊柱弯曲度随着年龄的增长而日益加重，体型则由正常体态逐渐变成驼背体态。有研究表明，一般老年人在 70 岁时身高会比年轻时降低 2.5%~3%，女性甚至会降低 6%，主要就是因为脊柱弯曲度加重造成的。此外，老年人还会普遍出现脂肪堆积、躯干部肥胖、腰腹部突出下垂、手臂粗等身材变化。女性由于胸部下垂、身体凸点下移以及背部脊椎变形，更加容易出现圆背的体态。

老年服饰应该注重研究老人特有的身材体型特点，从版型设计上就考虑到为老人修饰身形、穿着美观。

老年人低体温，需加强服饰保暖性能

老年人体温一般比年轻人略低，通常低 0.5~0.7 摄氏度。原因是老年人内分泌腺退化，提高代谢率增加热量的激素如甲状腺素、肾上腺素分泌减少，从而导致老年人体温过低，由此会引发多种健康问题，如心律失常、肾脏损失、肝脏损伤等。

因此老年服饰应该选用各种保暖性好、可安全加热的材料和设计，加强保暖性能。此外，老年人的肩颈和腰部容易受寒，也需要在服装设计上有相应的考虑。

老年人夏天耐热能力低，服装应能更好地散热降温

老年人的皮肤汗腺分泌功能退化，排汗功能比年轻时减弱，因此耐热能力显著降低，夏季更加容易中暑。而且老年人身体较弱，长时间吹电扇和空调并不适合他们，因此更加需要服装提供良好的散热降温功能。

老年男性突出的"加龄臭"，采用除臭、芳香面料可解决

"加龄臭"一语来自日文，是指老年人特有的体味，尤其以男性突出。加龄臭发生的原因，是由一种叫"壬烯醛"的物质所致，包括青臭（类似于青草、蔬菜搅碎时发出的味道）和脂臭（接近于油性皮肤的人长时间不洗头、不洗澡所分泌的味道）。老年女性的"加龄臭"问题表现较轻，主要是由于雌性荷尔蒙具有抑制脂肪酸氧化的效果，而且女性一般更加重视身体清洁，并且习惯性使用多种化妆保养品。

"加龄臭"会降低老年人的自信，减少社交活动的频率和范围。解决"加龄臭"问题，除了通过日化用品加强清洁保养外，还可以通过穿着具有除臭、芳香功能面料的服装解决。

老年人皮肤干燥易瘙痒，可采用亲肤、保湿功能面料制作服装

老年人的皮肤表皮细胞体积缩小，数量减少，导致皮肤的新陈代谢速度

减缓，皮肤的保湿功能退化，导致皮肤容易干燥粗糙，引起皮肤瘙痒等问题。

对此，除了使用化妆品和日化用品外，采用具有亲肤、保湿功能面料的服装也能为老人起到皮肤保湿、抑制瘙痒的作用。

老年人身体协调性差、灵活性降低，服饰应注重易穿脱性，设计特别版型

老年人的神经组织功能出现退化，导致反应能力降低，身体协调性弱化，动作灵活性降低。

进入老年后，体内的肌肉在不断流失，70岁时的肌肉强度只有30岁时的一半。同时老人肌纤维的体积缩小，数量减少，肌肉的收缩速度减慢，收缩力量下降，肌肉的弹性、耐性、控制力都出现减弱，导致包括穿衣、吃饭、行走在内的各种行为的准确性降低。

另外老年人的造骨能力弱化，骨质流失加快，骨骼变得脆弱，导致极易发生骨折。

除了加强体育锻炼、合理补充营养外，面向老年人的服饰也可以起到重要作用，比如在设计上注重服饰的易穿脱特性，研究设计适合老年人肢体活动特点的版型等。

事实上，老年人对采用各种新面料、新设计的功能性服装是非常需要的。曾经有研究机构对上海地区200多位60~90岁的老人进行调研，内容是功能性服装购买意向和需求重点。选择"非常愿意购买"和"比较愿意购买"的老人占比50%以上，接受100~200元价位的老人占比43%，接受200~500元价位的老人占比36%。在具体需求上，"吸湿排汗且速干"和"防跌倒摔伤"是最受老人欢迎的功能，选择"非常希望"的分别达到43%和40%。

政策层面对于功能性面料和服装同样持鼓励态度。在2019年由工业和信息化部、民政部、国家卫生健康委员会、国家市场监督管理总局、全国老龄工作委员会办公室联合印发的《关于促进老年用品产业发展的指导意见》中提出，"下一步将在以上各领域着力促进老年用品创新升级，包括增加智能型材料、感光材料、防紫外线及高性能纤维在老年服装中的应用"。

可以说，从需求到政策都为老年服饰的发展提供了良好的土壤，但为什么在市场上却看不到太多成功的老年服饰品牌呢？这一方面，是因为出生于二十世纪三四十年代的老一辈老人，在生活上十分勤俭节约，在衣着服饰上的消费上秉持能省就省的原则，经常因为追求价格而忽视美观和舒适性、功能性；另一方面，老一辈老人对皮草等天然材质十分看重，愿意花高价置办一件皮草冬装，但对于具有各种功能的创新面料，他们的接受程度十分有限，一律视之为"化纤材料"，不愿意轻易尝试。

随着"60后""70后"成为中国老人的主流，他们对创新面料和功能性服装的接受程度将大大提高，从而为老年服饰的发展打开全新的空间。此时，就需要企业在产品和营销上下足功夫，才能"俘获"新一代老人的心，赢得老年服饰市场的蓝海市场。

近几年老人鞋在国内发展迅猛，企业品牌百花齐放，行业年销售额达到百亿量级，是老年服饰品类的经典案例。下面对部分老人鞋企业的成功做法进行简要分析，希望对老年服饰企业有所启发。

一是邀请在老年人群中影响巨大的演员明星做代言人，迅速唤起广大老人群体的青春记忆，成功拉近新品牌与老人的认知距离。著名演员张凯丽、濮存昕、牛群等，都在过去几年里被不同的老人鞋品牌邀请做代言人，让作为目标客户的老年人倍感亲切，同时也迅速认知了品牌。

二是在老年人最喜欢看、最信赖的央视和地方卫视上，投放大量广告、栏目冠名，其中不乏央视健康之路、北京卫视养生堂等知名栏目，从而实现精准获客的效果。而且此时电视台正遭受年轻观众流失的巨大困境，广告报价折扣很低，这就更进一步大幅降低了广告投放的成本。

三是与中央级媒体广泛合作，入选民族品牌工程、举办老年足部健康高峰论坛、联合成立足部科学研究院，发布相关调研报告和足部健康知识普及图书，通过一系列举措树立企业专业、可靠、权威的品牌形象。

四是全面系统的销售体系，线下以门店加盟快速覆盖全国大小城镇，充分调动广大经销商和中小创业者资源，几年时间扩张到数千家门店；线上则占据淘宝、京东等主流电商平台，将春节、重阳节、中秋节、父亲节、母亲节等节日作为重要营销节点，开展大力促销，捕获子女孝心购买需求；同时在全国电视大打广告期间，同步推出 400 电话销售体系，让老人在观看广告后，不用出门寻找门店，第一时间就能下单，并且货到付款，免除老人不会网络支付的障碍。

三、教育、文娱与旅游

互联网行业有一种说法，用户的时间是最稀缺的，谁能占据用户最多的时间，谁就能获得最大的成功。

对于银发经济来说更是如此。从 2020 年开始的大约 15 年里，中国每年新增 1500 万~2000 万退休人群，他们每天因为退休而出现大把的空闲时间，谁能将这群中国最有空闲的人群的时间牢牢占据，谁就是银发经济时代最大的赢家。

老年教育、老年文娱、老年旅游，正是最受老年人欢迎、最能填充老年人时间的活动。

下面首先看看三者的主要内容有哪些。

老年教育的课程和内容可以包括以下几个方面：

艺术课程：老年人可以参加绘画、书法、音乐、舞蹈等艺术活动，学习绘画、舞蹈等技能，提高自身的审美能力和艺术修养。

健康课程：老年人可以参加各种健康课程，如保健知识、营养搭配、运动健身等，了解健康知识，养成良好的生活习惯，提高身体素质。

科学课程：老年人可以参加各种科学学习小组，学习和探索新的科学知识和技能，如电脑编程、人工智能等，提高自身的认知水平和思考能力。

社交课程：老年人可以参加各种社交团体，与志同道合的朋友一起分享经验、交流心得，或者深入到中小学课堂，为青少年讲述自己的人生故事，丰富他们的人生阅历、增加代际直接的理解，同时也能增强老人自己的人际关系。

健身课程：老年人可以参加各种健身活动，如健身、瑜伽等，保持身体健康和心理状态。

老年人的文化娱乐活动主要包括：

艺术：例如唱歌、乐器、绘画、书法、舞蹈等，这些艺术活动可以帮助老年人保持活跃的思维和身心状态。

阅读、写作、朗诵：老年人可以通过阅读来不断学习新知识、丰富精神世界，通过写作来保持智力和思考能力，提高自己的创造力和自我认同感，通过朗诵来锻炼身体心肺能力，增加与外界的社交活动。

运动健身活动：老年人可以参加各种运动健身活动，如广场舞、跳操、健身、模特走秀、瑜伽、游泳等，来保持身体健康和心理状态。

过去面向老年人的旅游方式大多是以跟团游为主，但越来越多的"60后""70后"新一代老人不再愿意忍受跟团游的限制，而是选择更加丰富的旅游方式：

自助旅游：这种旅游方式让老年人自主选择行程和景点，并且可以自由安排时间，适用于喜欢探索新地方的老年人。

深度旅游：这种旅游方式涵盖了一些令人惊叹的地方，如山区、海滩、古代遗址等。这种旅游方式适合喜欢深度探索的老年人，他们可以通过深度游来体验不同地区的文化和风光。

文化体验：老年旅游者可以参加当地的文化活动和展览，了解当地的历史和文化，比如具有悠久历史底蕴的历史名城和民族风情浓郁的地方，并在当地参加文艺表演，亲自登台表演合唱、乐器演奏、模特走秀等节目。

养生旅游：这种旅游方式着重发挥自然资源的独特优势，涵盖丰富的养生活动，如温泉、海滩和森林等。老年人可以通过参加这些养生活动和疗养胜地来放松身心，提高身体素质和健康水平。

探险旅游：这种旅游方式包括登山、潜水、滑雪、漂流、极地等，适合喜欢挑战和刺激的老年人。不服输的老年人可以通过参加这些探险旅游活动来提高自己的身体机能和冒险精神，实现"征服世界"的梦想，同时也可以享受到世所罕见的美景和乐趣。

可以发现，老年教育、老年文娱和老年旅游在许多方面存在交集。在内容上，三者都是以文化艺术、健康养生、学习新知为主，只是具体的场景不一样，比如旅游主要是在户外进行，地域范围上涵盖市内游到国内游再到境外游的广阔范围，而老年教育和老年文娱则一般是在室内或者有限的户外场景。

再从三者对老年人的生活提升来看，也有很多相同之处，比如三者都可以有效提高老年人的身体素质，锻炼老年人的思维和判断能力，减缓认知能力的衰退；改善老年人的心理状态，通过老年人接触艺术、历史文化和大自然，缓解紧张和焦虑情绪，消除人生的无力感，增强对生活的正面感知；增加社交互动，帮助老年人在各种活动中认识新的人，扩大社交圈子，增强社交能力和自信心，缓解孤独感，增强心理健康。

正因如此，近几年出现一个新趋势，就是老年教育、老年文娱和老年旅游正在走向融合发展。以各种公办和民营老年大学为代表的老年教育，开始成为许多老年人退休之后的主要活动，而老年文娱则是老年教育的主要内容，其目的并不像K12教育和职业教育以升学与就业为主，而是将老年人的开心、健康、社交放在首位。

各种老年教育和文娱机构深受广大老人喜爱，对银发经济来说是一种很好的获客方式和营销渠道，但老年教育和老年文娱的商业变现能力并不强，因为老人对于知识付费、课程付费的支付习惯尚未建立。此时老年旅游作为一种老年人普遍接受的商业变现方式，正好可以和老年教育、老年文娱结合起来，形成完整的商业闭环。许多老年大学从老人的兴趣爱好和课程内容出发，研发出各种特色主题游、研学游，甚至还有融合模特表演集训和比赛、人文景点游览和古装创意视频拍摄等颇具创新的旅游方式，深受老年人的喜爱。

老年旅游在过去20年间经历了快速发展，2004年老年旅游市场规模仅为800亿元，2015年高达8260亿元，是2004年的10倍有余。而在老龄化加速的未来30年，老年旅游将逐渐发展成为旅游行业的主体形态，有专家预计，2040年老年旅游将占到全国旅游市场的50%左右，市场规模将达到2.4万亿元。

在发展老年旅游的过程中需要注意的是，处于不同年龄阶段的老人，其身体状况和活动范围各有不同，因此他们对于教育、文娱和旅游的需求也是有差别的。

低龄老人往往身体健康、充满活力，退休后有大量空闲时间，他们会积极参加老年大学和各种兴趣社团，比如广场舞队、模特队、合唱团等。而且在经济条件允许的情况下乐于尝试各种旅游方式，国内外知名景点、自然风景区、历史文化名城都是他们热衷的对象，因此在文化娱乐与教育上的支出相比退休前会有显著增加。

而进入高龄阶段后，老人腿脚不便、疾病缠身，参与远途旅游的可能性大大降低，旅行社出于安全风险考虑，也会谨慎对待高龄老人的出游需求，一般会要求老人的子女同行，以降低风险。此时高龄老人将重点转向路途较近的市内游、一日游、郊区游，或者居住数周至数月、无须每天奔波于不同景点之间的康养旅居。

下面介绍一个以中老年为主要目标客群的日本旅游公司，其融汇旅游、社交、家政护理、保险的商业模式值得中国企业借鉴。

Club Tourism 是日本最大的老年旅游公司，总部位于东京，成立于 1996 年，有 700 万名会员，以 60~70 岁老人为主。近年来每年收入稳定在 1600 亿日元左右，净利润在 20 亿日元上下浮动，在全日本旅行社中排名前十左右。

Club Tourism 以服务老年人群的旅游业务为主，包括国内旅行、国外旅行、主题旅行、游轮旅行等多种产品，并基于老年人群的需求而延伸到健身、家政、护理、保险、咖啡馆等多个领域。

Club Tourism 的成功要素主要有：

第一，打造适合老年人独特需求的旅游产品：产品设计注重主题性和社交性，如寺庙、艺术、美食、历史、风光等，这样既符合老年人独特的文化趣味，又能帮他们在旅途中结交同好、建立充实的社交关系。

第二，照顾老年人的身体特点：与公益组织、医疗机构、政府部门合作，接受其支持和指导，在旅行的全过程中融入适老化设计；推出带有护理服务和疗养性质的短途旅行产品，帮助残疾人和腿脚不便的老人享受旅行乐趣。

第三，善用媒体营销和社交裂变：旗下旅游信息杂志"Travel Friend"每月发行量高达 300 万册，实现了对会员的广泛覆盖和畅通的信息传达。引入旅游俱乐部的营销方式，类似于中国的社交裂变和老带新，邀请现有会员成为事业伙伴或自愿的配送者，请他们向自己的亲友邻居配送、推介杂志和 Club Tourism 的业务，并给予数千至数万日元的酬劳。同时成立区域共创部门，帮助各地政府机构策划旅游业，吸引、维系旅游客户。

第四，面向用户举办"旅行回忆"摄影比赛，获胜者拍摄的照片会发布在小册子和官网上，并获得来自全国各地的特色产品，从而显著提高用户对旅游的参与感和积极性，为后续的复购奠定基础。

第五，利用线上线下场景加深老人黏性：通过咖啡厅业务举办老年人喜爱的各种线下活动，如文化艺术课程、旅游简报会、理财保险讲座、"人生计划研讨会"等，近年还增加了线上方式，在加强老人黏性的同时更增加了产品营销渠道。

第六，基于 700 万会员开发多元养老业务：通过多年深耕旅游业务，Club Tourism 获得 700 万高质量长期复购的付费用户，在此基础上开发多元化养老业务，如需要高信任感的家政护理、人寿保险等，实现老年用户生命周期价值的最大化。

四、银发时尚消费

以化妆品、医美、假发、植发等为主要内容的银发时尚消费，在美、日等发达国家获得快速发展，而对于老龄化加速的中国来说，未来很有可能在经济发达、收入较高的一二线城市率先兴起，然后逐渐向三四线城市普及渗透。

以美国为例，有关数据显示，中老年人群是医美手术最大的群体之一，51~64 岁人群占比超过 30%。另根据长江证券研报，早在 2015 年，美国 50 岁以上人群占整形总例数已经超过 40%。

日本则在面向中老年女性的化妆品方面发展出色。2015 年，著名化妆品品牌资生堂推出"PRIOR"系列，专门面向 50 岁以上女性群体，涵盖护肤、彩妆、头发护理、身体护理多个品类，销售增速高达 120%，显示出银发人群的强大消费实力。另一家日本企业佳丽宝，早在 2000 年就推出面向 50 岁以上女性的护肤品牌 EVITA，2007 年便成为年销售额超过 100 亿日元的著名品牌。

而中国银发人群的时尚消费，已在不经意间悄然起步。

过去十几年国内兴起的广场舞、老年模特走秀、合唱团等老年文娱活动，在丰富中国老人晚年生活的同时，也如同一次全面系统的时尚启蒙，让中国老人第一次学习化妆打扮，第一次穿上各式华丽、典雅或青春、潮酷的服饰，第一次感受舞台灯光和观众注视的心灵震撼。

这不仅让许多中国老人的爱美之心在沉寂许久之后再次萌动，也让她们对彩妆、旗袍、假发等各种时尚产品的消费开始慢慢尝试、学习，进而熟悉习惯，甚至成为重度用户。

从我们对一二线城市 50 岁 + 女性的时尚消费调研来看，文娱社交场景的丰富和扩大是推动银发时尚消费的关键因素。典型的过程是这样的，刚开始进入广场舞、模特走秀、老年大学的中老年女性，由于缺少化妆经验和相关知识，对化妆具有希望尝试但又害怕失败的心理；在和老师学习相关知识技能后，先从最基础的彩妆产品用起，如口红、粉底、眉笔等；在参加各种展演、比赛之后，她们对化妆的心态成熟很多，逐渐找到更适合自己特点的化妆风格，对化妆品的选购也更有主见，倾向于品质有保障的知名品牌和专柜、电商旗舰店等渠道。

目前银发时尚消费的主体人群主要还是占老人总数较少的"社交文艺达人"，要想扩大时尚消费在银发人群的普及渗透范围，让更多老人勇于爱美、成功变美，关键就是为他们搭建更加丰富的社交文娱场景，为他们提供更多展现自己的华丽舞台。在一次次走向舞台的过程中，银发人群自然而然就会激起对美的渴望和各种消费。

在搭建社交文娱场景之外，产品和营销对于银发时尚消费也是非常重要的。下面对在日本市场颇为成功的资生堂"PRIOR"系列进行简要分析，希望对有志于中国银发时尚消费的企业有所启发。

第一，产品抓住 50 岁 + 女性痛点。

首先是光泽感。"PRIOR"系列的产品，无论是眼影、口红还是底妆，都十分强调光泽感。因为 50 岁 + 女性看上去衰老的最重要原因，就是肤色暗沉。因此，"PRIOR"将提升肤色的光泽感，作为 50 岁 + 女性变美最直接的办法，

2020年主打的新品便直接命名为"美光BB凝胶霜"。

其次是强调补水保湿。50岁+女性的皮肤开始变得干燥，越来越缺乏水分，由此造成一系列皮肤问题。因此"PRIOR"的各个产品均突出补水保湿的功效，比如在化妆水中含有六种保湿成分和药用成分，应用深入角质层的"水分注射配方"，提供三种使用感觉供选择，分别是"潮湿""非常湿润""光滑湿润"。

最后是多功能化。通过调研，发现50岁+女性普遍有一个想法，"既不想增加过多护肤步骤，又需要应对复杂的肌肤问题"。于是"PRIOR"在2019年推出MOISTURE LIFT GEL多效合一凝露，便是将"化妆水·乳液·精华·按摩霜·面霜·面膜"六款产品的功能集于一身，能够应对皮肤皱纹、干燥、冒油、无弹力、暗淡无血色、表情纹、黄斑等难题，大大方便了50岁+女性的使用，实现了"不需要技巧或麻烦的步骤就能变得美丽"的愿望。

第二，银发明星代言，快速吸引50岁+女性客户眼球。

资生堂"PRIOR"紧紧围绕目标用户来制定宣传推广策略，邀请多位在50岁+女性中具有影响力的银发明星担任代言，如76岁的宫本信子、67岁的黑泽和子、69岁的大岛美雪等日本演艺名人，从而迅速在50岁+女性中获得影响力。

第三，线下讲座普及化妆知识，建立品牌黏性。

女性即使到了中老年阶段，依然具有强烈的爱美之心，只是受限于学习渠道的匮乏，许多女性不知道如何选择和使用适合自己的美妆产品。

2013年开始，资生堂在日本各地举办"闪耀MASTER SALON"化妆讲座，专门向中老年人传授化妆知识，2017年学员达到约35000人，足见欢迎程度之高。

资生堂对中国的银发市场也是早早布局。2018年11月26日至30日，资生堂在广州举办了连续五天的品牌公益活动，为50岁+女性群体详细讲解了从基础护肤到入门级彩妆画法的系统知识。

五、家电与智能设备

过去中国老人的居住形态以子女孙辈同住的三代同堂为主，许多家务和家电使用可以由子女代劳，各类家电的设计思路也以年轻人需求为主，如极简主义的外观、必须连接手机使用的智能化功能等。

但在老龄化社会，中国老人的居住形态正在发生深刻变化，空巢独居成为主流形态，不断增长的老人群体将成为家电市场的用户主体，而且老年人对家电的需求与年轻人十分不同，这就需要家电企业全面向适老化转型，同时也为家电行业的发展带来新的增长空间。

事实上，为糖尿病人设计的低糖电饭煲，为方便熬煮中药设计的中药养生壶，已经在线下和电商取得亮眼的销售业绩，成为不少老人日常生活中离不开的家用电器。

其实不止于上述小家电，传统大件家电在服务老人需求方面也存在很多创新空间。

比如电视机，不仅仅是观看影视剧和曲艺的影音电器，还可以加上远程视频通话功能，方便老人与远在外地或国外的子女孙辈亲切交流。

比如冰箱，不用再追求双开门大容量，因为独居老人食量有限，不需要储存过多食物，但可以加强针对不同食物的分区设计，对肉类、鱼类、奶类、疏果、熟食、速冻食品等给予不同储藏空间和温度设计，让老人储藏的每种食品都保持在最佳状态。

比如空调，老人的居住空间一般不会太大，强力制冷制热不是他们所急需的功能。但老人的呼吸系统有不同程度的退化，对空气污染较为敏感，同时对空气的新鲜程度、含氧量有较高要求。因此，为老人设计的空调可以融合空气净化、新风、制氧等多种功能，让老人在最为舒适的环境下安心生活。

未来独居空巢老人成为主流，他们没有子女在身边照顾，将需要更多能减轻体力负担的家电，如扫地机器人、内衣洗衣机等，也需要排遣孤独、增加社交联系的智能产品，如智能音箱、智能机器人等。

而在进入高龄阶段后，老人对家电与智能设备的需求将出现进一步变化。由于身体机能下降、失能概率提高，洗澡、如厕等方面遇到障碍的老人越来越多，他们最需要的是能够帮助自己洗浴如厕的设备，如能够方便家人或护理员操作的洗浴机、大小便机器人等。

国内一线厂商已经注意到老龄化社会对家电的需求，并开始积极布局。美的集团于2021年推出适老化家电品牌"颐享套系"，主打燃气灶、热水器、油烟机三类产品，分别具有防干烧、防一氧化碳、防油烟功能。2022年，美的集团推出高技术适老化品牌"美颐享"，主推美颐享热水器、美颐享智慧环浴坐式淋浴器等智能家居适老化产品。同时还发布了智慧养老解决方案及AI父母云管家系统，从智能硬件、定制化软件、银发内容社区、升级售后服务等维度构建美的智慧养老生态体系。

海尔集团于2021年推出面向养老公寓、地产的智慧家庭适老化方案，包括洗护、厨房、居家、浴室四大场景，为老人的居家养老提供生活场景解决方案。

格力于2021年推出"馨天翁"长者空调，能够根据老人的身体状况，实现温和制冷、全程防直吹、防尘杀菌等功能。另外配备长者专属遥控器，搭载大字数显设计和按键指令语音播报功能。

行业标准也在过去几年不断完善。2018年，京东家电联合中国标准科技集团、中国标准化研究院、中标能效科技（北京）有限公司等权威机构，以及老板、美的等知名家电品牌，于4月2日共同发布了适老电器标准。

2021年6月，中国家用电器研究院联合多家家电企业，发布《智能家用电器的适老化技术》系列标准，涵盖了空调器、电冰箱、洗衣机、电视机、吸油烟机、净水机（饮水机）、马桶盖、热水器八类产品。

2021年7月，中国电子视像行业协会联合中国电子技术标准化研究院及产业链上下游企业共同制定《智能电视适老化设计技术要求》团体标准，围绕音频及口语字幕、音频描述、大字体、图形符号、色弱补偿、导航控制、触点等方面做了技术要求，使智能电视在操作及播放服务阶段能更好地满足老年人的使用需求。

2021年8月，国家市场监督管理总局、国家标准化管理委员会发布了GB/T 40439-2021《用于老年人生活辅助的智能家电系统架构模型》和GB/T 40443-2021《适用于老年人的家用电器通用技术要求》适老家电国家标准，实施日期为2022年3月1日。

其实为老年人服务的家电还有很多创新空间，日本在这方面做出了有益尝试。松下电器于2012年开始推出针对50~60岁老人的"J概念"系列产品（因其系列产品的三个关键词成熟、日本、特征三词的首字母全为J，因此称为"J概念"），已经发布了五款产品，包括减轻腰部负担、轻松放取衣物的洗衣机，提高轻便性、减少身体体力负担、利用传感器检测灰尘的吸尘器，以及老年人生活中常用的空调、电饭煲和电动助力自行车等。

值得重视的是，未来面向老人的家电将出现与智能设备融合的趋势。过去10年，智能手机在中国老人中得到极大普及，这让中国老人熟练掌握了智能设备的使用，为中国老人在智能设备方面的进一步消费打开了广阔空间。而家电正在采用越来越多的互联网、物联网、人工智能等先进技术，与智能设备的界限逐渐模糊，在老年人的生活中将发挥起新的作用。

比如在娱乐、陪伴和社交方面，采用人脸跟踪摄像头、语音交互、人工智能的智能机器人，可以让老人以最便捷的方式与亲朋好友随时畅聊，还能享受种种贴心服务，如影音娱乐、吃药提醒、在线问诊，等等。

再比如在健康方面，整合先进传感器的智能家居系统，可以将空调、冰箱、音响、照明、睡眠监测、防盗警报、水电燃气监测等整合起来，为老人提供安全舒适的生活环境，还可以全天候监测老人的身体健康数据，以及老人是否正常起居活动，如果不小心跌倒，系统可以立即向家人和救护人员发出警报，第一时间救治老人。

六、家居适老化

老年人对于居住环境的需求与年轻时相比发生很大变化，尤其是在空巢独居老人越来越多、居家养老成为中国主流模式的情况下，对老年人居住环境的适老化改造势在必行，全面推广的时机已经到来。

家居适老化改造在法律和政策层面受到明确鼓励。中国早在 2012 年 12 月修订的《中华人民共和国老年人权益保障法》中就专门增加第六章"宜居环境"，第六十四条明确"国家推动老年宜居社区建设，引导、支持老年宜居住宅的开发、推动和扶持老年人家庭无障碍改造，为老年人创造无障碍居住环境"。此后中央和地方关于养老的各项政策里，都将老年宜居住宅、无障碍环境改造、老年人住宅适老化改造作为工作重点。

那么老年人的居住需求主要有哪些，家居适老化改造应该从哪些方面着手呢？

下面首先从需求层面看，老年人的居住需求主要有：

一是安全需求：老年人在居住方面更加注重安全性，包括防盗、避免燃气泄漏、避免电线短路、防止意外跌倒等。

二是易用性：老年人需要居住环境易于使用，包括便于进出、便于使用厨房和洗手间、便于清洁房间等。

三是无障碍通行：老年人需要无障碍通道，包括易于使用的坡道或电梯等。

四是特殊照明需求：老年人需要更加明亮、柔和、智能的照明，以便更好地认知环境，避免危险。

五是独立性：老年人需要在日常生活中保持独立性，而不必过度依赖其他人员。

六是健康需求：老年人的健康需要得到更全面仔细地关注，包括保持适宜的温度、湿度、防止潮湿、空气新鲜等。

七是社交空间：老年人需要与亲朋好友互动的社交空间，如与朋友或子女孙辈交流聊天的客厅和社区广场等。

八是储存空间：老年人需要节省空间、易于收纳的储存空间，如药品、衣物、生活用品等。

九是审美需求：主要体现在老年人居住环境的整体设计和细节处理方面，包括居住空间的色彩搭配、材质选择、家具造型和陈设设计等，为老人营造舒心、放松的生活环境。

由于中国老人数量众多、分布地域广泛，他们在生活习惯、居住偏好、收入水平各方面差异很大，因此老年人居住环境的适老化改造便成为一项复杂的系统工程，下面仅就主要方面做简要介绍。

生活空间：老年人的居住环境应该方便他们的日常生活，如方便烹饪的厨房、方便洗漱的卫生间、方便储物的橱柜等。

安全保障：老年人容易发生意外，为杜绝安全隐患，需安装扶手、坡道、防滑地板、防滑垫、防盗门窗、烟雾报警器和监控摄像头等。

适老化家具：应该符合人体工学设计，充分考虑老人体弱、视力退化等特点，包括安全座椅、助行器、智能马桶圈、助浴设备、助厕设备等。

社交空间：老年人的居住环境应该鼓励社交和互动，如设立公共活动场地、公共娱乐设施等，以便经常组织群体活动等。

家居适老化改造在过去很长一段时间里发展较慢，主要是因为：

第一，中国老人数量虽多，但大部分是75岁以下的低龄活力老人，适老化改造并不是他们的刚需；

第二，那些真正需要适老化改造的75岁以上高龄老人在整个老人群体里占比较少，而且居住分散，一个数千户的社区可能只有几十上百位这样的老人，对提供适老化改造的企业来说客户太分散，缺少规模经济效应。而且大部分老人及其家庭对适老化改造不了解，一开始很难接受高价格方案，因此对企业来说渠道、获客成本很高，而客单价却相对较低，缺少经济上的吸引力；

第三，由于需求小、客户分散，适老化改造的上下游如产品制造、设计、施工都发展得不够成熟，价格、服务质量很难令有限的老人及其家庭满意，进一步制约了适老化市场的发展。

但这一切随着老龄化的加速而正在发生变化。近年来，全国各地纷纷推动适老化改造试点项目，并给予财政补贴等大力支持；养老、房地产、家居等行业的企业也认识到适老化市场的潜力，纷纷着手布局，家居适老化改造的商机已经显现。根据有关数据，我国适老化改造市场规模2019年为659亿元，2020年为820亿元，行业发展已经驶上快车道。

七、医疗健康

医疗健康无疑是老龄化社会最大、最刚需的行业领域，疾病诊治、药物研发、手术设备、医疗器械等各个细分领域都将迎来长期持续的发展机会。下面将围绕作为用户的老年人，对增量最大、最具有共性的医疗健康需求进行分析。

口腔是随着老龄化水平加深而需求越来越大的医疗细分行业。根据国家卫健委于2017年发布的第四次全国口腔健康流行病学普查，中国人从55岁开始普遍进入缺牙阶段，55~64岁平均缺牙数量超过4颗；65~74岁老年人平均缺失牙齿为9.5颗，全口无牙的比例为4.5%，同时，该年龄段人群龋齿率达到98%，口腔黏膜异常检出率为8%。中国老人口腔健康状况普遍不佳，为口腔医疗行业提供了巨大的发展机会。事实上，国内主要口腔医院和连锁口腔机构的业务中，与老人相关的种植牙业务已经占据相当大的比重，占比开始超过儿科口腔业务，后面章节将有详细分析。

眼科是另一个在老龄化时代最为受益的医疗细分行业。老花眼是最为普遍的眼科问题，据研究，老花眼通常在40岁左右的人群中开始出现，50岁后大多数人都会出现老视症状，发病率接近100%。白内障也是高发的眼科疾病，根据中华医学会眼科学分会统计，我国60~89岁人群白内障发病率约为80%，而90岁以上人群白内障发病率高达90%以上。另外，老年相关眼底病变是老年人群中首位致盲原因。61~70岁人群中，异常率增至21.39%，在70岁以上人群中，异常率更是高达25.61%。由于眼科问题在老人中十分普遍，也带动了国内眼科医院的快速发展，与老人相关的眼科手术成为许多眼科医院的主要业务。

口腔和眼科只是老龄化时代增量最大、最具代表性的两个医疗细分行业，老年人的医疗健康需求还广泛分布在心脑血管、糖尿病、呼吸系统、骨质疏松、听力障碍、睡眠障碍、心理抑郁等身心的方方面面，关于老年人常见的疾病健康大数据，可以参考附录对相关研究文献的整理。

在医疗健康领域偏向服务的层面，老人的需求相比年轻人也同样会大很多，主要包括就医买药、慢性病管理、健康管理、护理服务等。

在就医买药方面，老年人需要的是清晰易懂的医疗信息，他们希望医生能够使用简单明了的语言，解释医疗问题和治疗方案；老年人往往感到孤独，因此与医生和其他病患者进行交流可以缓解他们的孤独感，这也需要医生在诊疗过程中能与老人有更多情感性的互动。由于身体状况和行动不便，老年人还希望能够在家中就能享受到医疗服务和购药。

在慢性病方面，老年人经常患有多种慢性病，如高血压、糖尿病、心脑血管疾病、骨质疏松等，曾经被称为绝症的癌症现在也成为慢性病。老人的这些疾病需要医生的长期管理和治疗，包括药物治疗、营养管理、生活方式干预等。

在健康管理方面，随着年龄增长，老年人处于亚健康状态的可能性也会增加。这些亚健康状态可能不会导致疾病，但影响老年人的生活质量和日常活动能力，需要进行管理和干预。另外，老年人需要维护免疫系统，加强体育锻炼和心理健康，调整饮食结构和保持良好的社交和互动关系等，这些都需要专业人士的指导和监督。

在护理服务方面，高龄、失能的老年人需要更多的护理和照顾，包括面向失能老人的居家护理、机构护理，面向临终老人的安宁疗护等。

面对老年人的上述需求，可以从完善医疗体系、优化医疗流程、普及互联网科技、构建创新商业模式等方面着手，大大提高老年人的健康水平和生活品质。

家庭医生和社区医疗：家庭医生长期持续跟踪老人健康状况，社区医疗可以提供 24 小时的医疗保健服务，包括体检、问诊、开药、治疗等。老年人可以在社区医疗体系中寻求帮助，同时也能方便地购买到所需的药品和保健品。

互联网医疗服务：老年人看病通常需要漫长的排队、等候，而互联网医疗可以让他们足不出户就能使用医疗服务。通过便捷的语音/视频通话和电子病历、在线买药等功能，让老年人能够舒适地在家中叙述疾病症状，接收医生的建议并购买必要的药品，让老人免去奔波之苦。

在线购药：老年人可以自主使用手机 APP，或通过子女、社区网格员、志愿者，在电商平台上的在线药房来购买药品和保健品。同时，在线药房还可以为老年人提供药品配送服务，让他们在家中就能收到所需的药品。

社交化的医疗服务：医疗机构可以增加针对老年人的社交互动机会，比如定期体检、健康讲座等。这些活动可以让老年人与医生和同龄人增进交流，在医生和其他病患者的支持下缓解孤独感。

智能健康监测设备：医疗机构可以为老人提供智能健康监测设备，通过监测老年人的体温、心率、血压、血糖、血氧等数据，为他们提供个性化的健康管理建议。这种方式可以帮助老年人更好地了解自己的身体状况，并及时发现潜在的健康问题。

事实上，上述以老年人为主的细分市场已经实现快速增长，综合各种研究机构的数据，可以看到：

2019年中国健康管理市场规模达到约3278.8亿元人民币，预计到2025年将达到约8428.4亿元人民币，年平均增长率近18%。

中国慢性病管理市场规模在2020年达到约2418亿元人民币，预计到2025年将达到约4022亿元人民币，年均复合增长率约为10.8%。

中国在线零售药房市场2019年增至人民币1050亿元，2015—2019年的复合年增长率为23.7%。

2019年中国互联网医疗市场规模约为194亿元，同比增长41.8%。2024年，市场规模达到652亿元，年复合增长率为27.7%。

随着老龄化的加速和老年人对智能手机和互联网APP的使用越来越熟练，上述市场将在未来获得更快的增长。而寻找到一种高效率、低成本，能够惠及最大多数老人，同时在经济上又可持续的模式，将是银发经济时代医疗健康赛道最重要的追求目标。

第七章

银发互联网

在中国的城市乡村、大街小巷、家里户外，随处可见捧着智能手机聊天、刷新闻、看小说、拍视频、扫码支付的老人，他们日益成为中国互联网的主体用户。

根据 CNNIC（中国互联网络信息中心）统计的 50 岁及以上网民占全体中国网民的比例，2014 年 12 月仅为 7.90%，数量仅为 0.51 亿，而到了 2021 年 6 月，两项数据分别飙升至 28.10% 和 2.84 亿。短短七年时间，中国银发网民的数量增长了近 5 倍。

而随着 1962—1975 年婴儿潮出生的人群在未来 10~15 年逐渐步入退休阶段，在未来的某个时候，银发人群对互联网的重要性必定将超过人口规模持续萎缩的年轻人。

因此，我们有十足的必要去回顾、反思与展望：过去 10 年，中国银发人群的互联网普及为何如此之快？中国的银发互联网出现过哪些机会、经验和教训？为什么银发互联网没有像专注年轻人业务的互联网那样，出现席卷整个社会的现象级应用？未来随着银发人群的互联网行为不断深化，新的机会又在哪里？

一、老人智能手机渗透率狂飙的背后

银发互联网大发展的先决条件是智能手机的极大普及。

2010 年以前的 PC 互联网时代，中国银发网民数量稀少。其时个人电脑价格不菲，最便宜的也需要一个普通人一个月的工资，生性节俭的中国老人很难大方花下这笔支出；而且台式机体积笨重，笔记本电脑也并不轻便，上网必须在电脑桌前端坐；另外，键盘输入的学习门槛高，又缺少触摸、拍照这些直观有趣的功能，再加上"流氓软件"和病毒泛滥，整个PC互联网的应用环境对老人非常不友好。

而智能手机却在过去十几年里一路狂飙，最终从极客发烧友的小众玩物发展到今天中国老人日常生活的必需品。数据给出了最好的说明：中国60岁及以上网民2016年为3000万，经过七年，2022年飙升到1.53亿，直逼20~29岁网民的1.6亿。互联网在中国老人中的渗透率，则从2015年的12%升至2022年的55%，未来这一数据仍将进一步提升。我们不由得追问，只能搜集在中国老人的普及过程中，经历了哪些重要时间节点，又跨越了哪些重要的里程碑？这些经验，为新的智能硬件进入银发市场，带来哪些重要启示？

第一个节点是2010年

iPhone4在2010年上市并大获成功，标志着智能手机不再是小众极客产品，而是在交互、体验、应用各方面走向成熟的大众产品，随之而起的是整个智能手机产业链也建立起来，为未来智能手机的性能提升和不断降价奠定基础。

这一年，雷军的小米成立，标榜"为发烧而生"，并带动一大批业内业外的厂商和创业者投身智能手机大潮，推出令人眼花缭乱的各种新品。此后几年，智能手机的价格在众多厂商和产业链的合力下从5000元降到2000元，甚至1000元，极大地推动了移动互联网的普及。

不过此时智能手机的主流客户仍是占社会少数的科技极客和爱尝鲜的年轻人，使用智能手机的老人依然较少。少数学历较高、思维开放、热爱新鲜事物的老人，开始从子女手里接过他们淘汰的旧智能手机，就此成为中国移动互联网的初代银发用户。

功能机产业链在此阶段发挥最后一次余热，依靠极致价格优势挺进老人机领域，价格打到100~500元超低价位，仅满足老人的基本通讯需求，再附加上超大按键、一键呼叫、外放收音机、手电筒等颇具山寨风味的功能，虽丑但便宜好用，将手机这一电子产品普及到遍布城乡的数亿老人，许多过气或不知名品牌此间销量巨大。

2010年后，陆续有厂商推出2000元上下的定制化老人智能手机，小米、中兴都做出过类似尝试，但因为价格超出老人预期、性能低于主流产品、体验不够完善、缺少杀手级应用等原因，均未取得显著成功。

第二个节点是2016年

2016年中国智能手机出货量达到5.22亿部，是10年来的最高点，也是在这年，智能手机开始大规模进入中国老人的日常生活，银发族的互联网生活正式开启大幕。

从渗透率看，2016—2019年的四年，中国老人的智能手机渗透率几乎翻倍。根据CNNIC统计，2015年12月，60岁及以上网民数量为2671万，当年全国60岁及以上老人为2.22亿，渗透率为12%；2019年6月，60岁及以上网民数量为5886万，当年全国60岁及以上老人为2.54亿，渗透率为23%。

推动渗透率提升的关键因素，一方面是产业链快速发展，推动智能手机突破价格和体验的临界点，一线国产品牌纷纷将智能手机价格打到千元级别，让大部分老人及其子女的购买门槛大大降低，同时智能手机的电池续航、触摸交互、质量等显著提升，让老人的使用门槛大大降低；另一方面，就是老人使用移动互联网的大环境日益友善，各种关于智能手机的教程、培训层出不穷，各种适合老人的应用、内容快速丰富起来，让老人从"不愿意用智能手机"变成"玩起智能手机就不愿放下"。

这期间首先是出现过一批专门安装在安卓手机上的老人桌面软件，以大字体、大图标、精选应用、远程协助为主要功能，帮助第一批端起智能手机的中国老人更快地玩好用好移动互联网。不过在接下来的几年里，华为、小米、联想、OPPO等大厂的手机纷纷推出系统自带老人模式（或名"极简模式""简易模式""大字模式"等），势单力薄的老人桌面软件随之渐渐淡出人们的视野。

同样是在2016年，微信这个最先在年轻人中完成普及的国民应用，开始迅速在银发人群中普及，语音聊天、微信群、浏览公众号、发朋友圈、玩小程序成为他们最热衷的互联网行为。

此时兴起的一批老年大学、老年文娱项目和老年微信公众号，制作了大量智能手机使用教程，大大推动了智能手机在银发人群中的普及渗透。

在此期间，出现了一批几个月涨粉数百万老人粉丝的公众号矩阵，还有一些相册、影集、祝福、短视频、小游戏等小程序或APP，抓住老人爱分享和微信社交裂变的红利，两三年时间获得数千万甚至上亿的用户量，其中一些佼佼者，如糖豆、美篇等还获得知名VC和互联网巨头的多轮融资。

老人在朋友圈转发鸡汤文和谣言信息成为一种流行现象，广受社会和媒体关注，帮助老人获取正确的信息、避免受骗成为当时许多爱心人士和创业者努力的方向。

2019年开始，以抖音、快手为代表的短视频平台，年轻用户增量渐趋衰竭，而50岁以上的中老年用户迅速增加。短视频开始触动微信的霸主地位，挤占银发人群越来越多的使用时间，尝试拍摄和剪辑视频的老人越来越多，银发网红也开始在短视频平台占据一席之地，一大批数百万粉丝的银发网红快速崛起。这背后是手机性能的进一步升级，让许多手握千元机的老人从刷微信的基本操作上升到拍视频的进阶操作，打开了老人使用智能手机、使用互联网的巨大发展空间。

银发网红的走红，还带动了中国老人拍视频展示自己的热情。现在的公园、景点随处可见三五成群的老人合拍各种舞蹈或创意视频，这不仅反映了中国银发人群互联网行为的深化，更预示着他们内心深处从封闭走向开放的深刻变化。

第三个节点是2020年

2020年开始的疫情虽然给整个社会带来巨大冲击，但也无意间彻底引爆了智能手机在银发人群中的普及。长时间的居家隔离和进出公共场合必扫二维码，使智能手机从老人的可选消费品变成必需消费品。不仅是短视频、直播这些纯线上应用的银发用户大幅提高，像外卖、旅游、打车等与支付密切相关的应用也获得极大普及：

美团《2021银发经济"食"力消费洞察》报告显示，50岁以上中老年消费者餐饮消费增速连续四年保持第一。

2022年情人节期间，饿了么数据显示，线上线下鲜花订单暴涨，老年群体成为线上订花的又一主力群体，其鲜花订单量是去年同期的6倍。

2022年9月，携程发布《2022新一代银发族出游趋势洞察》。数据显示，截至9月，今年60周岁及以上游客的人均旅行消费同比上涨23%，其中60~65岁的初老群体涨幅最大，超过三成，跟团游、私家团、定制游是受银发族欢迎的产品TOP3。

2022年9月，高德打车发布《助老暖心出行计划年度报告》。报告显示，使用高德打车助老打车服务的老年人数量同比增长1.5倍，老年人使用手机叫车的频次也增长了43%。

类似的数据还有很多，但更重要的是，银发网民已经在过去三年间完成对年轻网民的"逆袭"。根据CNNIC，2022年12月，60岁及以上网民数量增长至1.53亿，是2019年6月5886万的160%，增量位居各年龄段之首，全体60岁及以上老人的互联网渗透率达55%。相比之下，2022年12月，20~29岁网民仅有1.6亿左右，银发网民在数量上即将追平甚至赶超年轻网民，接下来在互联网应用方面将会出现更加迅猛的银发趋势，互联网将真正融入银发人群生活的方方面面。

通观智能手机在银发人群中的快速普及渗透历程，可以从中总结出三个必须跨越的里程碑。如果能够跨越这三个里程碑，智能手机之外的新智能硬件，将有希望在银发市场复刻智能手机的巨大成功。

第一个里程碑是价格

一个智能硬件要想获得大多数老人的青睐，第一个必须达到的里程碑，就是价格必须便宜。

从智能手机的普及过程看，价格下降到千元档后才开始在老人中大规模普及。因为中国老人不只是一二线城市拿着最低三五千元养老金、起码拥有一套房产的城市老人，还有大量养老金仅有一两百元、生活需要子女接济的大量乡镇、农村老人。他们对智能硬件确实是有强烈需求，但很多时候只能靠子女出钱买来给自己用，那么对智能硬件的价格承受力就会比城市老人低得多。

因此，如果一款智能硬件将价格打到千元级别就能在城市大卖，那么在农村市场可能就要将价格打到 500 元，甚至更低才行。

第二个里程碑是体验

这里所说的体验是一个综合的概念，简单说就是对老人好不好用、实不实用。

从使用层面看，智能手机在 2016 年前后基本解决了电池续航短、触控不灵敏、操作烦琐等问题，极大降低了老人的使用难度，解决了老人好不好用的问题。

从应用层面看，微信所提供的语音视频聊天、微信群、公众号、小程序等功能，让老人以前的社交、阅读、游戏、看视频等各项刚需日常操作，都可以在一部智能手机上十分便捷而且免费地完成，这种刚需、高频、高黏性的渗透到生活底层的杀手级应用，就彻底解决了实不实用的问题。

综合使用和应用两个层面的体验，是智能手机在价格打下来之后，能够进一步普及的第二个里程碑。

第三个里程碑是生态

在智能手机的普及渗透过程中，对价格的不断下探、对体验的不断完善，还只属于智能手机和互联网之类科技行业的内部事务。

而当互联网的生态持续完善并逐渐深入社会运行的基础设施，对每个普通人生活和工作的效率提升越来越明显，对每个企业的盈利影响越来越显著，互联网就成为一个无数企业和个人自发涌入、相互激励、争先恐后的开放系统。

这时候，各种社会服务、各种社会行为都嵌入了互联网，线上线下的边界对老人来说已然消失，因为一切都在互联网的基础上运行。智能手机对银发人群的吸引力呈指数级增强，智能手机再也不是可有可无的可选消费品，而成为中国老人的生活必需品。

对智能硬件进入银发市场的启示

过去十几年，受到互联网创业热潮的推动，平板电脑、智能音箱、智能手表、智能聊天陪护机器人等一系列智能硬件都曾尝试进入银发市场，但由于关键技术不够成熟、产品设计与用户需求错位、应用体验不佳等各方面原因，能达到第一个里程碑价格就已十分不易，在体验和生态方面则差距甚远，基本上都未能在智能手机之后开辟出第二个像样的银发市场。

智能手表在2015年前后曾有过一个全球性的创业高潮，对当时的年轻人来说，花一两千元买个数码玩具，在疫情前经济上行、收入增长的时期，虽不必要，但愿意尝试。因此彼时不少品牌的智能手表销量颇佳，也不乏获得高额融资甚至成功上市的企业。

不过当智能手表试图进入银发市场，面临的困难陡然增加。

一是价格上对生性节俭的中国老人来说仍然较贵，虽经多年发展单价已降至千元以下，但和已经十分成熟普及的智能手机相比，并无价格优势。

二是体验上不够完善，比如智能手表电池续航时间短、触摸屏操作不方便、语音交互不准确，更重要的是缺少杀手级应用。智能手表的电话功能完全可以由手机执行，血压监测、心率测量、血氧测量在大多数产品上只是娱乐级别，远没有一两百元的专业血压计、血氧仪准确。而像定位跟踪功能，对容易走失的失智老人确实是刚需，但这个群体相对来说较小，难以支撑一个庞大的市场规模。

价格和体验的里程碑难以攻破，建立完善生态对于智能手表就更加难上加难了。

智能聊天陪护机器人与智能手表的情况类似，除了动辄数千元的价格对中国老人显得不够有吸引力外，体验上也缺少成为大众普及型刚需产品的潜力。许多产品在硬件上只是平板电脑+可转动支架底座+人脸识别跟踪摄像头+红外线/毫米波雷达室内人体监测，在功能上是家庭社交+内容娱乐+跌倒、睡眠等健康监测，大部分是可以由智能手机替代的，对这类产品有刚需的主要是高龄、失能、跌倒风险高、难以操作智能手机的一小部分老人。

再比如像平板电脑、智能音箱之类的产品，有没有必要专门开辟出一个针对老人的产品概念"老年平板""老年智能音箱"，其实是存在疑问的。事实上，打着类似概念的产品，和普通平板电脑、智能音箱没有本质区别，只是在界面（大字体、大图标、大音量）、内容（内置戏曲、评书、老歌）上做一些简单的定制，然后通过一些特殊渠道卖到老人手上。其盈利方式除了赚产品差价、卖付费课程外，一些不法厂商甚至还通过推送广告销售违规保健品来坑害老人以牟取暴利。

必须指出，上述分析并不是想证明智能产品在中国老人中没有市场，而是想为广大已经或希望进入这一市场的从业者指出，智能产品要想在银发市场中获得成功，产品的开发、定价、营销一定不能停留在"数亿中国老人"这个宽泛的概念上，而是要牢牢抓住某个特定老人群体的刚性需求，并围绕这个特定老人群体打造极致功能、极致体验，并在定价上充分照顾到老人及其子女的收入消费水平，从而在一个细分品类上获得实实在在的市占率和企业利润；在这个基础上再去将细分品类的功能进行扩展，将用户群体一步步扩大，或者进入新的细分品类，这才是一个切实可行的智能产品切入银发市场的路径。

比如智能手表、智能聊天陪护机器人之类小众品类，如果能够将特定老人群体的刚需功能打磨到无可替代，比如失智老人防走失、失能老人陪护监测，在产品功能、老人使用体验、服务相应、数据分析监测等方面形成闭环，即使价格相对较高，也能获得市场认可，成为一个小而美的品类。一个个小而美的品类竞相涌现，足可以诞生出许多成功的银发经济创新企业。

而从大趋势上看，智能手机普及渗透的历程只是中国老人智慧生活的开端，未来将有越来越多熟悉互联网、喜欢新事物的"60后""70后"进入退休阶段，他们对智能产品的接受度将比老一辈老人大得多。

智能手机满足的需求可以看作是人类需求层次中浅层次的社交通信、信息交流的工具，而对于帮老人做家务提升生活舒适性的需求，陪伴老人、慰藉情感的精神需求，还需要更多的智能产品，如家务机器人、陪伴机器人来承担。

我们相信，持续不断的技术进步将为中国老人提供越来越有吸引力的高性价比产品和越来越好的产品体验，未来必将有越来越多的智能硬件融入中国老人的美好生活中。

二、银发电商：垂直模式证伪，巨头平台通吃，未来机会何在？

在数亿银发人群快速变身银发网民的过程里，电商购物无疑是最先被关注的商机之一。回顾过去20年的发展历程，有两条主线展开，一是专注银发人群购物或老年用品专卖的垂直电商平台，创业和投融资信息时有耳闻，但大多发展不顺，甚至出道即卒；二是主流电商平台对银发人群购物行为和老年用品品类的吸纳、顺应和主动适老化，最终也使他们成为银发人群购物线上化的最大受益者。

垂直老年电商平台：出道即卒

围绕银发人群的电商购物，曾经出现过两波创业小高潮。第一波是2010—2015年，受淘宝、京东迅速崛起带动，而兴起的以网站和APP为载体的老年电商平台，以服务老年人群电商购物和销售老年用品为主；二是2019年前后受拼多多社交电商快速崛起带动，在微信生态里以公众号、个人客服、社群、小程序为载体的老年社交电商。

这些初创的老年电商平台，有的上过电视报纸接受采访，有的得到知名VC的天使论、种子轮投资。国家政策也有意推动，2013年9月国务院曾印发《关于加快发展养老服务业的若干意见》，明确提出"发展老年电子商务"。

一时风头正劲，老年电商似乎就要迎来起飞的风口，但遗憾的是，这些项目几乎最终都没有成功。

那么，垂直于老年人群的电商平台为什么很难成功呢？

第一，没有分清老年电商的服务对象究竟是谁，是服务于视力不好、腿脚不便的老年人用电商方式购买老年产品甚至日常生活用品，还是服务于老人的子女家属，帮助他们更便捷地购买各种老年用品？

许多老年电商创业者确实是把主要精力放在培养、提高六七十岁老人的电商购物行为，但他们的学习效率普遍较低，决策心理上对网购有较强的不信任心理，因此必然拖慢老年电商平台的发展进度。

但如果是服务于老人的子女家属，老年电商平台就不得不面对淘宝、京东等主流电商平台的强大竞争。因为老人的子女家属不会因为老年电商平台的"老年"定位就去购物，而是综合考虑价格、产品丰富程度、物流等因素后，自然而然会选择淘宝、京东等平台去购物。

第二，线上获客成本高昂。互联网创业需要解决的第一个问题是流量来源，第一个障碍是获客成本，但大部分老年电商平台只是怀着对数亿老人学会网购带来的美好前景而入行，等到团队招募完毕、APP开发完成、合作伙伴签了一批后，才意识到需要做许多营销投放来引流获客，而这个投入是创业企业所承担不了的。

恰恰过去10年中国互联网的获客成本快速飙升，老年电商平台资金实力薄弱，自我造血能力很低，但面对的竞争却是来自游戏、金融、教育等被资本热捧而且毛利非常高的行业，还没上场就已经注定失败的结局了。

第三，整个社会的老年用品供应链十分不成熟，老年用品价格贵种类少，老人需求分散、收入偏低，供需两端无法形成有效市场。不少国内企业从日本照搬许多老年用品来国内销售，除开价格贵不说，日本产品特别细分，而且面向的主要是高龄失能老人。国内高龄老人虽然也是数千万量级，但地域分布碎片化且整体收入偏低，支撑不了品类繁多的老年用品细分市场。

第四，垂直电商平台的物流、售后体系是个大难题，自建则成本高昂，如果交给第三方，则给予老人及其家属的用户体验无法保证。所以能够看到，投入巨额资金建设物流等基础设施的阿里、京东，过去几年率先承接了老年用品的电商购买需求。

主流平台成老年电商最大赢家

而过去10年真正赚到钱的老年电商模式主要是三种：

一是老年产品在天猫、京东等对商家资质要求较高的平台开官方旗舰店，积极配合平台做大量优惠促销，如中老年奶粉和老人鞋等品类的头部品牌，年销售额估计都在 10 亿元；

二是无自主品牌的电商运营公司，在主流电商平台采用店群策略，先是在淘宝，平台监管趋严后转战拼多多，在同一个品类里开几十上百家店铺，当用户搜索老人鞋后，看到几百个商品，但可能都是出自少数几个幕后卖家；

三是投放信息流广告的数据型卖家，在头条、微信以及各种中老年人集聚的 APP 大量投放"不要 1999，不要 999，只要 199"之类的广告，通过投放费用和用户购买的数据不断精准圈定目标客户，两三个月时间就把诸如皮带、皮鞋等老人常购的品类吃透。

也就是在垂直模式的老年电商平台屡败屡战之时，阿里、京东、拼多多等主流电商平台却在银发人群向电商购物转移的大趋势中成为最大赢家：

- 根据 QuestMobile 显示，2022 年 12 月移动购物行业 "60 后" 用户占比 17.1%，"70 后" 占比 20.2%，与 "80 后"（21.5%）、"90 后"（19.0%）的差距越来越小；

- 公开报道显示，2022 年淘宝和天猫平台已汇聚接近 1 亿的 50 岁以上用户，4000 万 60 岁以上用户；在淘系家装家居成交上，60+ 人群的购买力同比增长超过 20%，成交同比增长超过 30%；

- 2022 年 "双 11"，天猫第一次推出长辈会场，有 500 多万老人参与，消费额达到 34 亿元；期间天猫健康老年消费者同比翻番，为父母购买健康类商品的年轻人同比增长近 30%；

- 京东消费及产业发展研究院发布的《2022 "银发族" 消费趋势报告》中显示，越来越多 "银发族" 习惯线上购物，2022 年前 8 个月 "银发族" 的成交单量达 2018 年的 3 倍；

- 京东发布 2022 年度消费趋势关键词披露，在居家类产品中，适老马桶、适老家具成交额同比增长均超 2 倍，成人尿裤、安全防护、助行器、康复辅助、家庭护理类等产品销售实现高速增长，智能血糖仪、体温计、血氧仪、心电监测仪成交额同比增长分别为 678%、379%、379%、155%。

- 艾媒咨询发布的数据显示，2021 年中国银发群体的日常消费以线下商超（72.1%）、电商平台（71.2%）为主。

- 截至 2020 年 12 月 31 日，淘宝直播用户群体中，"70 前"用户（50 岁 +）正在明显提升，同比 2019 年上涨了 18%。各年龄段用户在消费偏好上呈现明显差异，"70 前"用户更偏好鲜花宠物、家装等品类。

- 天猫新品创新中心发布《2021 棉柔巾品类洞察报告》。数据显示，在美妆这一核心场景里，都市银发和小镇老年对棉柔巾的线上购买消费增速最快，远超 z 世代、新锐白领、小镇青年、精致妈妈等人群。在产品选择上，本色和竹纤维的棉柔巾更受都市银发青睐，植物纤维的棉柔巾对小镇老年的吸引力更强。

- 京东近三年来 55 岁 + 用户占比基本稳定在 5%，55 岁 + 活跃用户超过 2000 万；而淘宝和拼多多 2019 年年底 50 岁 + 活跃用户均超过 3000 万。

- 京东大数据研究院、每经未来商业智库联合发布《微笑的市场——2021 新品线上消费报告》，"低糖电饭煲"在 2021 年 1~4 月的销量同比去年增长约 160%，年龄越大的人群需求越大，46~55 岁人群销量同比增长 3.3 倍，渗透率也随年龄增长而递增。

- 根据 Mob 研究院发布的《2021 年银发经济洞察报告》，拼多多在银发人群中市场渗透率高达 65.9%，仅次于微信，明显高于手机淘宝的 54% 和京东的 35.5%。

之所以主流电商平台能够在老年电商上发展迅速，原因有两点：第一是抓住了最近几年最大的互联网增量用户——50~60 岁从中年向老年过渡的人群，他们对包括电商在内的互联网接受度非常大，基本属于"一点就着"，很多中老年人甚至已经对电商购物"上瘾"。而 60 岁尤其是 65 岁以上的纯老年人群，学习速度就慢很多，电商渗透率当然也会进展缓慢，电商平台对他们也并未着力开发。第二是主流电商平台整合撬动社会资源的力量非常强大，他们直接去批发市场、工厂和田间地头这些供应链源头组织货源，将原本极为分散碎片化的大大小小快递物流公司编织成一张全国统一的运输网，然后用最优惠的价格输送给消费者，这让普通消费者，尤其是注重性价比的银发人群无法抗拒。

几个主流电商平台在过去几年都做过一些适老化尝试，尤其是2020年疫情以来，随着国家政策和社会为老氛围的强化，这些尝试越来越多：

淘宝：2018年春节期间，淘宝推出亲情版；2020年年末，在淘宝特价版基础上为老年人推出"省心版"；2021年淘宝对服务热线进行了适老化和无障碍升级，为60岁以上老人打造的"一键呼入客服绿色通道"正式开放。

京东：于2021年5月上线"长辈模式"，推出适老化版本。银发族用户可一键切换"长辈模式"，并通过微信完成一键注册。对于老年人网购中较为关心的搜索商品、售后等问题，"长辈模式"的商品页面将突出短视频内容，强化图片展示和语音搜索功能，未来还支持川渝等方言。

拼多多：2021年上线老年专区，主要包含柴米油盐、居家用品、服饰配件等类目，产品包括男士皮带、指甲剪套装、中老年女装、刀具锅具等。

主流电商平台的适老化措施，比如推出老年版、大字版、亲情版、长辈模式，上线老年商品专区、双11长辈专场等，主要还停留在提升APP易用性和促销推广上，远未深入老年用品的供应链层面，远未达到整合中国制造业的广大品牌、工厂，去开发、设计、制造满足老年人需求的丰富老年产品层面。

前20年中国银发经济处于缓慢发展积蓄势能的状态，2020—2035年中国老人数量将迎来数亿新增量，每年新增1500万~2000万退休人群，人口规模基数决定银发经济的爆发就在不远的将来。

这个时候正需要资金实力和社会资源都极为雄厚的互联网巨头，奋力踢上临门一脚，将中国的银发经济推上快车道，就如同过去10年巨头们在打车、支付、直播、社区团购、国潮消费等领域所作的一样。

助力银发经济起飞的临门一脚，可以借鉴的是天猫在国潮消费上所做的系统化打法。仅仅在数年前，国产品牌在大多数国人眼里还是低端、廉价、Low的代名词，虽然有少数品牌坚持高端化努力，但在整个社会层面并没有太大影响力。

阿里旗下的电商平台天猫，2018年发布"国潮行动"，2019年推出"新国货计划"，再到2020年4月22日宣布升级"新国货计划2020"，在此过程中开展了一系列文化营销、国潮出海、跨界创新的活动，带着一帮国产品牌去巴黎、伦敦、米兰、纽约参加时装周，推动一系列跨界新品面世，如大白兔奶糖推出香氛、六神花露水推出鸡尾酒、周黑鸭推出口红……

经过几年努力，各种新老国产品牌都成功"晋升"国潮品牌，中国品牌的形象、用户接受度、价格水平都有了显著提高，中国年轻人也掀起爱用国货的风潮。

而这一切，也应该尽快在中国的银发经济里上演，比如对接海外优秀老年用品进入中国市场，开放用户大数据帮助企业开发符合中国老人需求的老年用品，与全国线下商业场景合作开设老年用品体验中心，为老年用品企业的营销推广给予更多流量支持……这不仅可以为中国老人掀起一场声势浩大的生活升级潮流，更能够推动中国银发经济跃升到一个新层次。

三、银发文娱：平台更迭，创业永恒

银发文娱是仅次于电商、排名第二的银发人群互联网应用热土，垂直APP、微信公众号、小程序、抖音快手银发网红在过去10年依次迭兴。

2015年开始出现一批专注老年人的APP，主打广场舞的糖豆、主打图文编辑的美篇、主打视频编辑的彩视都诞生在这一年，并先后获得知名VC和头部互联网平台的数千万至上亿元投资。

2016年开始出现大量主打老年人内容的公众号，最常见的主题是养老金调涨、养生健康、单身老人寂寞情感、社会对老人偏见不公、领袖和明星人物故事。这些内容在互联网主流视野全放在年轻人身上的2016年，恰好填充了当时快速涌入的银发网民的闲暇时间，老人分享转发积极热烈，10万+爆文层出不穷，一时间出现许多粉丝数达到数百万的公众号矩阵。

2017年随着微信小程序上线，部分APP和公众号向小程序转移，主打功能以相册影集、小游戏、小说、短视频为主，又在短时间内收获了大批银发流量。

2019年抖音快手的年轻用户增长趋缓，而银发用户的比重开始快速上升，一批个性独特、思维开放的老年人自己摸索或在MCN帮助下变身银发网红，拍摄各种搞笑段子和换装视频。他们的粉丝量在短时间内迅速上涨，一批三五百万粉丝的银发网红开始在短视频平台上占据一席之地。

下面将从功能需求、流量红利、商业变现三个方面分析银发文娱互联网的经验教训。

打磨特定功能需求，锁定超强黏性银发用户

银发互联网领域最知名的几个APP，在发展初期就锁定了银发人群某个方面的强需求，比如糖豆聚焦广场舞的视频、学习、交流，美篇聚焦操作简便的手机端图文编辑工具，彩视聚焦短视频的拍摄剪辑制作分享。

而瞄准的这个需求越刚性、越黏性，产品功能对这个需求满足得越好，初期获得的银发用户就越不容易轻易流失，从而成为下一步发展起关键作用的种子用户。

当然，个案项目要想成功，不能仅仅满足于人有我有的功能，因为每个赛道方向都会有很多同类竞争者，广场舞、图文工具、有声影集以及以后兴起的各种赛道都是如此。但大部分银发互联网项目做得雷同，只是简单将现有功能模块复制一遍，然后图标放大、字体放大，在银发人群中不会留下深刻印象，最终的命运只会是即用即弃。

而上述项目在产品功能上确实是有特点的。比如糖豆为便于广场舞KOL拍摄出银发人群眼中的炫酷视频，开发出绿幕抠像功能，可以将舞者安放在公园、广场、山川等各种预设的背景中，还可以将单个舞者复制成三、五甚至七八个，在画面上呈现出群舞的效果。这个功能至少在2019年就已上线，而主流视频APP几年之后才上线类似功能。

再比如美篇，为了便于银发人群图文创作，APP设计了提供高清图片、高清视频、音乐的素材库，并将其作为会员收费项目。与之对比的是，微信公众号经过多年发展，影响如此之大，但后台只提供编辑功能，图片素材仍需要创作者自己去解决。

这些创新的功能点，背后蕴含着对银发人群的深入洞察，这种洞察决定了产品好不好用、是不是真能击中银发人群的痛点，决定了能不能在银发人群中建立独特的用户心智，决定了银发人群是即用即弃还是来了就不想走，决定了在一堆同质化产品中是否能够脱颖而出，走向下个决胜点。

抓住流量红利，顺势起飞

2016年后一批专做老年内容的公众号之所以能崛起，流量红利所起的作用显然占了更大的比重。

在中国老人人手一台智能手机之前，银发人群接受信息的渠道主要是电视、报纸、杂志，信息来源的主体一般是官方媒体。但随着智能手机在老人中的渗透率越来越高，并在2016年达到一个临界点，中国老人从传统媒体平台大量流失，对互联网内容的渴望越来越大，但此时主流互联网还将注意放在年轻人身上，相应的老年内容供给非常缺乏。

此时一批敏锐的内容创业者转战老年人群，聚焦在养老金调涨、养生健康、单身老人寂寞情感、社会对老人偏见不公、领袖和明星人物故事等极易引发老人共情的主题上，无须原创，只要将全网素材整合编辑，就能源源不断制作出让老人疯狂转发分享的10万+爆款文。

而且单独一个公众号显然不能将老年流量收割干净，开设几十上百个公众号形成矩阵并互相导流，组织公众号专属的读者社群，再鼓励群里的老人分享转发到自己的群和朋友圈，形成进一步裂变。

这些内容本身具有非常高的裂变属性，再叠加上空闲时间很多、希望以转发显示存在感、间接"暗示"子女关心自己的银发人群，最终会实现几何倍数的传播。再加上当时微信流量成本很低，大量投放花钱购买粉丝十分划算，因此许多公众号的粉丝也在短短几个月内增长数十万甚至数百万之多。

小程序在2017年后的崛起更是抓住了银发流量红利的典范。比如专注有声影集和短视频的小年糕，最早于2014年上线APP，但一直不温不火。2017年1月微信小程序面世，当年5月底小年糕就推出小程序，并与公众号绑定，打通公众号与小程序之间的无缝导流，从而快速扩充了小年糕的用户群体。

当时一个月之内，小年糕用户量就从1000万涨到2000万。2019年时，小年糕的中老年用户已经高达1.1亿，在全体用户中占比超过80%。

类似的小程序还有很多。根据阿拉丁研究院公布的小程序TOP100榜单显示，2017年8月开始，小年糕、卡娃电子相册就进入榜单，之后美篇等图文制作小程序陆续入榜。2018下半年到2019年，许多模仿跟风的流量玩家进场，在阿拉丁公布的小程序排行榜里经常会看到一些不知名的公司轮番上场。

这些小程序的操作非常简单，相册类小程序可以直接一键更换模板，模板随着节假日及时间变化，每到节假日期间，这种相册类小程序就会瞬间火爆，带来大量流量。

2019年开始，受快速崛起的抖音、快手短视频平台带动，流量玩家又转战短视频领域，各种短视频小程序从2019年开始集中涌现。这些小程序中的内容多是来自各个视频平台，部分视频中还留有腾讯、西瓜、火山等平台的水印。并且这些新进入玩家大量铺设相同主题、相同内容的小程序及公众号矩阵，目的也是简单直接，只为尽量做大流量，为下一步变现做准备。

在前述垂直APP的发展过程中，流量红利也曾经起到重要作用，不过场景发生在手机上的应用市场，时间窗口也比较短。业内人士透露，2015—2017年时在应用市场上去做广场舞APP的广告投放，获客成本只要1.5~2元，这种方式支撑了少数头部广场舞APP的快速起量并接连获得大笔融资。不过在应用市场的投放成本逐渐走高之后，这种模式不再走得通，用户增量开始枯竭，之后受到抖音、快手的虹吸效应，更是出现用户大量流失的情况。

变现，路在何方？

变现是银发文娱在走过产品、流量两个关口后必经的第三个关口。下面就来看看银发文娱都走过哪些变现之路，它们的表现又是如何。

一是广告。

上面提到过的流量型银发文娱项目，一般公司规模很小，团队只有个位数，但因为掌握着大量老年流量，通过广告变现，高峰时一个月能实现数百万元的净利润。但这个模式能够成功的关键一是在于流量成本必须很低，二是在于有源源不断的愿意支付高额广告费用的广告主。不过有能力、有意愿支付高额广告费的广告主是稀缺资源，时常有不正规的保健品、化妆品，甚至诈骗团伙隐匿其中，对银发文娱项目来说存在很高的法律风险。因此一旦流量成本提高或者平台监管趋严，这个模式就很难维持下去。

糖豆、美篇等代表性 APP，对外宣称用户过亿，如糖豆 2020 年中老年用户超 2 亿、55 岁以上用户占比超过 50%，美篇 2019 年累计注册用户超 1.2 亿、65% 以上为中老年用户。但他们均未披露过广告收入的数据，只能猜测这些数据并不像想象中那么亮眼。

二是知识付费或会员权益。

美篇在 2019 年推出过价格 29.9 元起 / 本的中老年回忆录，根据官方宣称，2019 年"双 11"期间达 6000 单 / 天，交易额破百万。

彩视营收亦无公开数字，有媒体报道会员权益可占到 50%，付费人数在数十万量级，包含两档 68 元 /3 个月和 198 元 / 年，权益包括会员身份标识、视频制作特权（特殊模板与素材、高清）、社交功能特权（类似陌陌）等。

三是主播打赏。

多个 APP 都先后推出过视频直播和主播打赏。据了解，彩视的直播分成在高峰期可占营收 50%，活跃用户月支出在五六十元左右。美篇曾向外透露，2018 年全平台的打赏月流水曾达到千万级。

但真正属于银发人群的知识主播和草根主播并不多，反而是颜值主播贡献的收入比重更大。这看起来更像是一个成熟的主播团队在做透年轻人平台后，又选择一个新的未被开垦的老年人平台继续赚钱。

四是旅游旅居。

旅游旅居在银发文娱的各种变现方式中相对走得比较成功。疫情前的 2019 年，多个数百万粉丝的公众号矩阵能够将旅游旅居收入做到千万量级。另外，一家位于上海地区的老年退休生活平台，以电视节目、公众号、直播间、老年报、线下活动为运营载体，据称拥有 100 多万老年会员，2019 年旅游收入曾达到数亿元。

变现之路如何打通

以上梳理足以说明，银发文娱的大多数变现方式仍未走通，像旅游旅居这种验证走通的模式在过去几年又受到疫情的阻击，仍需要一定时间恢复。

而银发文娱之所以如此难以变现，背后逻辑可以用一个简化的等式帮助说明，即变现收入等于用户规模乘以用户平均收入。一般来说，超大用户规模匹配低用户平均收入或者中低用户规模匹配高用户平均收入，两种方式都能实现理想的收入，前者代表是雁过拔毛的互联网广告，后者代表是重度氪金的游戏。

恰好银发文娱在过去10年的发展里，常常是中低用户规模匹配中低用户平均收入，与上述两种情况都不相关，变现收入自然提不上来。

在用户规模上，银发文娱项目在经历前期用户高增的流量红利后，不久就会受到同类竞争者和新兴平台的挤压影响，用户规模很容易出现增长放缓进而大量流失。

上文提到糖豆2020年中老年用户超过2亿，但具有实际商业变现价值的月活用户肯定显著低于用户总量，而且在经历同为短视频竞争对手的抖音、快手、微信视频号的轮番争夺后，这个数字无疑会进一步降低。根据QuestMobile数据，2022年8月糖豆的银发人群月活跃用户仅为311.8万。这一数字显著低于同期头部短视频平台的广场舞KOL。2022年8月银发人群用户在典型广场舞KOL月活跃用户规模，"小帅健身广场舞"为946.7万，"华州敏儿广场舞"为726.4万，另外还有多位KOL月活跃用户在300万~400万。

主打视频制作的彩视也受到新对手的强大竞争。根据QuestMobile显示，2022年8月银发人群在视频工具APP行业月活跃用户规模排名中，彩视仅排名第五，月活跃用户仅58万，而排名第一的是2019年上线、抖音官方推出的剪映，月活跃用户高达848万。

微信和抖音、快手上虽然有一大批专注银发人群的公众号矩阵和银发网红，但粉丝量大多集中在三五百万量级，与动辄千万粉丝的剧情段子、颜值主播等大号争抢广告收入毫无竞争优势，如果选择直播带货，与美妆、服装大号竞争的专业度又显得很不够，后者百万粉丝却可以年销上亿，靠的不只是粉丝数量，更是对产品设计和供应链的掌握。

在用户平均收入上，前文已梳理，大多数情况下银发付费用户对线上业务能够贡献的收入在几十元至一两百元之间，而且付费用户在整个银发用户里占比并不高。之所以线上收入提不起来，是因为大多数APP和公众号、小程序、抖音号、快手号，主要精力都放在内容的制作和传播上，与银发用户缺乏线下场景深度互动，银发用户看完即走，双方之间缺乏情感维系和信任感，从而无法形成强黏性和持续变现能力。

因此银发文娱项目要想走通变现模式，无非两条路，一条是做大用户规模之路，初期依靠流量红利、内容红利积攒大批银发用户后，不要留恋这个单一用户群体，而是果断迅速向全年龄段尤其是中青年人群进发，就如B站、小红书初期圈定"90后"年轻用户后，果断向"80后"甚至"70后"进军，然后依靠超大用户规模赚取广告收入；另一条是做深用户信任之路，初期依靠线上方式积攒大批银发用户后，果断加强线下运营，线上线下双轮驱动，做深做透银发用户对平台的信任感，然后用高客单价的产品进行变现。

事实上，能够把平均用户收入提升到数千至上万元水平，而且不是靠违规保健品或金融诈骗手段的，目前来看只有一种情况，就是为银发人群提供旅游旅居服务，这也很可能成长为未来银发文娱的主流变现方式。

三、生活服务：银发互联网下半场

前面分析了银发互联网上半场的发展历程，银发互联网背后的逻辑主线已经十分清晰，就是随着银发人群互联网渗透率的不断扩大，银发人群的互联网行为在不断拓展边界、深化层次，从纯线上的通信、社交、资讯、视频，拓展到与支付相关的电商、外卖、扫码付款，下一步将是银发人群线上与线下更加深入全面的融合，与旅游、出行、到店、家政、陪诊、护理等相关的生活服务，将是银发互联网下半场的发展重点。

未来10~15年：银发生活服务大爆发的窗口期

下面先看一组银发人群在生活服务领域的消费行为数据：

- 在饿了么2019年公布的银发族消费中，从2018年到2019年，老年餐的外卖量一年增长了近10倍。
- 美团《2021银发经济"食"力消费洞察》报告显示，50岁以上中老年消费者餐饮消费增速连续四年保持第一。
- 2021年，美团平台上帮助老人洗澡的"老人助浴"订单量同比增长12倍。
- 2022年情人节期间，饿了么数据显示，线上线下鲜花订单暴涨，老年群体成为线上订花的又一主力群体，其鲜花订单量是去年同期的6倍。
- 2022年7月，饿了么发布数据，在近三年中，全国老年用户通过外卖购买雪糕的订单量同步增长3倍。
- 2022年重阳节前夕，美团跑腿数据显示，备注中带有"老人"等助老关键词的订单数量环比增长50%。同时老年人本身使用跑腿服务的频率也在提升，60岁以上老年人下单量同比去年同期增长了36%。
- 2022年9月，携程发布《2022新一代银发族出游趋势洞察》。数据显示，截至9月，今年60周岁及以上游客的人均旅行消费同比上涨23%，其中60~65岁的初老群体涨幅最大，超过三成，跟团游、私家团、定制游是受银发族欢迎的产品TOP3。
- 2022年9月，高德打车发布《助老暖心出行计划年度报告》。报告显示，使用高德打车助老打车服务的老年人数量同比增长1.5倍，老年人使用手机叫车的频次也增长了43%。高德打车推出助老打车服务近一年来，助老出行累计里程达到7000万公里，其中最多的五个城市分别为北京、上海、成都、广州和杭州。
- 截至2022年10月，美团数据显示提供照护老人相关的家政服务类团购数量同比提升230%，商家数量同比提升166%。

可以发现，银发人群在疫情前就已经成为外卖的重要增长点，经过疫情三年的洗礼，银发人群在餐饮、旅游、出行、跑腿等各个领域的渗透率和影响力都在快速上升。

而未来10~15年，银发人群对生活服务的需求很可能出现爆发式增长，因为1962—1975年婴儿潮出生的人口将陆续进入退休阶段，意味着每年都有1500万~2000万增量银发人群从工作状态变成拥有大量闲暇时间的空闲状态，他们必然寻找各种文娱方式填满突然宁静下来的生活，而这就是互联网生活服务的最大机会。

根据银发人群的特点，可以将互联网生活服务分成两类，一类是旅游旅居、到店酒旅、出行票务，以服务60~74岁低龄老人为主，因为这类服务基于户外非居家场景，符合低龄老人身体相对健康、乐于社交娱乐、喜欢新鲜事物的特性；而家政、陪诊、护理等服务以75岁以上高龄老人为主，主要是居家和医院场景，符合高龄老人腿脚不便、身体机能下降、生活中需要更多帮助的特性。

从对应的人口规模来看，两类业务的市场体量和发展节奏各有特点。下面基于2019年联合国人口报告的数据来看未来中国低龄老人和高龄老人的人口规模变化。

表7-1 中国低龄老人和高龄老人未来的人口规模变化（单位：亿人）

年　份	60~74岁	75+岁
2020	1.97	0.53
2025	2.32	0.67
2030	2.7	0.94
2035	3.02	1.13
2040	2.95	1.38
2045	2.75	1.74
2050	2.87	1.98

可以发现，在未来的中国老年人口结构演变中，60~74岁低龄老人一直是

占据最大的比重，而且在2035年以前一直处于上升态势，表明在2035年这个时间点前，面向低龄老人的生活服务将具有广阔的增长空间。而跨过2035年后，由于低龄老人的人口规模下降，相应的生活服务也将处于萎缩之中。

而75岁以上高龄老人，虽然在人口数量上长期低于低龄老人，但却一直保持着增长态势，预示着面向高龄老人的生活服务将在未来30年时间里持续扩大。

抖音凶猛：垄断性银发流量和强大战略实施执行能力

抖音是各大平台中最有优势抢夺银发人群生活服务的市场份额的平台。最具决定性的因素是，抖音已经是银发人群最常用的APP之一，地位仅次于微信。

根据QuestMobile数据，2022年8月银发人群在典型内容平台月活跃用户规模，微信为2.5亿，抖音为1.4亿，快手为1亿。在使用时长上，抖音和快手已经超过微信。根据QuestMobile数据，2022年8月银发人群月人均使用时长TOP10 APP，快手极速版为35.7小时，抖音极速版为35.0小时，快手为32.7小时，微信为83小时，抖音为29.0小时。

在基础的银发用户流量因素之外，更加具有决定性作用的因素是抖音的战略制定、资源调配、组织实施的能力。这从抖音的电商业务从无到有，2022年GMV据传在1.4万亿~1.5万亿、2023年目标不低于2万亿，对阿里、京东、拼多多等主流电商平台形成强大威胁，已经得到充分验证。

本地生活作为抖音电商的重要发展方向，2022年实现GMV约770亿元，2023年GMV目标对外宣传1500亿元，同比增长100%，相当于美团2021年到店酒旅业务GMV的一半。还有媒体报道，抖音本地生活2023年真实的成交额目标接近4000亿元，其中到店及酒旅业务目标2900亿元，与美团2021年到店酒旅业务基本相等。不管是4000亿元还是1500亿元，都足见抖音本地生活业务发展之快，以及抖音对本地生活业务的期望之高。

银发人群每年1500万~2000万新增量所带来的旅游、到店、酒旅、出行等需求，与抖音的视频平台特性和本地生活业务定位高度契合，未来将成为抖音本地生活越来越重要的业绩支撑。

而具备了银发人群垄断性流量入口和强大的战略实施执行能力，在银发人群带来的巨大的生活服务业务增量中抓住最大份额，对抖音来说基本上就是一个战术上优化执行的过程，比如针对银发人群组织密集的线上线下运营活动以进一步提升流量，和饿了么、本地服务商以及其他更多渠道合作扩充商家供应端资源，借鉴微信生态充实完善抖音的私域运营体系，等等，都是未来可以预期的。

美团战略短板：缺少超级入口

在抖音本地生活业务狂飙之时，美团作为当下的行业第一，感受到的威胁或许也是最大的。美团赖以登顶王座的地推铁军，和多年积累的商家资源，仍将是应对抖音竞争的强大砝码。但美团最大的劣势同时也是抖音最大的优势，即美团没有抖音的垄断性流量入口地位，用户可以不安装美团，但不可能没有抖音。

美团从用户心智和平台定位上都是根深蒂固、牢不可破的服务交易平台，只有在用户想起来要"交易"的时候才会去打开APP，而抖音则是用户随时随地都可能点开的应用，两者在渗透率、使用时长、月活跃用户等各项指标上都呈现出显著的、难以追赶的差距。

在面对未来银发人群带来的巨大生活服务增量时，美团拿什么与抖音竞争？抖音可以很轻松地在用户端组织各种打卡、节庆、挑战等运营活动，在银发用户流量高涨之时加大广告推送、提高货币化率，而美团只能靠付出巨额广告费用、高折扣促销活动来巩固用户心智、获取用户流量。

也许在未来某个时点，京东和天猫、美团和饿了么之间曾经发生的商家"二选一"又将再一次上演，但这将是最后阶段不得已为之的手段，预示着竞争到了最激烈的阶段。

对美团来说最重要的事情，还是应在战略层面提早解决银发人群的流量入口问题。对美团最可行的就是争取在其股东——腾讯旗下的国民第一应用微信上，争取一个类似京东在"发现"页面的"购物"一级入口。

目前美团仅在微信"我"—"服务"页面底部拥有"美团外卖""美团特价"两个入口，而本地生活业务的两个重点，"火车票机票""酒店"两个入口归属于腾讯另一个参股公司同程旅行，这样的入口级别流量十分有限，很难帮助美团在应对抖音凶猛进攻时获得足够的流量支持。

阿里茫然，腾讯佛系，创业有机会

与抖音、美团对生活服务志在必得、不容有失的态度不同，另两位巨头阿里和腾讯则显得一个茫然，一个佛系。

阿里在生活服务领域曾经豪情万丈，但如今的局面则多少有些尴尬。

2018年全资收购饿了么，与口碑整合，成立本地生活服务公司，据传"投入无上限"。

2020年3月，支付宝宣布从金融支付平台升级为数字生活开放平台，前后推出生活号、财富号、小程序、短视频信息流等重磅功能，出行、饿了么、口碑、电影演出等本地生活服务皆占据了一级入口，显示出打造比肩微信的超级入口的野心。

2021年，阿里还将饿了么、高德和飞猪组成本地生活服务板块。其中，饿了么和高德分别成为本地服务"到家"和"到目的地"的主要用户入口，飞猪则是作为旅游类垂直服务平台。

但行至2023年，饿了么在外卖市场的份额与美团差距越拉越大，据业内人士估计，两者营收体量大约是1∶3，到店酒旅则基本找不到公开业务数据。有媒体报道，饿了么餐饮业务已经从过去直营的40座城市收缩至不足10城，其余城市也由直营转为服务商模式，2022年上半年阿里本地生活业务由近万人缩减了约3000人。

劣势之下，饿了么外卖业务开启外部合作，与抖音合作上线15个城市外卖；饿了么到店业务（原"口碑"）则与高德合并，高德升级为"生活服务好平台"，增加美食团购、酒旅、休闲玩乐、周边游等内容。

支付宝则越来越边缘化，与微信、抖音、快手的差距越来越大，似乎又从充满想象力的生活平台退回到单纯的支付工具上。

可以说阿里在生活服务上的布局处于调整和收缩之中，尤其是阿里与美团一样，也缺乏一个类似微信、抖音的超级入口，更加不利于阿里抢占正在到来的银发人群生活服务的业务增量。

腾讯虽然拥有微信这款国民第一应用，但用户增长基本到顶，使用时长被抖音、快手反超，目前的战略重点不是像抖音那样激进商业化，而是加强视频号发展以巩固被抖音快手所松动的国民第一应用的地位。

而且微信的一贯方针就是对商业化的节奏保持克制，所以才能看到，微信一级入口到今天也仅有京东的"购物"，其他和交易、电商相关的入口则都隐藏在"发现"—"服务"里。

当然，历经多年建设的微信生态，从社交到内容，从线上到线下，从用户到商家，从需求到供给，几乎无所不包，再凭借着在银发人群中最高的渗透率，决定了微信依然是抓住银发人群生活服务增量的最好创业平台。从生态的完善程度来说，目前的抖音确实仍然与微信有着不小的差距。

创业者在银发人群的生活服务领域，如果是定位做完全独立的生活服务垂直平台，大概率会和银发电商、银发文娱的结局一样，陷入与巨头的奋战中而悄无声息地消亡。但如果创业者能利用好微信、抖音等平台生态，尤其是前述抖音、美团等巨头竞争激化而向商家让利带来的红利期，一端做好银发用户运营，一端做好商家变现，局面将立刻豁然开朗。

第八章

银发文旅

一、老年教育：需求井喷、供给短缺的银发赛道

2021年发布的《中国老年教育发展报告（2019—2020）》透露，截至2019年年末，我国老年大学（学校）数量约为76296所，在校学员数约为1088.2万人。

但这个数字与中国老人的整体数量相比，显得微不足道。根据最新的第七次人口普查数据，中国60岁及以上老人数量为2.64亿人，老年大学在校学员数仅占所有中国老人的4%。

事实上，近年来关于老年大学一位难求、老人通宵排队报名的报道不绝于耳，足以说明中国老人对于学习教育的需求是多么旺盛。而随着1962—1975年婴儿潮出生的数亿人群在未来10~15年陆续退休，他们不再愿意将生活局限于为子女带孩子、做饭等烦琐家务上，而是更向往缤纷多彩的文化生活，对老年教育的需求将进一步井喷。

而从政策目标上看，经常性参与教育活动的老人占比，最低应达到20%。早在2016年由国务院办公厅发布的《老年教育发展规划（2016—2020年）》就提出，"以各种形式经常性参与教育活动的老年人占老年人口总数的比例达到20%以上"。

部分一二线城市将目标进一步上提，如广州在2018年发布的《广州市推进老年教育发展实施方案（2018—2020年）》中提出达到30%以上，杭州在2021年发布的《杭州市老龄事业发展"十四五"规划》中提出达到30%以上，

北京在 2019 年发布的《北京市关于加快发展老年教育的实施意见》中提出达到 40% 左右，天津在 2021 年发布的《关于进一步推进天津市老年教育发展的意见》中提出达到 50% 以上。

这一切都说明，老年教育在需求与供给之间，存在着巨大的缺口。那么，背靠庞大的人口基数和强大的政策支持，老年教育何时能够一飞冲天，甚至成为老龄化社会的新兴支柱产业？

老年教育根本属性：公益还是商业，普惠还是逐利？

对老年教育发展的思考，需要回到初心和原点，也就是对老年教育根本属性的思考上来：即在公益和商业两端，在普惠和高端两端，老年教育应该处在一个什么位置？

第一，老年教育所蕴含的巨大社会价值：不是社会成本，而是事关中国社会经济长远可持续发展的重要投资。

"积极老龄化"概念在学术界经过长期酝酿发展，于 2002 年由世界卫生组织提出，在提交给联合国老龄大会的《积极老龄化政策框架》中被明确定义："最大限度地提高老年人健康、参与和保障的水平，确保所有人在老龄化过程中能够不断提升生活质量。"

老年教育正是这样一种解决之道，能够有效促进老年人参与社会交往、保持身心愉悦健康、不断提升生活质量。国内外许多研究都表明，积极参加老年教育，对老人的身心健康有显著的提升作用，不仅能够维持良好的身体功能，降低其进入高龄阶段后失去自理能力的概率，还能够降低老人失智、抑郁等疾病的发生，享有一个精神健康的晚年。

尤其是中国 2025 年后高龄老人将快速增加，随之而来的医疗护理支出也将迅速飙升，应对老龄化的机会窗口就是在未来的 10~15 年。

此阶段中国老人以 60~70 岁的低龄活力老人为主，通过老年教育普及推广健康生活方式，维持健康身心状态，就可以大大降低他们在 75 岁之后失能半失能的概率，减少个人家庭层面的经济生活负担，同时减少社会整体的医疗护理支出。因此，对老年教育的投入不能看作是一项社会成本支出，而应看作是一项事关中国社会经济长远可持续发展的重要投资。

第二，政策定调凸显政府责任，行业属性向公益、普惠一端偏重。

纵观从中央到地方的各种老年教育政策，凸显政府责任和财力投入，对公益、普惠十分强调，这就注定了老年教育不会是个过度商业化的行业：

2016年10月国务院办公厅发布《老年教育发展规划（2016—2020年）》："以提高老年人的生命和生活质量"为老年教育目的，"使老年人获得更多的幸福感"。

2017年1月国务院发布《国家教育事业发展"十三五"规划》："推进老年教育机构逐步纳入地方公共服务体系，完善老年人学习服务体系。"

《老年人权益保障法》指出，各级政府对老年教育要"加强领导，统一规划""加大投入"。

在这样的背景下，中国老年教育的现状虽然看上去极为供不应求，远远满足不了亿万老人的学习需求，但实际上在过去20年经历了十分快速的发展，而且整体上呈现出三条发展主线，即学校老年教育、远程老年教育、社区老年教育，体现出政府的责任和老年教育的公益普惠属性。

学校老年教育方面，根据《中国老年教育发展报告（2019—2020）》，截至2019年年末，我国老年大学（学校）数量约为76296所，老年大学（学校）的在校学员数约为1088.2万人，较往年均有两位数以上的增长。

由于学校老年教育成本较高，中国还大力发展以互联网和广播电视为基础的远程老年教育。

据《中国老年教育发展报告（2019—2020）》，2019年我国远程老年教育学校数量共计6345所，约为2017年的6倍；远程教育教学点为36445个，比2017年的30475个增加5970个，同比增长19.6%。2017年全国远程教育注册学员229.3万人，2019年增长至387.4万人，同比增长68.9%，面授与网络学员数量比例约为7∶4。

社区老年教育是另一个颇具中国特色的老年教育领域，在2016年发布的《教育部等九部门关于进一步推进社区教育发展的意见》中就明确提出，"大力发展老年教育。将老年教育作为社区教育的重点任务，结合多层次养老服务体系建设，改善基层社区老年人的学习环境，完善老年人社区学习网络。建设一批在本区域发挥示范作用的乡镇（街道）老年人学习场所和老年大学。努力提高老年教育的参与率和满意度"。

事实上，绝大部分老人的活动区域就是以家庭、菜场、超市、公园为主，而社区作为遍布中国城市的基层治理组织，是将老人的各种生活场景连接起来的纽带。虽然全国各地对社区的叫法、名称不同，但当下老人的大部分文体活动其实正是以社区为场景而展开的。

由于中国的老人数量增长太快，对老年教育的需求越来越大，逐渐超出公办老年教育的供给能力，老年教育的庞大需求便向社会逐步溢出。于是我们能看到，过去10年有关中老年人的教育、文娱、社交的需求催生出一个个社会热点乃至创业高潮，席卷全国的广场舞、模特秀正是这种旺盛需求的反映。

同时这也给民办老年教育创造了发展空间。过去几年，全国各地尤其是一线城市，陆续出现一些民办老年大学，纷纷走出了各具特色的发展样式，为老人提供了更加丰富的选择。

而对于已经进入和希望进入老年教育行业的从业者来说，需要把握的核心原则，即老年教育是一个足够大的行业，能够容纳丰富多彩的模式；但同时不是一个快速起量的行业，其社会价值高于商业价值，快速收割变现的玩法在这里并不适用。而且老年教育也会如其他事关人民幸福感、获得感的行业一样，受到国家严格监管。

老年教育的核心逻辑：社交 + 娱乐

要理解老年教育的核心逻辑，关键是从用户层面去洞察老年教育的主体人群，挖掘他们的内心深层需求到底是什么，是像婴幼儿教育那样满足父母对孩子未来的想象，还是像K12教育那样获得考试加分、升入名校的实际效果，抑或是像职业教育那样为了找到一个好工作？

也许以上这些都不是。我们必须时刻记住的一个事实是，当下老年教育的主体是出生于20世纪1950—1969年的"50后""60后"，他们的整体特征是在人生的幼年、青年、中年阶段一直压抑自我、将家庭摆在第一位，一路走来赡养父辈、抚育子女乃至孙辈，但到了六七十岁时，子女大多成家在外不在身边，他们的空闲时间一下子变得非常多。同时因为过去20年国家不断提高退休金，他们的收入很稳定，身体也基本上比较健康，这时候就会需要大量的文娱活动来填充大把的空闲时间。

此时，他们通过参加广场舞、合唱团、模特队和老年大学等各种文娱教育活动，来实现自己年轻时的各种梦想，比如唱歌、跳舞、演奏乐器、走上T台，获得很多关注，让很多人认可自己，让他们在乏味的家庭生活之外，找到一种新的生活方式、一种新的自我认同。

因此，老年教育的实质其实就是以老年人为主体的各种文化娱乐活动的总和，他们在内心深层所需要的，不是某种技能的学习，或某种工作能力、薪资待遇的提升，而是需要各种艺术文化课程的学习、演出、比赛、交流机会，在这个过程中实现人生梦想，拓宽人生的边界，也即"社交+娱乐"。

从这个核心逻辑出发，老年教育的整个体系如何搭建也就十分清楚了，在此可以通过老人在老年教育中将经历的典型过程来说明。

一开始，老人原本没有任何文艺才艺，但长久以来心向往之，于是经熟人介绍进入一所老年大学，报上一门心仪的课程。经过半年到一年的学习，老人能够在同校学员、亲戚朋友，甚至公众面前自如地表演展示，获得大家的认可和赞许。此后，老人通过持续努力的学习、展示，信心不断增强，才艺不断深化，开始参加校内校外、国内国外举办的各种艺术展演和比赛，从参与者逐渐成为领奖者，成为同龄人中的文艺达人。最后，老人在艺术水平不断提升的同时，也逐渐培养起很强的沟通能力、教学能力，于是成为老年大学的专职或兼职老师，再去带动新的一批老人感受文艺的魅力。

在上述过程中，学习、展示、比赛、游学等环节形成老年教育的完整体验闭环，在每个环节里都应该为老人打造独特的体验，比如在文艺展演的舞台上，营造华丽的灯光舞台效果，请专业的化妆师给他们化妆，请摄影师为他们拍摄时尚大片，这样才能让他们感受到精神的震撼和人生的美好，对老年教育也会更加投入和痴迷。

同时在这个完整的老年教育体验闭环里，通过旗袍秀、歌舞展演、书画研学等各种主题性的游学活动，将教育和旅游、公益和商业、普惠和盈利良好地结合起来，为长期以来被盈利所困扰的老年教育提供了一个解决办法。

需要强调的是，线上运营对老年教育的重要性越来越高。如果说10年前的银发经济商业模式的主要获客渠道是菜市场、社区、超市的话，那么在经过疫情三年的洗礼后，智能手机和移动互联网几乎成为中国老人，尤其是70岁以下老人的标配。微信成为他们的主流通信工具，微信群、抖音、快手、视频号、今日头条成为他们接受新知、日常联系的主要信息渠道和社交场景。通过线上场景进行老年教育的获客和加盟商的招募，正在成为许多创新型老年教育机构的选择。

线上的特点是可以在短时间内覆盖大量目标人群，传播效率相比线下方式要高很多，可以帮助老年教育项目从公域平台、社交裂变中获得大量潜在老年用户，再沉淀到自家的公众号、视频号、客服微信、微信群里进行私域运营，通过持续不断的内容传播和客服沟通，积累起老年用户的信任感、好感度，再向付费业务的转化就是水到渠成的了。

所以对于老年教育项目来说，线上内容的成本投入（公众号的图文和视频号、抖音的短视频等）其实不应该看作是产品开发成本，而应该是获客成本、营销成本。当然，与此同时还需要有优质内容和精准的裂变策略进行配合，才能达到最好的获客和转化效果。

老年教育模式选择：大而全还是小而美？

对于老年教育的新进入者来说，课程体系选择大而全还是小而美，同样是一个非常重要的问题。

对于传统的公办老年大学，包括以互联网和广播电视为基础的网络老年大学、开放老年大学等，核心目的是解决最广大老人的普及性、普惠性教育需求，所以课程设置凸显大而全，生活、文化、历史、艺术、健康、外语等各种课程应有尽有，为的是让所有老人都能找到自己喜欢的课程。

因此可以看到，在许多老年大学的网站上，视频课程内容非常丰富，免费资源随手可得，但因为在学习体验上存在诸多不足，如内容较为枯燥，缺乏真实的课堂互动，缺少展示、比赛等参与感强的环节，因此老人对网络老年大学的使用频率并不算高。

而对于商业性的民营老年教育机构，如果也像传统公办老年大学那样选择大而全的课程体系，虽然有助于聚集最广泛的老年人群，看似做大了用户基数，但同时也会面临各种国家免费资源和互联网巨头的竞争。而且大而全的课程体系，由于涉及学科太广，需要的师资、教研等资源更多，相应地每门课程得到的资源就少，反而不利于核心课程打造，对老人的黏性也会相对较弱。

尤其是当部分老人的学习教育需求升级之后，普惠性、浅层次课程满足不了他们，小而美的老年教育模式就应运而生。

事实上，过去几年在一二线城市出现的民办老年大学，主要是以小而美课程为特色逐步发展起来的，有的围绕歌唱开发系列课程，包括民族、流行、美声各种唱法，并辅之以乐理、乐器等课程；有的以模特表演为核心开发系列课程，包括形体、旗袍、折扇雨伞等道具使用，再辅之以化妆、服装搭配等课程。

小而美的优点是易于塑造老人的心智认知，在老人心中形成"这家老年大学专门教唱歌，老师都是专业院校请来的""那家学校有超模来教课，模特老师还当过全国大赛的评委"等印象，从而帮助民办老年大学在一众同行中脱颖而出。

而且从商业模式来说，小而美模式的老年教育更利于围绕课程特点开发具有盈利能力的产品，比如以模特展演为主题的集训游学旅游项目，在疫情前已经成为不少民办老年大学的重点盈利业务。

事实上，不管是公办还是民办，许多老年教育机构大多都走上一个类似的路径，即围绕特色主推课程延伸出完整的教学、展示、比赛、游学的体验闭环，比如歌唱、音乐类课程延伸出文艺晚会、歌唱比赛、名胜风景区展演比赛，模特课程延伸出景点走秀、集训考证、模特大赛。

这种做法是在课程之外创造收费环节，老人更加容易接受。因为在许多老人的认知里，老年教育课程的收费就应该是低廉的，甚至免费的，所以对老年教育机构来说，从课程定价上很难提高盈利能力，但如果转换到旅游这种产品的价格体系，几千元的收费对老人来说就容易接受多了。

第八章 银发文旅

老年教育的商业价值何在？

目前大部分老年大学收费的现状是一门课程一学期 100~500 元，公办学校在 100~200 元，民办在 500~1000 元。这个定价维持运营已很不易，但如果想提高价格，马上面临老人付费意愿低的难题。因为他们会将公办老年大学定价作为自己付费的比较标准，民办超过公办两三倍的价格，显然会让许多老人觉得太贵。

因此，老年教育确实很难像 K12 和成人职业教育那样，通过课程本身获得较高收入。但老年教育的商业价值在于，由于用户是 100% 老人，因此在用户特征和产品需求上十分集中，尤其是对保健品、旅游旅居、养老社区、金融理财等产品有着天然的、长期的旺盛需求。

可以说老年教育最大的商业价值其实正是渠道价值，就是类似于微博、小红书、B 站等互联网平台的模式，用优质内容集聚高质量老年用户，然后向其他高客单价或高毛利行业导流。

事实上，在目前运营比较成功的老年大学里，旅游已经成为重要的盈利业务。同时，作为高客单价的行业客户，越来越多的养老社区和银行保险也看中了老年大学精准聚集老年用户的优势，正在加快开展和老年大学的业务合作，并且已经取得了良好的业绩。而在不远的将来，随着对老年人群的黏性越来越强、老年用户规模越来越大，各种老年教育机构将成为企业打入庞大老年群体市场、掘金银发经济红利的首选渠道。

我们相信，未来的老年教育不会一家独大，而将是百花齐放、创新不止。以中国地域之广大，文化之丰富，一定会涌现出许多特色各异、垂直细分的老年教育平台，在为中国银发经济带来丰富机会的同时，也将共同构成数亿中国老人的幸福晚年生活。

二、康养旅居：10 个旅游大省抢跑带来的启示

随着 1962—1975 年婴儿潮人口的陆续退休，未来十几年每年都有 1500

万~2000万低龄老人进入退休阶段,也就是说,每年都有一个2000万级的新用户增量进入服务老年人群的康养旅居市场。不管是对于旅游业还是银发经济,这都是一个重大机遇。

根据中国旅游研究院发布的《中国老年旅居康养发展报告》,2020年我国康养旅游人数达到6750万人次,老年旅游正在从福利事业向旅游产业转变,从小众市场向主流市场转型。老年旅居康养潜力巨大但存在供需错位的问题,老年群体需求尚未获得充分满足。

在许多政策规划和媒体文章、研究报告中,旅居和康养经常混用,在此需要做个简要辨析。旅居是以老年人群为主的一种旅游形式,通常节奏较慢,在同一个地方停留时间较长;康养是一个宽泛的概念,可以和生态、医疗、中医药、文化等各种概念和行业相结合,如果康养和旅居结合,康养就是旅居这种旅游形式的内容和目的,旅居则是实现、达到康养这个内容和目的而采取的手段、措施、形式。

下面梳理全国10个旅游大省对于康养旅居的产业定位、发展目标、特色方向,并提出各地发展康养旅居需要重视的四个问题,为有志于康养旅居和银发经济的行业人士提供参考。

江西:"江西风景独好,康养这边更好",康养旅游成战略性新兴增长点

江西旅游在过去10年间获得了高速发展。疫情前的2019年,江西实现旅游总收入9600亿元,占当年GDP比重36%。如果看增长率,2016—2019年江西旅游总收入平均年增长率为27.64%,超过全国绝大部分省份。

服务老年人群的康养旅居,无疑是未来10年旅游业的重要增长点,江西的重视程度同样处在全国前列。

2021年12月江西发布《关于推进康养旅游发展的意见》,2022年4月发布《江西省康养旅游发展规划(2021—2030年)》,明晰未来10年江西省康养旅游产业发展"江西风景独好,康养这边更好"的形象定位,明确了康养旅游收入在旅游总收入中的比重大幅增加,康养旅游产业成为江西省旅游产业

的战略性新兴增长点，把江西省打造成具有江西特色和底蕴的全国一流、世界知名的康养旅游目的地的发展目标。

江西康养旅居的总体布局为"一核五片多节点"，即大南昌都市圈康养旅游核心区，赣北山水休闲康养旅游片区、赣东北国际医疗康养旅游片区、赣西温泉运动康养旅游功区、赣中文化艺术康养旅游片区、赣南客家风情康养旅游片区五大功能区。

挖掘康养气候资源，持续创建"中国天然氧吧""避暑旅游目的地""国家气候标志"等品牌。发挥庐山"世界名山""夏季避暑、冬季温泉"的独特资源优势，打造成全国一流、世界知名的康养旅游胜地。

江西还提出，发挥宜春市生态环境优良、温泉资源丰富、禅文化深厚、避暑地众多、"中国药都"等资源优势，打造成赣西生态康养宜居胜地。发挥赣州市客家文化、红色文化、阳明文化和绿色生态优势，打造成粤港澳大湾区康养度假后花园。发挥上饶国际医疗旅游先行区和上饶国家中医药健康旅游示范区先行先试、示范引领优势，打造成全国康养旅游新标杆。加快南昌市、萍乡市、吉安市康养旅游品牌建设步伐。

贵州："森林康养·贵州乐享"，"十四五"重点突破康养旅游

贵州旅游在疫情前同样获得高速发展，2016—2019年，全省接待外省入黔游客人次、旅游总收入年均增长30%以上。2019年旅游收入12318亿元，占当年GDP比重73%。

贵州对康养旅居的发展十分重视，《贵州省"十四五"文化和旅游发展规划》提出，加快贵阳市、铜仁市、黔东南州发展独具特色、主业突出、融合联动的康养产业体系，重点建设黔中综合健康养生圈、贵州侗乡大健康产业示范区，打造国内一流度假康养目的地，到2025年，建设50个集休闲旅游、度假养生、康体养老于一体的健康养老基地，实现贵州省康养旅游的重点突破。

在布局上，贵州提出，贵阳市、铜仁市、黔东南州发展独具特色、主业突出、融合联动的康养产业体系，重点建设黔中综合健康养生圈、贵州侗乡大健康产业示范区，打造国内一流度假康养目的地，实现贵州省康养旅游的

重点突破。

对于产业方向，贵州提出优先发展避暑康养旅游，以贵阳、安顺、六盘水、毕节、遵义等旅游城市康养社区规划建设和城市民宿建设为重点，深度开发核心景区周边特色民族村寨，培育集度假休闲、游憩观光、文化创意、乡村旅游、乡村民俗、生态农业等多种功能于一体的休闲避暑康养产品；有序推进温泉康养产业：争取主管部门切实解决办理矿权等合法性手续问题，盘活停工项目，实施100个温泉旅游重点项目工程，打造15个省级温泉旅游度假地，加快打造一批全国一流的温泉保健疗养品牌，推进"温泉省"建设。

大力发展中医药健康旅游，推进贵阳、铜仁、遵义国家级医养结合试点建设。推动清镇市医养结合康养服务中心、贵阳市花溪区贵矿阿默医养综合体、桐梓县枕泉翠谷森林康养中心、安顺市荣军医养基地、龙里县龙溪湖医养结合示范基地项目建设。推进集中医药科研创新孵化、中医药高品质康养、中医药对外交流为一体的省级中医药服务综合示范区建设。到2025年，建成康养旅游项目30个、国家健康旅游示范基地1个、省级健康旅游示范基地10个、国家级中医药健康旅游示范区1个、中医药健康旅游示范企业8个。

探索推进健康养老旅游，推进贵安康养文旅国际城、黔北康养园（楚米分园）、多彩阳光医养中心、仁康养小镇项目、中铁我山康养小镇、麻江乌羊麻养老休闲综合服务基地、安顺黄果树旅游康养基地等项目建设，建成一批休闲养生度假示范基地，打造一批健康养老知名品牌，加快建设国内一流健康养老示范基地，形成养老与旅游服务链和产业链，吸引更多老年群体到贵州旅居养老、健康养老、休闲度假，到2025年，建设50个集休闲旅游、度假养生、康体养老于一体的健康养老基地。

打造绿色有机食品旅游商品品牌。建设一批规范化、标准化、规模化种植及良种繁育基地，扩大"三品一标"种植规模，加快推进"三品一标"认证，大力打造茶叶、刺梨、薏仁、山药、火龙果、花椒、核桃、茶油、晒醋、石斛、虫茶、蓝莓、食用菌等特色食品品牌。引导和鼓励企业利用天麻、石斛、金银花、刺梨、薏苡等药食两用药材，研发中成药新产品、食疗保健品、食物营养品、医药中间体、美容化妆品等，扩宽中药材价值利用空间，打造一批绿色健康有机食品类旅游商品品牌。

对于森林康养，贵州出台专项规划《贵州省森林康养发展规划（2021—2025年）》，提出要扎实开展现有森林康养（试点）基地评定；逐步完善森林康养标准体系建设，有序推进森林康养产品开发；有效促进森林康养（试点）基地提档升级；积极创建森林康养示范县。到2025年，创建森林康养示范县（市、区）10个（其中省级引导创建5个），提升建设森林康养（试点）基地70个，建成森林康养步道300公里；森林康养年服务150万人次，实现森林康养年综合收入300亿元。

贵州重视打造有自身特色的康养品牌形象，推出"森林康养·贵州乐享"定位，省内城市贵阳定位"爽爽贵阳·康养福地"，安顺打造"安养之都"，黔西南州定位"中国四季康养之都"。

广西："长寿福地·壮美广西"，将大健康产业打造成支柱产业

广西作为传统旅游大省，疫情前的2019年旅游总消费10241.44亿元，占当年GDP的48%，旅游无疑是广西的支柱产业。

广西在《广西老龄事业发展"十四五"规划》《广西大健康产业发展规划（2021—2025年）》《广西大健康产业发展规划（2021—2025年）》一系列重磅政策中对康养旅居做出了全面规划，提出推动健康养老、健康医药、健康食品、健康运动、健康医疗管理、健康旅游、健康和文旅制造七大产业全面发展，把大健康产业打造成为自治区战略性支柱产业。

广西提出全面构建"一核五区多点协同"的发展格局：即以南宁市作为全区大健康产业发展核心区，引领带动桂北休闲旅游与养生养老产业区、桂南滨海文旅与医疗医药产业区、桂东医疗医药与生态养老产业区、桂西长寿保健与医疗康体产业区和桂中民俗文旅与医械制造产业区协同发展。

在《广西"十四五"文化和旅游发展规划》中提出：加快桂林建设世界级山水旅游名城、世界级文化旅游之都、世界级康养休闲胜地和世界级旅游消费中心；加快建设巴马国际长寿养生旅游胜地，打造世界长寿文化交流合作中心和国际知名、服务一流的长寿养生旅游胜地。

在代表康养旅居具体发展态势的床位建设上，广西提出鼓励支持培训疗养机构、酒店、民宿等升级改造、转型发展旅居康养床位，增加旅居康养服务供给。到2025年年底，广西创建命名100个老年人宜居社区和一批旅居康养示范基地，全区旅居养老服务床位总数达到4万张。全区异地旅居康养人数达到500万人次，初步打造成为全国知名旅居康养胜地。

在品牌定位上，广西打造"长寿福地·壮美广西"品牌，力争把"中国长寿之乡"的特色品牌转化为养老服务效益。

目前广西共有29个长寿之乡，全国长寿之乡总数81个，广西占据近四成。另外广西还有四个世界长寿之乡，分别是：

巴马县于1991年被国际自然医学会认定为世界第五个长寿之乡（第五个被发现）；

乐业县于2016年3月获得联合国老龄事业可持续发展峰会组委会颁发的"世界长寿之乡"称号；

浦北县于2017年4月获得国际人口老龄化长寿化专家委员会授予"世界长寿之乡"称号；

上林县于2019年5月获得联合国老龄所积极老龄化专家委员会正式授予"世界长寿之乡"称号。

四川：2030年建成全国健康旅游产业强省和国际康养度假旅游目的地

四川人文历史与自然风光方面的旅游资源十分丰富，旅游业在疫情前几年快速发展，旅游总收入从2015年的6210.57亿元增加到2019年的11594.32亿元，年均增速16.89%，2019年旅游收入占当年GDP的25%。

早在2014年《四川省健康服务业发展工作推进方案》就提出推动形成专业化的老年旅游服务品牌。同时在《四川省大力发展生态康养产业实施方案（2018—2022）》中提出到2022年，全省生态康养年服务2.5亿人次，年产值突破1000亿元，全省将建成生态康养基地250个、康养步道5000公里、康养林1000万亩。2021年《四川省关于进一步推动健康旅游发展的实施意见》

提出，到 2025 年力争将四川打造成为全国医疗康养旅游目的地，到 2030 年全面形成"医、康、养、健、智"五位一体的健康旅游产业创新发展格局，建设成为全国健康旅游产业强省和国际康养度假旅游目的地。

四川十分重视医疗、中医药主题的康养旅游旅居，积极开发高端医疗、特色专科、中医保健养生、生态康养、温泉养生等系列产品，培育中医药、温泉疗养、华西口腔、医学美容等健康旅游品牌。在具体举措上，四川推动旅游景区与医疗机构合作，将健康管理模式引入养生休闲度假旅游开发中，帮助游客完成寻名医、挂号及病后康复等一系列整体健康管理，实现"健康管理＋运动休闲＋旅游度假"医疗康养旅游新模式。

鼓励有条件的医疗机构在风景旅游区设置连锁门诊部开展医疗与养生保健服务，支持中医药体验、康复疗养、休闲养生等健康旅游路线品牌建设。持续开展中医药健康旅游示范区、示范基地和示范项目建设，推出一批中医药健康旅游精品路线，推广针灸、推拿、足浴及刮痧等系列化的中医理疗项目。

鼓励中医药文化底蕴深厚的中医医疗机构、中医养生保健机构、中药材种植基地、药用植物园、养生保健产品生产企业、中华老字号名店、博物馆等依托品牌优势发展旅游，鼓励医疗机构自主经营健康旅游项目，积极探索医疗机构与旅游景区协同发展机制，创新开展全权委托管理、特许经营、加盟经营、协助管理、投资参股管理等多元经营管理模式。

云南："七彩云南·养老福地"，建设国际康养旅游目的地

云南是传统旅游大省，旅游收入全国排名前列，2019 年为 12157.88 亿元，占当年 GDP 的 52%。

在《云南省"十四五"文化和旅游发展规划》《云南省"十四五"健康服务业发展规划》等文件中，云南提出：建设国际康养旅游目的地，辐射周边国家和地区的边境国际化康养医疗中心，到 2025 年，争创 1~2 个国家健康旅游示范基地，同步创建一批省级健康旅游示范基地；加快建设面向南亚东南亚的医疗健康服务辐射中心、特色鲜明的国际康养旅游示范区；紧紧围绕"生命科学创新中心、健康产品制造中心、候鸟式养生养老中心、高端医疗服务中心、高原健体运动中心、民族健康文化中心"六大中心的战略定位，打造呼吸疗养、温泉疗护、森林康养胜地。

在区域布局和产业方向上，云南以滇西温泉养生旅游带和综合型温泉康养度假地为重点，积极探索"温泉+旅游景区""温泉+商务会议""温泉+康复疗养""温泉+运动游乐""温泉+生态农庄""温泉+旅居地产"等开发模式，加快建设一批温泉康养旅游重大重点项目，培育温泉康疗、温泉养生、温泉度假等温泉康养旅游新业态新产品，着力打造国际流行的温泉SPA品牌，推动传统的温泉洗浴和休闲度假向兼具观光、休闲、康疗、养生等复合型方向转型发展，丰富康养旅游新业态内容，增强康养旅游产品供给能力。

云南还将充分发挥高原湖泊、森林资源、地热温泉、立体气候、特色景观等优势，依托滇中湖滨康养度假旅游、滇西北文化生态康养旅游、滇西温泉康养度假旅游、滇西南生态康养旅游、滇东北滨江生态康养旅游，进一步提升昆明市、保山市、普洱市、红河州等州、市国家森林康养基地能级，发展呼吸疗养、温泉疗护、森林康养等产业。

云南还将面向养生养老消费需求市场，依托各地中药材种植基地、医疗康复基地、养生养老基地，充分挖掘推广彝医药、藏医药、傣医药、壮医药、白族医药等中医药（民族医药）特色诊疗保健技术和服务，积极引进、运用和推广国际前沿医疗技术手段和设施设备，把优质医疗技术、完善服务设施和优美生态环境结合起来，建设一批医疗康养旅游基地、中医药食疗养生旅游区、健康保健养生旅游区、养老养生体验园区、医疗健康城和康养小镇等医疗养生旅游重大重点项目，打造以治疗、康复、保健、养生等为目的，以休闲度假为辅助的养体、养心、养神等医疗养生旅游新业态产品，力争在医疗养生旅游领域形成领先优势。

海南：将旅游业打造成为国民经济支柱性产业，2025年建成全球重要的康养旅游目的地

海南在全国旅居市场占有重要地位，数据显示，"十三五"期间海南候鸟人口和旅游人口不断增长，在琼"候鸟"数为164.77万人，约为海南户籍人口总数的 17%。以东北、北京与上海客群占比较大，多为高净值老人。

海南省近年出台的一系列政策规划，将康养旅居摆在了更重要的位置。

《海南省"十四五"旅游文化广电体育发展规划》提出，建设世界领先的智慧健康生态岛的战略目标，到 2025 年，构新中国成立际知名度假天堂、康养天堂、购物天堂和会展高地，将旅游业打造成为国民经济支柱型产业。建立起体系健全、结构合理、康养主题突出的产业体系，成为国内首屈一指的康养目的地，初步建成亚洲康养中心雏形和全球重要的康养旅游目的地。

《海南省康养产业发展规划（2019—2025 年）》提出，到 2025 年，康养产业成为海南省健康产业的重要组成部分，形成以博鳌、海澄文、大三亚为先导，中西部协同发展的东、西、南、北、中五大康养主题片区，即东部医疗康养高地（琼海、万宁），北部运动康养文化区（海口、文昌、定安、澄迈），南部中医药康养旅游区（三亚、陵水、保亭、乐东），西部生态康养生活区（儋州、临高、昌江、东方四市县和洋浦经济开发区）；在气候康养、中医药康养、温泉康养、森林康养和康养旅游五大重点领域取得突破。

在气候康养方面，海南提出了颇具新意的专病康养概念。《海南省"十四五"卫生健康规划》提出，推动专病康养产业，发展基于气候医疗康养产业，开展气候医学研究，针对患有呼吸系统疾病、过敏性疾病、心脑血管疾病等慢性病人群，创新高品质、连续性、标准化服务模式。开展健康养生服务供给侧改革，提升保健、医疗、康复、护理的支撑能力。

山西："康养山西·夏养山西"，建设全国山岳型夏季康养重地

山西 2019 年旅游收入 8000 亿元，占当年 GDP 的 47%，旅游业在全国处于中等水平，康养旅居有可能成为未来的新增长点。

2022 年 5 月《山西省人民政府办公厅关于支持康养产业发展的意见》提出，聚焦发展避暑康养、温泉康养、森林康养、乡村康养、运动康养、中医药康养等康养业态，到 2025 年，康养产业初具规模，品牌效应凸显，来晋康养客群超过 150 万人，综合收入达到 1000 亿元。

在区域布局上，《山西省"十四五"文化旅游会展康养产业发展规划》提出，集聚两个康养产业片区，打造大同—朔州、长治—晋城两个康养产业片区。大同—朔州对接京津冀蒙市场，聚焦发展生态避暑康养、医疗康养、文旅康养，吸引京津冀蒙康养客群，成为京津冀蒙地区避暑、医养的"后花园"。长治—晋城面向相邻省域的中东部康养客群，重点发展文旅康养、旅居康养、山岳避暑康养、生态中医药康养。推进"百村百院"康养工程高质量落地，实现异地"候鸟式"养生，叫响晋城乡村院落生态康养。

在产业方向上，优先发展避暑康养，拓展核心景区周边避暑康养功能，借鉴浙江莫干山民宿康养模式，适度发展休闲避暑民宿设施，培育"租购并举"的经营方式。

优化提升温泉康养，到2025年，引进10个在国际国内具有品牌影响力的市场主体，打造10个温泉康养度假区，实现山西省温泉康养产品提质升级。

试点推进森林康养，到2025年，率先打造龙泉山、云丘山、七里峪、人祖山、历山、管涔山、太行山大峡谷等10个国家森林康养基地。

培育乡村休闲康养，到2025年，重点培育灵丘、陵川、平顺等10个乡村康养示范县和30个省级乡村康养标杆。

大力推进运动康养。推动各地举办一批高水平、高质量的康养运动主题赛事。推动各地举办一批高水平、高质量的康养运动主题赛事。

开展中医药康养产业融合发展试点项目，选择一批条件和技术相对成熟的中医药机构和企业重点培育，着力打造一批中医药健康养生养老示范区（基地），开展药膳食疗、中医治未病、中医药养生等服务，推动建立集医药观赏、中医药文化展示、中医药工艺体验、中医药保健养生于一体的中医药健康综合体。

在康养旅居的品牌形象定位上，山西挖掘自身独特的多山、夏凉优势，打出"康养山西·夏养山西"，在《山西省"十四五"文化旅游会展康养产业发展规划》中提出建设全国山岳型夏季康养重地。

安徽：打造面向长三角、辐射全国的高水平健康养老目的地

安徽省"十四五"文化和旅游发展规划中提出：

围绕生态、温泉、中医药"三大康养"品牌，充分利用大别山森林氧吧、池州富硒资源、皖中温泉带、亳州中草药等养生资源，大力发展康养旅游产品，建设一批国家级和省级健康旅游示范基地。因地制宜开发建设天然氧吧、气象公园、气候康养等气象旅游产品，建设一批避暑度假旅游休闲目的地。主动适应后疫情时期康养新需求，推出一批职工（劳模）疗休养基地，引进一批知名医疗机构，重点支持黄山等地市打响疗休养品牌。

《安徽省"十四五"养老服务发展规划》提出，依托皖南山区、大别山区、皖北地区生态旅游和中医药康养优势资源，打造15个左右面向长三角的康养产业带、康养小镇和旅居健康养老基地。培育发展适老化的养老地产，拓展房地产业态，支持开发老年宜居住宅和代际亲情住宅。

2023年1月安徽省发布《关于加快促进养老产业发展的意见》，重点在宣城、黄山、安庆、池州、芜湖、铜陵、马鞍山等市建设集健康医疗、养生养老、生态旅游、教育研学等于一体的生态绿色康养基地，打造面向长三角、辐射全国的高水平健康养老目的地。

吉林："清爽吉林·22℃的夏天"，构建现代避暑休闲产业体系

吉林2019年旅游收入4920.38亿元，占当年GDP的42%，旅游业在全国的位置并不靠前，十分需要康养旅居产业作为新的增长点。

地处东北的吉林，抓住夏天凉爽的气候优势，打出"清爽吉林·22℃的夏天"的定位，围绕避暑概念规划康养旅居产业。吉林提出，深耕"三亿潜在避暑人群"市场，围绕"清爽吉林·22℃的夏天"品牌，整合推出到吉林"森"呼吸、行走在"吉"线、"精彩夜吉林"等特色休闲避暑产品，系统构建"特色鲜明、创新驱动、功能完善、交叉融合"的现代避暑休闲产业体系。

福建：打造"清新福建·颐养福地"，重点发展森林康养

《福建省"十四五"老龄事业发展和养老服务体系规划》提出打造"清新福建·颐养福地"旅居养老服务市场。2019年以来，福建气象部门联合文旅部门开展"清新福建·气候福地"推荐认定，形成跨部门、跨行业、跨地域、

多媒体融合的联动推广机制，涵盖避暑清凉、滨海休闲度假、气候养生、气象景观等多种旅游类型，认定五批次 100 个气候福地。

福建森林资源丰富，重视发展森林康养。根据国家林业和草原局审定的第八次全国森林资源清查结果，福建省森林面积 801.27 万公顷，森林覆盖率 65.95%。2018 年森林覆盖率达 66.8%，连续 40 年位列全国第一。与 2013 年第八次全国森林资源清查相比，5 年间，福建森林覆盖率提高 0.85 个百分点，森林面积净增加 150 万亩，森林蓄积增加 1.21 亿立方米。福建目前已成功申报了 176 处森林公园，其中国家级森林公园 30 处、省级 127 处。

2020 年发布《加快推进森林康养产业发展的意见》，计划到 2022 年，全省创建省级森林养生城市 10 个，命名省级森林康养小镇 20 个，认定省级以上森林康养基地 50 个、四星级以上森林人家 30 个；到 2025 年，争取创建省级森林养生城市 20 个，命名省级森林康养小镇 50 个，认定省级以上森林康养基地 100 个、四星级以上森林人家达到 50 个。

该意见提出，大力发展"森林康养+"，推动森林康养与乡村旅游、休闲农业、文化创意产业、自然研学、职工疗休养、养老产业等有效结合。强化各森林旅游地与医疗单位的合作，充分发挥传统中医药特色优势，大力开发森林自然疗养、亚健康理疗、康复康养、养生养老等中医药与森林康养服务相结合的产品。

鼓励社会资本以合资、合作、租赁、承包等形式依法合规进入森林康养产业，引导其与国有林场、森林公园、合作社、农户等经营主体建立利益联结机制。支持医院、宾馆、养老机构、医疗保健、体育等相关行业经营主体参与森林康养项目建设和经营，建立健康体检中心、理疗护理中心、休闲健身中心等产业联盟。

思考：康养旅居健康发展的四个问题

在详细梳理了 10 个旅游大省的政策规划后，下面着重分析康养旅居发展中需要重视的四个问题，希望有助于康养旅居产业的健康发展。

第一，旅游业体量较小、发展相对落后的省份，应该抓住康养旅居这个在老龄化加速和文旅消费升级双重趋势推动下的产业机遇，在未来10年实现康养文旅产业的跃升式大发展。

在许多人印象中，海南是名声在外的旅游大省，但实际上海南的旅游收入在全国排名相当靠后，2019年仅1050亿元，与江苏14321亿元、贵州12318亿元、云南12158亿元、四川11584亿元、浙江10911亿元、广西10241亿元等万亿级省份相比，差距非常之大。

为什么海南旅游名声在外，却并没有承担起当地经济发展支柱的大任呢？可能有以下原因：

一是海南面积较小，陆地总面积3.54万平方公里，与传统旅游大省相比——云南38万多平方公里、四川48.6万平方公里、广西23.67万平方公里，海南只有这些省份的1/10上下，可开发的旅游资源、服务设施也相应地会少很多。

二是人口较少，2022年年末海南省常住人口1027.02万人，云南为4720.9万人（七普），四川为8367.49万人（七普），广西为5037万人，海南省人口仅相当于上述省份的1/8~1/5，这就造成省内旅游需求不足和旅游业从业人员供给不足的问题。

三是海南地处祖国最南端，1988年才设立海南省和海南经济特区，经济社会建设起步较慢，与内陆省份联系松散，内地游客主要通过飞机航班往来海南，限制了省外游客规模。

但海南的旅游资源是全国独一无二的，如前文所述，海南已将旅游业定位为国民经济支柱型产业，规划到2025年成为国内首屈一指的康养目的地，初步建成亚洲康养中心雏形和全球重要的康养旅游目的地。

其实除了海南外，国内还有很多省份的旅游业收入在两三千亿至八九千亿元之间，它们都有独特的旅游资源，如果开发得当，完全可以抓住康养旅居这个重大的产业机遇，突破旅游业的万亿大关。

第二，旅游资源丰富的省份很多，但能把服务、体验做好的省份不多，做康养旅居尤其要思考老人独特的需求是什么。

事实上，各地在康养旅居的发展上已经出现一些同质化现象，比如中医药康养、医疗康养、温泉康养、森林康养等，在多个省份的规划里都能看到。如何解决同质化问题？一方面当然是在旅游层面继续做强做优体验，另一方面需要在公共服务层面加强对外地老人的服务配套。服务外地来的老年人群，不仅应重视旅游景区的体验营造、各种设施的适老化，还应该加快解决老人所特别关心的医保异地结算、公共交通搭乘等问题，让老人不仅愿意来，而且来之后住得久。

长三角在异地养老、医保和长护险异地结算等方面积极推进，这对于长三角地区的康养旅居发展起到了推动作用。

据报道，2020年10月，首批长三角异地养老机构名单发布，有来自江苏张家港、浙江嘉兴、安徽池州、宣城等20个城市的57家养老机构，核定床位共计2.57万张。

2018年9月28日，长三角地区开始试点异地就医门诊费用直接结算，最初确定了"1（上海）+8（江苏省南通、盐城、徐州，浙江省省本级、嘉兴、宁波，安徽省滁州、马鞍山）"为首批试点地区，到2019年4月新增9个、6月新增11个试点地区，2022年9月长三角全部41个城市门诊费用直接结算全覆盖，涉及三省一市1.2万余家医疗机构，累计结算987.52万人次，涉及医疗费用26.43亿元，是全国人次最多和费用最大的区域之一。

2021年上海市医保局、上海市民政局发布15家长三角区域养老机构长护险费用延伸结算试点机构名单。15家机构分别来自舒孝、亲和源、九如城、人寿堂、红日等养老连锁机构，依托其在上海的长护险定点机构，辐射其在长三角的连锁养老机构，实现上海老人长护险待遇的异地结算。

第三，对于康养旅居产业，地方政府需要出台更多具有实质性的支持政策，既包括财政金融方面，也包括营销宣传方面。

比如山西为了支持康养旅居产业发展，出台了多项财政金融政策支持，如实施建设补助制度，2025年年底前，对社会力量投资建设的康养小镇，省财政给予一次性建设补助；实施贷款贴息制度，对社会力量投资且有银行贷款的康养项目，符合相关规定的，省财政给予当年央行同期利息的50%贴息，期限最长为3年，项目贷款少于3年的，按实际贷款期限贴息；设立康养产业基金，设立规模为 20 亿元的省康养产业发展基金，政府出资 2 亿元作为引导资金。

在营销宣传上，山西还提出"讲好山西故事"：

与传统主流媒体合作，围绕山西历史文化资源，打造专题节目，策划推出系列活动，开展黄河文化体验季、长城博览采风季、太行旅游养生季等专项活动；借助主流媒体的王牌栏目、节目等开办山西文化旅游宣传专刊、专栏节目等。

开展新媒体营销。依托新媒体平台，推出"华夏十二时辰"穿越游等山西深度游产品包、景点群和线路套餐。策划推出"大师历史直播课"，邀请文化历史大咖、知名学者在山西"历史现场"实地授课，由专家带领观众去纵观文物的前世传奇和今生故事，品味其中的历史韵味和匠心精神。

妙用活动、节庆、事件营销。办好平遥国际摄影大展、大同云冈系列招商活动、海峡两岸神农炎帝系列招商活动、尧都文化旅游节、运城关公文化旅游节和武乡八路军文化旅游节等文化旅游节庆活动，提升社会认知度和综合效益。策划实施一批春赏花、夏避暑、秋观叶、冬玩雪的季节主题活动，大幅提升旅游营销效果。

加强联合营销。加强与各市的资源共享、活动联动，实现力量统筹、资源整合、多方联动机制，充分发挥资金、人才、推广渠道等联动效应，形成宣传推广合力。依托黄河、长城、太行山旅游推广联盟，加强与"一带一路"沿线国家和地区、国际友好省州和城市、国家文化和旅游部驻外办事处、境内外航空公司及知名旅游企业等的合作，建立促销联盟，拓展境外客源市场。

四川在营销宣传也颇具被创新思路，提出探索举办四川康养旅游文化节，策划"四川十佳康养旅游地"评选、"四川康养旅游免费体验者"等活动。探索发布康养旅游指数，有效引导游客消费。

第四，发挥比较优势，重视区域合作，共同做大康养旅居产业蛋糕。

事实上，康养旅居是个天然地适合全国性区域合作的产业。广西、云南、贵州等旅游大省作为康养旅居目的地，省内老人数量较少，决定了必须依靠省外老人源源不断地流入，才能支撑本省康养旅居产业的持续发展。北京、上海等一线城市和广东、江苏、浙江等经济发达地区的老人数量多、收入高，对康养旅居的需求十分旺盛，必然不满足于仅在省内寻找目的地，需求一定会外溢到省外有丰富自然生态资源的地方。而从供给端来看，具有独特自然生态资源的省份众多，有利于形成各具特点的康养旅居模式，如冬季适合到南方省份过冬，夏季适合到东北省份避暑，不同省份之间可以形成良好的互补关系。

在康养旅居的区域合作方面，广东可以说走在了前面。2019年10月，广东和辽宁、吉林、黑龙江民政厅共同签署旅居养老合作框架协议。2020年11月，广东、江西、广西三省区民政厅共同签署旅居养老合作框架协议。经过多年发展，广东提出探索创新"养老+旅居+N"这一养老服务新模式，通过政府部门主导、社会力量参与、市场化运作模式开展旅居养老合作，共同打造旅居养老新模式，并将持续深化与辽、吉、黑、赣、桂、湘、渝、川、黔、陕等省（区、市）的旅居养老合作，联动更多省（区、市）组团开展旅居养老省际合作。

广东的经济活力和广东老人的消费能力，对许多省份形成了强大的吸引力。广西作为旅游大省，抓住毗邻粤港澳大湾区的独特地理优势，在《广西大健康产业发展规划（2021—2025年）》中提出，建立跨区域异地养老战略合作机制，加快建设粤桂合作特别试验区，推动粤港澳大湾区康养企业赴桂投资，大力吸引大湾区老年人赴桂旅居养老，打造健康养老"东融"合作示范区。江西则提出，将赣州打造成粤港澳大湾区康养度假后花园。

长三角是另一个康养旅居区域合作的热点地区。安徽在2023年1月发布的《关于加快促进养老产业发展的意见》提出，重点在宣城、黄山、安庆、池州、芜湖、铜陵、马鞍山等市建设集健康医疗、养生养老、生态旅游、教育研学等于一体的生态绿色康养基地，打造面向长三角、辐射全国的高水平健康养老目的地。

江苏提出鼓励区域内异地养老、候鸟养老、田园养老等养老模式健康发展，认定一批长三角异地养老机构。支持苏州吴江、盐城东台等地建设长三角一体化养老养生项目基地。

浙江在《健康产业发展"十四五"规划》中提出，支持湖州、金华、丽水等地建设面向长三角区域的康养基地。嘉兴聚焦医疗服务、健康养老、健康旅游、生物医药、医疗器械、健康食品等领域，打造长三角健康旅游和健康养老福地。温州则在《温州市养老服务业发展"十四五"规划》中提出，鼓励各县（市、区）发展候鸟式旅居项目，积极融入全国候鸟式旅居网络，打造浙南闽北赣东候鸟旅居节点城市。

北方省份则多将北京老人作为"主攻方向"。辽宁提出，推进融入"京津冀"协同发展，充分发挥辽西融入京津冀协同发展战略先导区的地缘优势，依托京哈铁路、京沈高铁、京沈客专、滨海大道等交通优势，积极打造京津冀居民休闲旅游康养的"后花园"。山西提出，依托大同与北京区域相邻、地缘相接的优势，抢抓北京疏解非首都城市功能机遇，加快大同综合康养园区规划与建设，高标准打造北京老人康养社区，吸引 30 万北京老年人到大同养生养老。

第九章

银发大健康

一、从周期视角看透成人纸尿裤行业特性

研究成人失禁用品（包括纸尿裤、纸尿片、护理垫以及近年来兴起的拉拉裤等）市场具有重要意义：

一是老龄化加速背景下，老年人的尿失禁问题越来越普遍，而成人失禁用品是他们的刚需，而且目前中国的成人纸尿裤渗透率很低，未来发展空间很大。

二是当下的成人纸尿裤行业以国产品牌为主，集中在中国企业具有优势的生产制造和营销环节（渠道、品牌、推广等），并且已有多家公司成功上市，如近年国内上市的可靠股份、豪悦护理和早年在中国香港上市的恒安国际、维达国际等。这些行业特点和很多老年产品相近，其发展历程和经验可以给中国银发经济发展带来很多借鉴参考。

市场特征：体量小、增速快、长期前景好

相较于处于停滞期的女性卫生用品和低速增长期的婴儿卫生用品，成人失禁用品在过去10年一直保持着快速增长的势头。

综合各方面的行业数据，女性卫生用品市场在20世纪90年代启动，经过近20年快速发展后，自2010年开始增速放缓，从2010年15%放缓至2019年接近于零增长。在这个过程中，女性卫生用品（卫生巾、经期裤等）的渗透率基本达到100%。

由于老龄化影响，大量女性进入更年期后断崖式减少对女性卫生用品需求，因此过去20年间，虽然女性卫生用品是吸收性卫生用品最大的细分市场，但增速不断放缓，未来很可能会进一步出现更大的下滑。

婴儿卫生用品（纸尿裤为主）在2000年之后一直高速增长，2007年曾高达50%增速，此后增速不断放缓，2012年下降至20%左右，2018年降至10%左右。婴儿卫生用品2020年渗透率为77%，仍有一定提升空间，但由于生育率下降且在短期内难以大幅提升，未来新生儿数量相比2000年后的两个10年将有显著下滑，婴儿卫生用品市场的增速可能将继续放缓甚至萎缩。

成人失禁用品以面向失能半失能老人的成人纸尿裤、护理垫为主，市场规模在吸收性卫生用品中是最小的，2020年吸收性卫生用品市场整体规模为1214亿元，女性、婴儿、成人三块市场分别占比50.%、40%、9.5%。但成人失禁用品的增速在三块市场中是最快的，2010—2020年保持了每年20%~30%的高增长。

成人纸尿裤的市场体量、利润空间远低于婴儿纸尿裤，背后原因是什么？

从前文的数据可以看到，虽然增速较快，但成人失禁用品的市场体量与婴儿市场相比，依然小得可怜。

曾经有从业者向媒体透露，婴儿纸尿裤出厂价0.7元，终端价可以卖到3元，成人纸尿裤用料多、成本高，出厂价达到1.5~2元，但终端价却低于婴儿纸尿裤，只能卖到2.5~3元。两相比较，成人纸尿裤的利润空间远低于婴儿纸尿裤。

这背后的原因绝不是简单的中国人重视孩子、不重视老人所能解释的，实际上最核心的关键还是隐藏在需求侧——对于成人失禁用品具有刚需的失能半失能老人数量和他们的收入消费水平。

制约成人失禁用品的基础因素，正在逐步消解，那就是中重度失能老人集中的75+岁老人数量及其收入消费水平开始快速提高。

75岁以上的老人发生失能概率比60~74岁老人大很多，是成人失禁用品的主要使用人群。而在过去很长时间，75岁以上老人的数量增长较慢，占比偏低。2000年中国75+岁老人数量为0.28亿，2020年75+岁老人数量为0.53

亿，20年增长了89.29%。

但75+岁老人数量将在2020年后迎来长达数十年的持续增长，在2070年达到最高点2.29亿，是2000年0.28亿的8倍多，是2020年0.53亿的4倍多。

可以看到，2020年之后75+岁老人的增量相比2020年之前有了很大提高，这必然会带来成人失禁用品的需求大扩张。

同时2020年之后中国老人整体的经济状况也较2000—2020年的中国老人显著提高，他们养老金水平更高，普遍拥有房产、存款等资产，消费观念上更注重品质，这为成人失禁用品市场的升级带来广阔空间。他们在自购或为自己的高龄父母选购纸尿裤时，可能更倾向有品质的产品，而非价格便宜这个单一因素。

而正在全国多个城市试点推广的长护险，如果能将失禁用品纳入报销范围，将大大缓解中低收入老人的消费压力，为市场带来基础普惠产品的增量空间。

从单价变化看行业周期性

但成人失禁用品的发展过程，并不是一帆风顺的，依然体现出行业自身的周期性特点。

通过对一些关键数据，如消费量、单价和市场规模的分析，就会清晰发现成人失禁用品行业3~5年的周期性高潮和低谷。

从中国造纸协会披露的中国成人失禁用品市场规模（亿元）和消费量（亿片）估算，2012—2019年中国成人失禁用品的单价（应是出厂价，而非终端零售价），分别为1.83元、1.45元、1.75元、1.74元、1.47元、1.40元、1.59元、1.75元。

表9-1 2012—2019年中国成人失禁用品市场规模和消费量估算表

年份	消费量（亿片）	同比	单价（元）	同比	市场规模（亿元）	同比
2019	53.5	21%	1.75	10%	93.6	33%
2018	44.1	-2%	1.59	14%	70.3	12%
2017	44.9	36%	1.40	-5%	62.9	29%

续表

年份	消费量（亿片）	同比	单价（元）	同比	市场规模（亿元）	同比
2016	33.1	13%	1.47	−15%	48.8	−4%
2015	29.2	12%	1.74	−1%	50.7	11%
2014	26	19%	1.75	21%	45.6	44%
2013	21.9	68%	1.45	−21%	31.7	33%
2012	13		1.83		23.8	

从最直观的单价上看，从 2012 年的 1.83 元 / 片降至 2013 年的 1.45 元 / 片，经历 2014 年 1.75 元 / 片和 2015 年 1.74 元 / 片的价格高位后，连续两年下跌，降至 2017 年的低点 1.40 元 / 片，然后向上回升，2019 年升至 1.75 元 / 片，成人失禁用品市场经历了数个从高到低，再从低到高的完整周期过程。

消费量和市场规模的增速变化同样体现出了成人失禁用品的周期性。2013 年消费量增速 68%，此后三年增速大幅放缓，在 12%~19%。然后 2017 年迎来再一次高潮，增长 36%，最后 2018 年急转直下，同比萎缩 2%，随后 2019 年重拾升势，增长 21%。

市场规模则在单价和消费量的作用下呈现出不一样的态势，2013 年、2014 年都保持了高速增长，为 33%、44%，随后波动起伏，2016 年萎缩 4%，之后回暖，2019 年增长 33%。

总的来说，2017 年以来成人失禁用品市场迎来一个上升周期，这个上升过程在上市公司的招股书和财报里也有体现。

可靠股份 2017—2021 年的成人失禁用品收入分别为 1.95 亿元、2.71 亿元、3.70 亿元、4.29 亿元、4.62 亿元，处于一个长达五年的增长过程中。

从产品单价看，可靠股份 2018—2020 年自主品牌的成人产品单价（渠道价，非终端零售价）为：

成人纸尿裤分别为 1.50 元、1.54 元、1.56 元；

成人护理垫分别为 0.98 元、1.01 元、1.02 元；

成人拉拉裤分别为 1.52 元、1.44 元、1.43 元。

可以看到，纸尿裤和护理垫的单价都有提升，而拉拉裤有所下降，可能是新产品上市需要以低价策略打开市场。

豪悦护理的成人失禁用品收入 2017 年 1.66 亿元、2018 年 2.13 亿元、2019 年 2.30 亿元，因其主要精力放在婴儿纸尿裤的 ODM 业务上，成人业务增长不算突出，但其单价显示出市场的向好趋势。

根据收入和销量测算，豪悦股份成人失禁用品单价 2017 年为 1.84 元 / 片，2018 年为 1.95 片 / 片，2019 年为 1.97 元 / 片，相比可靠股份高出 20%~30%。

豪悦护理还在招股书中披露了产能利用率数据，侧面印证了成人业务的发展、婴儿业务的火爆和卫生巾业务的萧条。成人纸尿裤（含拉拉裤、尿片）2017—2019 年产能利用率为 71.97%、81.13%、77.98%，婴儿纸尿裤产能利用率为 108.35%、133.52%、113.66%，卫生巾产能利用率为 49.52%、47.62%、47.56%。

显著的行业周期性给市场带来更多变化，既可能让龙头企业跌落王座，也可能让中小企业弯道超车，初创企业快速崛起。

从 Euromontior 提供的中国成人失禁用品行业市场份额变化来看，一些早早上市的龙头企业和国际企业份额都出现了下降。如恒安国际 2015 年占比 16.1%，2019 年降至 12.5%；维达国际 2017 年为 11.8%，2019 年降至 9.7%；金佰利 2015 年为 5.5%，2019 年降至 3.4%。

有一些中小厂商的份额也在逐渐萎缩，如杏林之光 2015 年为 2.1%，2019 年降至 1.1%；启东天成 2015 年为 1.4%，2019 年降至 0.6%。还有一些厂商基本保持了份额的稳定，如杭州珍琦，在 6% 左右浮动，维尔福集团在 3% 左右浮动。

过去几年份额稳定增长的基本只有两家企业，可靠股份 2015 年为 10.7%，2019 年升至 11.3%；杭州舒泰 2015 年为 7.3%，2019 年升至 8.5%。

市场份额快速变化，使得当下成人失禁用品行业的集中度较为分散。根据中泰证券发布的《2021 年中国成人失禁用品行业报告》，2020 年我国成人失禁用品行业公司 CR5 为 28.5%，低于美国的 68% 和日本的 93%。

在老龄化带来的需求扩容背景下，未来的成人失禁用品市场将会如何变化，龙头企业能否赢家通吃一枝独秀，中小企业是否有弯道超车的机会，而初创企业能在这个市场成功逆袭吗？

这一切，都需要在对供需关系、渠道变化和成本结构等方面的分析中寻找答案。

周期三因素：产能、渠道和原材料

从长期来说，成人失禁用品的需求无疑是广阔的，但具体落到时间线上，由于高龄老人、失能半失能老人这些用户群体的数量是逐步增长的，他们的收入和消费习惯是逐步变化的，因此成人失禁用品的需求是一个逐步释放的过程，而非在某个时间点突然爆发，或者在某个时间段内一直以很高的斜率向上增长。

因此，产能是成人失禁用品行业第一个周期性因素。

如果成人失禁用品的产能建设速度相较于需求释放过快，加入市场的新企业、新品牌在某个时间点过多，就有可能造成产能过剩、恶性竞争，引起行业新一轮洗牌，从而开启新一轮周期。

2015年时国内仅有30~40个成人纸尿裤品牌。而根据2018年生活用纸专业委员会统计，在册的成人失禁用品生产商已达448家，主要分布在天津、河北、上海、江苏、浙江、福建、山东、广东等地。

其间纸尿裤行业的上游设备制造企业也获得快速发展，港股上市公司海纳智能2016—2021年成人纸尿裤机器的收入分别为545万元、1124万元、3107万元、1.12亿元、0.99亿元、1.09亿元，短短几年从零发展出一个亿元级业务。

2018年厂商数量有几百家，相比2015年的四五十家增长了10倍，这其实说明，起码在现阶段，纸尿裤的生产制造门槛并不算高，只要市场展现出赚钱效应，婴儿、女性产品乃至医疗器械等在产品上有相通之处的厂家，就会蜂拥进入成人失禁用品行业。

比如稳健医疗（旗下拥有"Winner稳健医疗""Purcotton全棉时代""PureH2B津梁生活"三大品牌），在全棉生产研发上有长期积累，10年前创始人李建全先生就去国外设备公司探讨如何生产出全棉成人纸尿裤。在

2020年7月，推出成人失禁护理品牌"轻肤理"，用全棉纤维制造成人失禁护理产品，打造全棉表层品类，覆盖成人轻失禁护理巾、轻失禁出行裤、成人拉拉裤、成人纸尿裤、成人护理垫、医用垫单（械字号）等多个品类。

另一家以生产制造和电商渠道为特点的家庭医疗器械企业可孚医疗，虽然没有公开披露，但也在近年开启了成人纸尿裤业务。可以想见，他们一定会将在家庭医疗器械行业的成功经验，比如价格战、电商运营和对老年用品营销的理解带入成人失禁用品行业。

迅速增加的厂商，其实已经为产能过剩埋下隐忧。2017年以来成裤单价、市场规模、消费量仍在上升，过剩体现还不明显。但2021年以来的一些数据，已显示出行业竞争激烈、阶段性过剩的迹象。

可靠股份2021年自主品牌收入3.9亿元，剔除防疫物资收入影响后主要是成裤业务，较2020年增长6.15%。2022年上半年成人失禁用品收入2.49亿元，增长11%，相比婴儿护理用品同比-23%要好很多。但成裤毛利率14.32%，较2020年28.18%、2021年19.78%下降明显。

豪悦护理2022年中报，未单独披露成裤业务，但在成人卫生用品业务（包含成人失禁用品和女性卫生用品）2.82亿元，同比增6.4%，毛利率为22.71%，与2020年36.23%、2021年25.34%相比，出现显著下滑。

两家上市公司在成人拉拉裤的发展前景上取得共识，过去两年纷纷加大产能。豪悦护理2020年上市，其募投项目布局3条成人拉拉裤生产线，达产后新增成人拉拉裤产能2.15亿片。可靠股份2021年上市，募投项目智能工厂建设项目规划成人纸尿裤1.6亿片产能，成人拉拉裤0.8亿片产能。

随着产能建设完毕、产品顺利上市，如果短期内同类产品供应过多，无疑会导致价格竞争。龙头企业收入增速减缓、毛利率显著下降，通过自身实力还可以熬过去，而中小企业面临的可能就是市场化出清的过程。

产能决定了行业总供给，渠道则决定了供给与需求能否顺利对接，企业的产能能否顺利转化为收入，是成人失禁用品行业的第二个周期性因素。

曾经流传一个说法，同样是一个销售员，如果做成人纸尿裤业务，平均只能做到100万元销售额，但如果是做婴儿纸尿裤，可以达到500万元销售额。

这不仅反映出婴儿纸尿裤市场体量比成人纸尿裤大得多，而且更揭示了一个现实，就是与婴儿纸尿裤市场成熟发达的渠道体系相比，成人纸尿裤的渠道在过去很长一段时间里是分散、低效的。

根据第三方数据，2014年以前中国成人失禁用品的销售渠道以大卖场和超市为主，一直维持在70%上下，药店、养老院等渠道在20%~30%，电商占比在2%~4%。

线下渠道占据主导，带来的后果就是渠道拓展成本高昂，商超、养老院、药店分布在全国各地，数量众多、单个机构需求规模偏小，渠道开发和维护的成本较高，这就为拥有本地资源的中小品牌留下了市场空间。

而在需求未充分爆发的情况下，渠道能够分得的利润空间较低，是不可能有厂商大力拓展渠道做大品牌的。这就导致了成人失禁用品长期缺少主导品牌，市场格局远较国外市场分散的行业特点。

2015年之后，上述线下渠道均有不同程度的萎缩，尤其是大卖场和超市，而电商进入高速发展，从2015年6.5%增至2021年29%。

渠道变化带来直接的市场份额变化，维达国际和恒安国际的优势渠道主要在商超，在电商渠道兴起的2015年前后重视不够，因此如前文所述，在过去几年的市场份额一路下降，而可靠股份抓住电商红利，市场份额有了显著提升。

可靠股份自有品牌业务（成人失禁用品为主）的线上渠道收入，2018—2020年分别为1.81亿元、2.48亿元、3.14亿元，三年增长73%。

当然，线上的高收入同样需要对应高投入。可靠招股书披露，2018—2020年的"平台使用及推广费"分别为1776万元、2827万元、3706万元，是同期线上渠道收入的9.8%、11.4%、11.8%，考虑到成人纸尿裤的毛利率水平较低，线上推广的成本确实高昂。

而就可靠股份自有品牌业务（成人失禁用品为主）的线下渠道收入看，2018—2020年分别为7308万元、6586万元、1.30亿元。2020年收入较高，有很大部分是受口罩等防疫产品收入突增的影响，公司向海外客户NEXT FOLIEN GMBH销售自主品牌的口罩产品5204.80万元。如果扣除此影响，

2020 年线下渠道收入为 7796 万元。

而以养老院、医院周边店、连锁药房为主的直营零售渠道，2018—2020 年收入为 1198 万元、1359 万元、2241 万元。可以说，可靠股份在线下渠道经营多年，但收入体量和增速与线上渠道相比，差距越拉越大。

当然，在成人失禁用品的发展过程里，尤其是业务体量越来越大时，不可能仅凭靠单一渠道支撑业务增长，而是需要多个渠道协同发力，并且不断寻找新的有潜力的渠道。

可靠股份招股书提到，当前线下传统渠道如 KA 卖场等更多开始扮演让消费者首次接触成人失禁用品的角色，消费者在首次使用后，通常更倾向于采用更为便捷的线上购买方式实现重复消费。体现在可靠股份自营 B2C 店铺的用户复购率上，2020 年京东约为 20%，淘宝约为 30%，拼多多约为 37%。

可靠股份还与华东医药、光大养老、陕西国药、国药华鸿等大型医药流通公司建立战略合作关系，并通过上述合作伙伴在医院、药店、养老院等特通渠道的影响力，开发潜在客户，推进成人失禁用品的普及和使用，增强公司品牌的覆盖率和影响力。2020 年公司与医药流通公司合作取得收入 607.64 万元，同比增长 479.64%。

可靠股份的设想是，通过上述特通渠道进行客户引流，公司可为某一养老机构引流，为个体购买者提供养老机构七天试住的免费福利，来帮助养老机构引流。同时养老机构使用可靠品牌纸尿裤，反向帮助公司引流。

维达国际近年来也开始加强在成人失禁用品的营销动作，根据年报，"联合老龄人群相关的组织，共同发布行业健康报告，同时携手网络红人举行失禁品类教育宣讲，继而推动线上销售，并设立 38 家健康体验中心进行线下营销"。

上述龙头企业的做法可以归纳为"KOL/ 新媒体扩大传播影响力 + 行业报告建立专业形象 + 异业资源合作 + 线下体验新产品 + 线上销售复购"的整合模式，这些在消费品领域发展成熟的营销模式，在成人失禁用品行业效果如何，能否有效拓展出大的业务增量，将决定未来 5~10 年成人失禁用品行业的市场格局。

原材料成本是成人失禁用品行业的第三个周期性因素，在整个成本中占据非常高的比例，其价格涨跌对企业利润有非常直接而重大的影响。

从可靠股份披露的数据来看，2018—2020年原材料合计占公司生产成本的78.68%、80.59%、81.29%。

招股书测算，在其他因素不变的情况下，假如2018—2020年内各期原材料采购价格上涨5%，公司利润总额将分别减少2887.74万元、3754.10万元和4935.66万元，占公司各期利润总额的比例分别为41.32%、34.62%和19.41%。原材料价格涨跌变化无疑对企业利润造成重大影响。

幸运的是，在可靠股份上市前的2018—2020年，主要原材料价格基本上保持稳定并小幅下降的态势，如木浆2018年5.37元/千克，2020年4.57元/千克；复合芯体2018年16.26元/千克，2020年15.98元/千克；高分子材料2018年9.32元/千克，2020年8.14元/千克，而无纺布2018年15.19元/千克，2020年18.67元/千克，主要是因为突然出现的疫情带来的口罩需求推高了无纺布价格。

但2022年以来，原材料价格显著上涨。比如绒毛浆，有专业机构预测，2022年世界对绒毛浆需求将达到690万吨，价值83亿美元，2022年第一季度的标价每吨2000美元，是历史平均水平的2~4倍。

原材料价格大幅上涨无疑会对行业利润产生影响，也拉低了上市公司的利润。可靠股份2022年成人护理产品毛利率12.75%，相比去年同期28.18%，降幅很大。加上婴儿护理用品同样毛利率下滑严重，2022年上半年9.68%，去年同期20.71%，导致可靠股份2022年上半年扣非净利润-281.79万元。

豪悦护理2022年同样深受原材料价格上涨影响，这直接导致2022年上半年扣非净利润1.45亿元，相比去年同期下降16.27%。

可靠股份在2022年8月对外表示，"目前原材料成本居高不下，成人纸尿裤主要原材料绒毛浆达到近年来最高点，成本压力成为行业最大挑战，但对公司而言是千载难逢提高市场占有率的好时机，利润承压也是公司战略之一"。

如果真是如此，成人失禁用品的新下行周期已然来临，像可靠股份、豪悦护理这样的上市公司或许有能力等来下一个春天，但一些缺少资金的中小企业会面临出局的后果，未来的市场份额将迎来新一轮的集中。

二、天花板没有尽头的老年口腔医疗

在众多医疗细分领域中，口腔具有半医疗半消费属性，民营机构占据重要地位，受到的资本关注热度更高，发展的市场化程度更高。尤其是在不断加重的老龄化时代，中国老人最大的医疗健康需求，除了大病得到及时医治外，就是拥有一口好牙。

过去 10 年，民营口腔连锁机构快速发展，逐渐浮现出一些区域性的龙头，并在资本市场成功上市。本文将以已上市的通策医疗、瑞尔集团和拟上市的牙博士为重点分析对象，剖析老龄化背景下中国民营口腔连锁机构的发展特点，为更多希望进入银发市场的口腔机构和投资机构提供参考。

行业天花板高，瓶颈在牙医供给端

综合各种来源的统计数据，中国口腔行业经历了快速增长。

根据弗若斯特沙利文报告，中国民营口腔医疗服务市场的规模由 2015 年的 433 亿元增加至 2020 年的 831 亿元，年复合增长率为 13.9%，并将于 2025 年达至 2414 亿元，预测期间年复合增长率为 23.3%。

口腔医疗机构的数量也在快速增长，由 2015 年的 64100 家增加至 2020 年的 87700 家，年复合增长率为 6.5%。民营口腔机构占 2020 年中国口腔医疗服务市场的 51.9%，而口腔医院及设有口腔科的综合医院合计占总市场份额的 48.1%。显然，民营机构已经成为中国口腔市场的中坚力量。

虽然经历快速增长，但口腔市场的天花板远未到来。比如从老年人口腔需求最密切的种植牙来看，据有关机构分析，2020 年每万人种植牙的人数，韩国为 630 人，德国为 186 人，美国为 85 人，中国则低至 21 人，不管和哪个国家对标，都存在巨大的增长空间。

虽然中国口腔市场需求旺盛，并且会随着老龄化而进一步增长，但目前的瓶颈主要卡在供给端的牙科医生环节。

根据《2021 年中国卫生健康统计年鉴》，至 2020 年，我国口腔类别执业（助理）医师数量约为 27.8 万人，每百万人牙医数量 175 名。

这一数据远低于世界上其他发达国家乃至发展中国家水平。2020年，美国每百万人牙医人数约为608人，欧洲发达国家或中等发达国家每百万人牙医人数约为810人，而发展中国家巴西每百万人中的牙医人数更是高达1200人。

从后文对三家上市口腔连锁机构的分析也可以看到，支付给医护人员的薪酬支出占据了企业营收重要比重，凸显了牙科医生的紧俏地位。

最近几年陆续有地方省市传出种植牙集采的消息，大多处于信息申报阶段，离真正的集采落地尚有时日。相关的口腔连锁机构亦称，种植牙材料只是其种植业务诸多成本之一，未来集采即使推行，对种植业务的收入影响也将有限。

不过，国家医保局发布的《关于开展口腔种植医疗服务收费和耗材价格专项治理的通知（征求意见稿）》，显示出降低种植牙材料和种植医疗服务价格的意图。该征求意见稿共四部分12条，重点是规范口腔种植收费方式，整合种植体植入、牙冠置入等相应的医疗服务价格项目；围绕种植牙全流程做好价格调控，降低公立医疗机构口腔种植医疗服务的偏高价格，加强民营医疗机构口腔种植价格监管和引导；组织实施种植体集中带量采购，广泛发动各级各类医疗机构参与集采并准确报量。

推动种植牙集采和降低种植服务价格，其实正好说明老龄化社会下的种植牙越来越成为老百姓的刚需，所以国家才有决心推动价格下行，让老百姓获得实惠。至于集采是会压制还是促进口腔机构的收入，主要看种植价格下降之后带来的增量客户、增量收入是否够大，能否抵消客单价降低的影响。而且不排除这样一种可能，即价格下降叠加老年人口迅速增加，而出现种植牙需求大爆发。

市场分散，无垄断性巨头，种植业务快速崛起凸显老龄化红利

根据弗若斯特沙利文报告，2020年按收入划分排名统计口腔医疗服务商，前五名份额分别为通策医疗2.4%、拜博口腔2.4%、瑞尔集团1.5%、美维口腔1.4%、欢乐口腔0.8%，合计8.5%，说明整个口腔市场仍然是一个极为分散、缺少全国垄断性机构的行业格局。

以收入排名第一的通策医疗为例，其 2021 年医疗服务收入为 26.32 亿元，拥有 1624 名牙医和 2246 张牙椅。其浙江省内收入高达 23.74 亿元，占全部医疗服务收入的 90%。杭州又承担了浙江省内收入的重头戏，其中杭州口腔医院集团有限公司 2021 年收入为 7.36 亿元，占全年医疗服务收入 28%%；杭州口腔医院集团城西口腔医院有限公司 2021 年收入为 5.61 亿元，占全年营收 21.31%；杭州城北口腔医院有限公司 2021 年收入为 0.75 亿元，占全年营收 2.85%。三者合计占比超过 50%。

根据有关调研，通策医疗在浙江省口腔医疗市场占到 30% 以上，但多年前就开展的省外业务始终未形成显著的业绩贡献。从 2021 年财报看，昆明市口腔医院有限公司收入 0.63 亿元，净利润 568 万元，占全年营收 2.3%；沧州口腔医院收入 0.45 亿元，净利润 592 万元，在全年营收中仅占 1.62%。而在北京、武汉、黄石等地的口腔医院项目，或者暂停，或者收入贡献较小，未在财报中单独列明。

因此在地域扩张上，通策医疗摒弃了前几年全国扩张、四处出击的策略，而是以"区域总院 + 分院"模式重新聚焦浙江省内口腔市场。

瑞尔集团在全国的区域分布相对平衡，截至 2022 年 3 月 31 日，在中国 15 个城市拥有 105 家口腔诊所及 7 家医院，牙医 883 名，牙科椅 1214 张。从 2022 财年（截至 2022 年 3 月 31 日）收入看：华北（北京、天津、大连）6.94 亿元，占全年营收 42.7%，较 2019 年 4.84 亿元增长 43.39%；华东（青岛、上海、杭州、江阴、靖江）收入 3.92 亿元，占全年营收 24.15%，较 2019 年 2.74 亿元增长 43.07%；华南（广州、深圳、厦门）收入 1.54 亿元，占全年营收 9.49%，较 2019 年 1.13 亿元增长 36.28%；西区（成都、重庆、长沙、西安）收入 3.84 亿元，占全年营收 23.66%，较 2019 年 2.09 亿元增长 83.73%，在各区域中增长最快。

2022 年披露招股书的牙博士，2021 年运营 31 家口腔服务机构，有牙医 401 名、牙椅 480 张，覆盖苏州（19 家）、南京（2 家）、上海（2 家）等华东地区城市。2021 年收入为 10.74 亿元，其中江苏省 8.12 亿元，占比 75.61%。

这样分散的行业格局，恰好给了进取心强的连锁机构跨越式发展的空间。

在口腔连锁机构的各项业务里，种植和正畸两项业务的利润最为丰厚，而在过去几年，种植的增长速度逐渐超过正畸，凸显出老龄化对口腔市场的拉动作用。

通策医疗 2021 年种植收入 4.4 亿元，占全部营收 17%，比上年同期增长 38%。与此对比，正畸收入 5.34 亿元，占比 21%，增速 30%；儿科收入 5.29 亿元，占比 20%，增速 32%。

瑞尔集团 2022 财年（截至 2022 年 3 月 31 日）种植科收入 3.53 亿元，占比 21.75%，比上年同期增长 17.67%。与此对比，正畸科收入 3.66 亿元，增长 7%。

值得注意的是，瑞尔还披露了患者年龄结构。在 2021 财年新患者人数中，50 岁以上为 4.74 万名，占比 15.29%。在复诊人次百分比上，50 岁以上为 57.0%，显著高于 20 岁或以下的 46.4% 和 20 岁至 50 岁的 43.0%，说明老年人的口腔服务是个复购率高的长线业务。

牙博士 2021 年种植口腔服务营收 4.8 亿元，占全部营收 44.7%，比上年同期增长 34.8%；毛利率 60.9%，比上年同期略降 0.6%。与此对比，正畸业务 2021 年营收 2.44 亿元，占比 22.8%，毛利率 51.3%。

牙博士的种植业务几乎是正畸业务的两倍，毛利率高出近 10 个百分点，充分说明对老年人口腔市场的重视和工作力度。

可以看到，各家连锁的种植业务已经开始担当营收主力，赶上甚至超越以年轻人为主的正畸业务。

另外，从与老人相关的种植、义齿业务相关的供应链上游，也呈现出快速发展的态势。上市公司国瓷材料的生物医疗材料业务，主要就是指口腔修复材料，其生产的氧化锆粉体材料为代表的新型非金属牙科材料，逐渐成为牙科修复领域的主流材料。该项业务 2018 年收入 3.35 亿元，毛利率 54.82%，2021 年收入 6.95 亿元，毛利率 62.33%，收入四年增长一倍有余。

另一家上市公司正海生物，旗下产品口腔修复膜主要用于颌面外科和种植牙领域，2017 年收入 0.87 亿元，毛利率 92.53%，2021 年收入 1.92 亿元，毛利率 90.39%，收入五年增长一倍多；骨修复材料主要用于牙颌骨缺损（或骨量不足）的填充和修复，2017年收入0.08亿元，毛利率85.65%，2021年收入0.36亿元，毛利率74.88%，收入五年增长三倍有余。

华西证券研报认为，"伴随已是大势所趋的种植牙集采，预期后续我国压抑的牙种植需求将加速释放，带动口腔修补材料需求量水涨船高，目前国内口腔修复材料市场由瑞士盖氏占据绝对地位（约70%），以正海生物为主的国产企业由于品牌黏性、市场教育、销售让利等因素暂居后位，集采驱动下将加速更具性价比优势的国产产品份额提升。海奥口腔修复膜具备独特的双层胶原结构且可常温贮存，海奥骨修补材料空间结构、组成成分与天然骨类似且为国内首款含胶原蛋白的骨修复材料，海奥产品临床效果、品牌效应、渠道布局及性价比兼具，有望优先获益"。

从财报看三家口腔连锁机构特点

第一，三家口腔连锁机构比较：牙医数量、牙椅数量、单位创收。

分析三家主要民营口腔连锁机构2021/2022财年的单位创收能力，即每名牙医和每张牙椅平均创收金额，发现：通策医疗每名牙医平均创收162万元，每张牙椅平均创收117万元；瑞尔集团每名牙医平均创收184万元，每张牙椅平均创收134万元；牙博士每名牙医平均创收268万元，每张牙椅平均创收224万元。

表9-2 三家口腔连锁机构2021/2022财年的单位创收能力表

机构名称	收入（亿元）	牙医数量（名）	每名牙医创收（万元）	牙椅数量（张）	每张牙椅创收（万元）
通策医疗	26.32	1624	162	2246	117
瑞尔集团	16.24	883	184	1214	134
牙博士	10.74	401	268	480	224

虽然通策医疗单位创收在三家公司中排名末位，但其净利率却是最高的，2019—2021分别为26.81%、26.10%、28.27%，多年保持在25%以上。

而牙博士2019—2021年净利润率为1.8%、3.3%、11.2%，瑞尔集团则连续三年亏损，2020—2022财年净利润率为 –28.93%、–38.57%、–43.70%。

为什么通策医疗在每名牙医、每张牙椅平均创收上并不占优，但却能多年保持25%以上的净利率？而瑞尔集团连年亏损和牙博士遥遥领先的单位创收能力，又是什么原因呢？

第二，销售费用占比：通策医疗不到1%、瑞尔集团5%左右、牙博士30%上下。

根据2021年财报，通策医疗当年销售费用仅为0.25亿元，占营收仅0.9%。其中广告费1061万元，宣传费1026万元，其他385万元。

而另两家民营连锁口腔的销售费用则高得多。

瑞尔集团的销售费用2022财年为0.8亿元，占营收4.93%，2021财年为0.79亿元，占比5.21%。

牙博士的销售费用直接提升了几个数量级。招股书披露的销售及分销开支，2019年为3亿元，占营收34.4%，2020年2.43亿元，占营收29.1%，2021年2.93亿元，占营收27.3%。

高昂的销售费用主要花在两个方面：

一是广告宣传。牙博士2021年用于营销、推广及广告开支为1.65亿元，占全部销售费用56.31%，占全部营收15.36%。再进一步拆分，1.65亿元的开支中，线上广告0.82亿元，线下广告0.47亿元，营销推广活动0.35亿元。瑞尔集团2022财年销售费用中的广告及营销开支为0.34亿元，2021财年为0.38亿元。

二是销售人员的薪酬开支，也占据了销售费用的较高比重。牙博士2021年销售及分销开支中的员工成本为1.14亿元，占销售费用38.91%，占全部营收10.61%。其营销人员448人，单人平均薪酬支出25.45万元。瑞尔集团2022财年销售及经销开支中的雇员福利开支为0.4亿元，营销团队209人，单人平均薪酬支出19.14万元.

牙博士主要收入来源于南方城市苏州，瑞尔集团主要收入来源于北京、上海等一线城市，而从销售人员的单人平均薪酬支出来看，牙博士高出瑞尔集团33%，凸显出对销售人员的激励强度之大。

通策医疗2021年报显示，其销售人员为44名，但在销售费用中未列明薪酬支出，故无法进行比较。但其销售费用占比仅 0.9%，与其他民营口腔连锁相比非常之低，已足以说明，其拥有的杭州口腔医院这个在杭州乃至浙江省内具有垄断性影响力的金字招牌，助其节省巨额销售费用，在与从零创建品牌的浙江省内民营口腔连锁竞争时，具有很大的先发优势。

第三，薪酬支出占比：通策医疗 36.89%、牙博士 30.26%、瑞尔 56.4%。

合并通策医疗 2021 年销售成本及各项费用中的薪酬支出，共计 10.26 亿元，占营收 36.89%；相同的数据，牙博士为 3.25 亿元，占营收 30.26%，两者差距在可理解范围内。

而瑞尔集团 2022 财年的雇员福利开支则高达 9.16 亿元，占当年营收 16.24 亿元的 56.4%。具体来看，工资、薪金、花红及其他津贴 7.02 亿元，社会保障成本及住房公积金供款 1.18 亿元，股份酬金开支 0.95 亿元。

上述瑞尔集团雇员福利开支包括了公司所有员工的支出，如果单看其营业成本中的雇员福利开支，也就是对应到牙医（883 名）、护理人员（1238 名）、客服团队（645 名）共 2766 名员工的薪酬支出，2022 财年为 6.71 亿元，占全部营收 41.32%，人均 24.26 万元。

同样的分析数据，通策医疗 2021 年营业成本中的薪酬支出为 8.35 亿元，占全部营收 30%，医生（1624 名）、医技（212 名）、护士（1850 名）共 3686 人，人均 22.65 万元。牙博士 2021 年营业成本中的薪酬支出为 1.35 亿元，占全部营收 12.57%，牙医（401 名）、护理人员（556 名）、客服团队（454 名）共 1411 人，人均 9.57 万元。

瑞尔集团医护客服团队的人均薪酬支出 24.26 万元，是三家公司中最高的，较通策医疗 22.65 万元高出 7.11%，较牙博士 9.57 万元高出 153.5%，显示出一线城市高于二三线城市的薪酬成本水平。

从前文分析看，瑞尔集团的单名牙医、单张牙椅创造收入居于通策医疗和牙博士之间，销售费用保持在相对合理的 5% 水平，但为什么还会连年亏损？看来主要原因就是人工薪酬支出过高，营收的大部分给了牙医。

高薪酬确实有利于构建人员稳定、经验丰富的牙医团队。瑞尔集团 2021 财年统计，其全职牙医平均拥有 10.2 年的行业经验，50.7% 的牙医具有硕士或以上学位。同时，三年以下工作经验的牙医留存率为71%，三年或以上工作经验的牙医留存率为87.2%。

相比之下，牙博士的牙医团队显得较为年轻，留存率较低。2021年拥有401名牙医，平均工作年限5.8年，近19%牙医拥有10年以上工作经验。留存率方面，2021年初级牙医留存率为64.8%，中级及高级牙医为75%。另外，于2019年1月1日受雇于牙博士的牙医中，有37.6%（不包括实习牙医）于2021年12月31日仍留任。

而牙博士低至9.57万元的医护客服团队人均薪酬支出，当然一方面，体现了苏州作为三线城市，在薪酬水平上确实低于京沪及杭州等一二线城市；但另一方面，如果与前文分析的牙博士销售人员人均薪酬25.45万元相比，亦可清晰看出其经营策略的重点所在，即加大营销广告投放和对销售人员的激励，重点拓展高客单价、需求旺盛的种植业务。

三、家庭医疗器械：多元化发展还是核心研发突破？

银发经济具有许多细分行业，不同细分行业有着绝不相同的用户心智、成本结构、渠道格局和竞争壁垒，利润水平、资本回报和发展路径也大不相同。必须深入银发经济的每个细分行业里，深入把握其行业特点和发展节奏，才能真正抓住银发经济的大趋势、大红利。

家庭医疗器械是以老年人为主要使用对象，购买者为老人或其子女家人，在未来老年人口规模快速增长的背景下，其市场增长空间无疑是巨大的。同时家庭医疗器械与银发经济中的老年用品行业有颇多共通之处，下面通过对鱼跃、三诺、可孚、九安四家上市公司发展路径的分析拆解，可以为银发经济，尤其是老年用品行业提供重要启示。

第一桶金：抢抓用户基数大、渗透率低大品类

以家用医疗器械的主要品类血糖仪为例，对应的国内糖尿病用户基数很大，潜在需求强劲。但在2010年前后，国内市场主要由外国品牌占据，价格高，

超出中国大多数家庭的消费能力，因而在中国实际的渗透率很低。

以三诺、鱼跃为代表的国产品牌，通过中低价位和外国品牌错位竞争，同时迅速铺开连锁药房、电商等渠道，迅速将国内血糖仪市场做大。

根据有关统计，中国血糖仪产量在 2013 年为 460 万台，2019 年为 1970 万台，增长 3 倍有余。2013 年血糖仪市场规模为 18.2 亿元，2019 年为 41.8 亿元，增长 130%。

三诺生物是中国血糖仪市场爆发的最大赢家，2009 年血糖仪及试条收入 0.67 亿元，2021 年为 18.37 亿元，13 年增长 27 倍。

在一次投资者交流活动中，三诺称公司在国内血糖仪市场份额占 50% 以上，拥有超过 2000 万用户，血糖仪产品覆盖超过 180000 家药店。

享受到血糖仪市场红利的还有鱼跃医疗，2012 年血糖仪收入仅有两三千万元，2020 年增至近 3 亿元，9 年增长 10 倍。

血压计与血糖仪类似，也是一个国内用户基数很大、但初期由外国品牌高价产品占据主导的市场，而这次的最大赢家则是鱼跃医疗。

2012 年中国电子血压计市场规模为 9.61 亿元，2019 年为 53.71 亿元，增长 459%。大致在同一时期，鱼跃医疗的电子血压计收入 2011 年时 1 亿元不到，2020 年接近 7 亿元，10 年增长 6 倍。

在血糖仪、血压计以及其他家庭医疗器械的细分品类，都有曾经占据垄断地位的外国品牌，如血压计里的欧姆龙，血糖仪里的强生、罗氏、雅培。国产企业之所以能够力压外国品牌，一是价格上拉大与外国品牌的差距以凸显性价比，二是销售上建立一套贴合国情的渠道体系，如前述三诺覆盖全国 18 万家药店，鱼跃医疗对销售渠道的建立和掌控更是其核心优势，据称有超过 30 万家医疗机构和 90% 以上的三甲医院使用鱼跃医疗的产品。

与之对比，创立之初即以电子血压计作为核心业务的九安医疗，因为业务重点一直是为海外做代工，国内销售渠道没有适时建立起来，所以错失了国内血压计市场爆发的机会。

根据年报，九安医疗 2007 年电子血压计收入 1.69 亿元，2021 年以血压计为主的"ODM/OEM"和"传统自主品牌产品"两项业务收入 3.71 亿元，十几年间仅增长一倍有余。

从 1 到 10：在成熟渠道体系上快速扩充新品类

一个品类在经过极速扩容之后，虽然未来仍有增长，但由于渗透率继续大幅提高的空间越来越小，而且新竞争者持续涌入、同质化竞争加剧等因素，未来增长势必放缓。

那么，接下来该如何进一步发展，是围绕起家的优势品类做核心技术研发、成为细分领域的垄断王者，还是走多元化扩张策略，快速扩充品类，寻找下一个有极速扩容潜力的细分市场呢？

【多元化成功案例：鱼跃医疗】

目前来看，中国的家庭医疗器械企业大多采用扩品类方式做大收入规模，研发的重点也放在新品类新产品的开发商，对核心技术的研发并不重视。

在这方面做得最成功的无疑是鱼跃医疗。过去20年先后进入电子血压计、血糖仪、呼吸机、制氧机等市场，都获得了相当大的成功。

如上文数据所示，鱼跃医疗在电子血压计和血糖仪上都获得了成功。电子血压计2011年时收入不足1亿元，2020年收入约7亿元，10年增长7倍；血糖仪2012年时收入两三千万元，2020年时收入近3亿元，9年增长10倍。

再看制氧机，2016年时鱼跃称在国内有超过60%的市场占有率，从收入上看2011年时为3亿元出头，2020年为超过10亿元，10年增长3倍有余。

另外，呼吸机于2015年11月推向市场，2016年销量1万台左右，收入2000万元以上，2018年销售额过亿元，在新冠疫情持续肆虐的情况下，后期仍有快速增长。

鱼跃医疗成功的关键在于，建立起面向家庭和医院两大用户群体、覆盖全国的销售渠道后，只要是功能和价格符合这个渠道体系特性的产品，就可以在短时间内铺遍全国，获得销售成功。

为了将手上的销售渠道用好用足，鱼跃医疗近年来还收购了消毒感控、手术器械、隐形眼镜、AED急救等多项医疗器械业务，有望为其业务不断贡献新的增长点。

【多元化策略的"后起新秀"：可孚医疗】

以渠道优势大力扩张品类的发展策略，正在被2021年上市的可孚医疗所复制和追赶。如果看可孚医疗的主营业务，会发现覆盖范围非常广，包括五大产品门类：健康监测（血糖系统、血压计、血氧仪、体温计、心电监护仪、胎心计、听诊器、电子体重秤等），康复辅具（轮椅、代步车、护理床、移位机、听力计、助听器等），医疗护理（敷贴/敷料类、口罩、医用防护服、消毒产品、口腔护理等），呼吸支持（呼吸机、制氧机、雾化器、鼻腔护理等），中医理疗（理疗仪、按摩器、艾叶及制成品、温灸产品、拔罐器、刮痧板等）。

而且，可孚医疗上市后还收购、组建了听力验配业务。但听力验配业务重度倚赖连锁门店的线下运营，与可孚医疗以往积累的线上线下销售网络的关系并不紧密。

可孚医疗之所以能在过去几年快速发展，就是因为在鱼跃、三诺等国产一线品牌将产品价格从低端向中端转移的过程中，迅速填补低价段产品空白，获得价格敏感性客户的份额；同时在销售渠道上重点攻进电商这个一线品牌有所顾忌的渠道，从而在较短时间内获得显著的市场份额。

可孚医疗为什么能以比一线品牌更低的价格销售产品呢？

一方面是主动压缩利润水平，以低价抢占市场。另一方面更重要的是，生产地内迁带来的经营成本降低。可孚生产基地以长沙、湘阴、岳阳等中部地区为主，鱼跃生产基地则在苏州、丹阳等长三角地区，前者土地、水电、人工等各项成本无疑比后者低。从人工成本看，可孚医疗2021年有研发人员264人，对应薪酬3597万元，人均13.63万元；销售人员2350人，对应职工薪酬1.44亿元，人均6.13万元。

鱼跃医疗2021年研发人员1195人，人工费2.78亿元，人均23.26万元；销售人员1311人，工资薪金支出2.47亿元，人均18.84万元。

可以明显看出，可孚医疗的人均薪酬仅为鱼跃医疗的30%~60%，这无疑是相当大的成本优势。

再看渠道方面,鱼跃等一线品牌经过多年努力,在线下渠道(医药公司、连锁药店为主)建立起了强大优势,新品牌很难插手分一杯羹,那么唯有另辟蹊径,开辟新的、效率更高的渠道,也就是电商。

可孚医疗对电商渠道的高效开发可从两个方面看出:一是线上线下收入占比,根据年报,"公司线上渠道收入占比约为70%,线下渠道销售收入占比约为30%";二是线上平台免费流量在总流量中占比,"2020年公司天猫平台主要店铺免费流量在总流量中占比区间为67.28%~87.96%;京东平台主要店铺免费流量在总流量中占比区间为75.19%~99.77%。整体上,公司店铺获取免费流量能力较强,新增客户主要来源于免费流量,不依赖于付费推广"。

不过,可孚医疗收入增长同样离不开大量销售费用的投入,2017—2021年其销售费用占营收分别为24.61%、25.23%、22.04%、18.20%,这个比例明显高于同类企业,公司对此回应称:"公司与其他企业的经营模式不同,线上电商团队、线下营销团队均为自主搭建运营,其中线上销售收入占比较大,销售费用中包含了快递费、平台服务费、线上推广费用等。未来公司整体销售费用可控,不会出现太大变化。"

相比之下,三诺生物的扩张显得相对克制,虽然也收购了一些公司,但仍以医疗器械尤其是糖尿病相关为主,而且实际上马的新业务仍然主要围绕糖尿病,如糖化血红蛋白检测系统(2021年收入1.33亿元,占营收5.65%),以及正在审批中的动态血糖监测业务。

再看九安医疗,也实施了多元化,但选择的都是一些市场空间较小的品类,如体温计、体重秤等,而且如前文所分析,由于国内销售渠道始终未能有效建立,故相关收入一直没有大的增长(2020年以来九安医疗在新冠检测上的收入暴增,与新冠疫情这个突发因素相关,不在分析之内)。

回顾上述企业多元化扩品类的过程,仍然要注重技术研发、核心优势的积累,否则如可孚医疗以生产地内迁、低人工成本获得的比较优势,很容易被后来者以类似策略追赶,比如在中国主导的贸易协议RCEP范围内,是否会有企业将生产地迁至成本比我国中西部省份更低的东南亚,未来的家庭医疗器械行业是否又会出现新的搅局者呢？

向核心技术研发突破：难，但必要

在一个成熟的销售渠道体系上实施多品类扩张，可以帮助企业快速做大收入，是一项务实的战略选择。但与此同时，在每个品类上都不太可能有核心技术优势，所占领的市场只能是中低端市场，无法通过产品力实现高溢价，在研发的投入上也会捉襟见肘，很可能会限制企业的长远发展。

从鱼跃医疗的研发费用来看，前期对研发的投入其实很低，即使到2018年研发费用也仅占营收3.64%，随后一路提高，2021年占比升至6.17%。

作为低价抢占市场的后来者可孚医疗，其研发费用占营收比重在2018—2020年低至1.10%、1.10%、1.86%，2021年上市后才提升至3.10%。

三诺生物的研发费用占比相对较高，2016—2021年分别为6.53%、7.16%、8.31%、9.07%、9.06%、7.73%。

从几家家庭医疗器械企业的研发投向上看，都具有一定共性，主要是已有产品更新换代、新品类新产品的设计开发、生产制造的流程工艺优化等方面，对核心技术（如血压计的传感器、MCU芯片等）的研发则少之又少。

对此，鱼跃医疗曾介绍其研发策略，"有些产品的技术边界较窄，迭代空间较小，即使投入大量费用进行研发，产品的创新性仍然难以提高，比如血压计产品，针对这类产品公司将会在制造流程、产品品质上进行投入，目的是进一步优化成本、提高盈利水平"。

因此，鱼跃的研发重点放在产品技术边界较宽、研发空间大的核心赛道上投入更多的研发资源，比如公司未来将聚焦的呼吸制氧板块、家庭体外诊断板块和感染控制板块，以上三个领域产品的市场需要、迭代产品需要和创新需要都更大，因此公司会将大部分的研发资源分配在三个核心赛道上。

可以看出，鱼跃未来的研发重点主要是选择市场潜力大的赛道，研发投入的重心是这些赛道的产品开发，而不是相应核心技术的研发。

当然，研发本身就是一个长期持续投入和回报周期漫长的事情，既需要看得准方向，也需要耐得住寂寞。

而且既然有了上市公司这个平台，并购有核心技术的公司比自己从头做研发是个更省力的方式，当然前提是需要对技术成熟度、市场内在节奏有十分精准的把握。以家庭医疗器械最近的热点——CGM（动态血糖监测或持续血糖监测）来看，就凸现出鱼跃医疗和三诺生物的策略差异。

三诺生物公告表示，公司从2009年开始投入CGM技术研发，获得2018年国家重点研发计划"主动健康和老龄化科技应对"支持。目前CGM产品已完成研究开发并已进行专利申请，正在对相关产品进行测试。

而鱼跃医疗则在2021年收购浙江凯立特，公告中称该公司"在糖尿病及传感器技术领域耕耘数十年的研发团队及领军人才，拥有成熟可靠的技术、生产系统与成熟的持续血糖监测产品。通过此次并购的成功实施，公司已推出'安耐糖'持续血糖监测产品，相关业务可依托公司规模化、智能化、精益化的生产能力，共享公司血糖领域的销售资源、软件开发资源及用户运营能力，强强联合，完善公司在糖尿病赛道的业务布局，保障上市公司整体业绩的长期持续稳定增长"。

当然，CGM未来在中国能有多大的市场份额，不同于一些分析师和媒体的乐观情绪，两家公司的看法是比较务实的。

三诺生物表示，"目前CGM在国内的渗透率还很低，我们预估国内是10亿元的市场"。

鱼跃医疗则在一次投资者交流中称，"（CGM）未来整体业务的发展和增长会是一个长期的过程。CGM产品国内市场的成熟与发展还需要行业中各厂商在医院端以及OTC持续地铺开业务，当CGM院内及民用市场及渠道真正打开后，才能迎来爆发的拐点，在此过程中各家产品的产品力将面临最真实的考验"。

对老年用品行业的启示

在全球老龄化加剧，尤其中国老年人口快速增长的未来30年，涵盖老年人衣食住行方方面面需求的老年用品行业，必将迎来巨大发展机会。以上分析的家庭医疗器械行业与老年用品行业有诸多共通之处，前者的发展历程也将对后者的良性发展有诸多启示作用。

具体来看，两者共通之处有：产品品类多而杂，单个品类的市场空间不会特别大；产品所需的核心技术和原材料来自上游企业，上游企业很多时候具有垄断地位，老年用品企业话语权有限；老年用品企业的经营重心在生产和销售环节，等等。

那么，详尽分析家庭医疗器械企业的发展历程，能给老年用品行业什么启示呢？

第一，老年用品企业一定要将直达用户的销售渠道掌握在自己手里，因为核心技术和原材料已经被上游掌握，如果销售环节再交出去，只剩下生产制造环节，最后处境一定是利润微薄、生存艰难。

而且掌握了销售渠道后，就能够围绕目标用户的需求开发产品、扩充品类，企业才有新的业务增长点，而不至于长期苦苦挣扎在一个单一狭小的品类市场里。

第二，在扩张业务、选择新的品类时，谨守如下标准才能在短期内尽快获得市场成功：产品对应的用户基数足够大，当前的渗透率很低，产品终端价格能被最广大的中等收入群体接受，并且与主流一线品牌拉开价格差。

第三，银发经济将是中国未来资本市场可以讲几十年的"好故事"，庞大的老年人口规模、新老年人群的旺盛消费能力、不断迭代升级的银发渠道和老年用品，都为这个"好故事"准备了上好的素材，因此老年用品行业一定要用好资本市场这个能够实现跃升的平台。

四、康复辅具：老龄化时代的"刚需"行业

随着中国老龄化程度的加深，为失能老人改善健康状况、提升生活品质的康复辅具成为越来越刚性的社会需求，康复辅具产业日益成为国民经济的发展重点。

为推进产业发展，民政部、发改委、科技部、工信部等部委于2017年、2021年发布两批国家级康复辅具产业综合创新试点地区，地方政府则纷纷在当地养老或民政事业规划中明确发展康复辅具产业，不少省市还出台专门的

康复辅具产业政策，产业培育体系从前几年的"产学研"升级到更完善的"政产学研用"，并将康复辅具产业作为地方经济的主导产业来培育发展，提出百亿甚至千亿的发展目标。下面将分析各个地区康复辅具产业的发展规划、主攻方向和优势特点，为相关企业和政府部门提供参考。

大湾区：深圳 2025 年突破 1000 亿元，东莞"一基两智"智能转型

深圳是全国改革开放的前沿阵地，在康复辅具产业的发展布局上同样走在全国前列，提出 2025 年 1000 亿元的产业目标。这在全国数百座大大小小的城市中，是对康复辅具产业抱有最大厚望、给予最大支持的城市。

深圳市发展和改革委员会在 2022 年 7 月印发《深圳市促进大健康产业集群高质量发展的若干措施》，提出：

力争到 2025 年，聚集 35 家以上国内乃至国际高端智能康复辅助器具产业领军企业，培育 3 家上市公司，设立不少于 1 个国家级测评认证中心执行机构、1 个全球创新产品展示交易中心、1 个创新产业加速器（骨干企业孵化中心）、1 个残疾人事业发展研究中心，举办 5 场以上年度国际产业论坛，整体带动深圳市康复辅助器具产业规模突破 1000 亿元，逐步形成以大湾区为中心、辐射全国、影响全球的高端智能康复辅具产业体系。

上述规划涵盖了千亿产值目标、上市公司培育、创新企业孵化、展示交易中心、研究中心、测评认证中心、产业论坛等丰富内容，构成一个完整的产业培育体系。

深圳还明确了未来的重点发展方向，聚焦脑机接口智能辅具、康复机器人、仿生义肢、3D 打印技术、康复训练设备和类脑医疗器械等创新领域，充满了"黑科技"味道，与深圳这座创新之城的气质颇为符合。

为了实现千亿目标，深圳不仅建设上述产业培育体系，还拿出单个企业高达 1500 万元的真金白银资助项目建设：对实现规模产业化的项目，择优按照项目总投资 20% 予以资助，最高不超过 1500 万元。对新获批国家级智慧健康养老示范的企业（单位），按照审计确认金额给予最高不超过 100 万元的资助。对新获批国家级智慧健康养老示范企业、智慧健康养老示范园区的项目建成验收后，择优按照项目总投资 10% 予以资助，最高不超过 1000 万元。

深圳提出千亿发展目标，有其背后的底气。2017 年公布的全国首批 12 个康复辅具产业综合创新试点地区，深圳位列其中。根据有关统计，深圳现有康复设备、辅具注册企业 1198 家，其中注册资本 5000 万元以上的企业 83 家。国内为数不多的几家康复辅具上市企业之一，普门科技就是深圳企业，2021 年营收 7.78 亿元，同比增长 40.50%。

深圳科技创新优势突出，可以担当康复辅具的研发、融资重任，而生产制造恰好可以由紧邻深圳、已被划入深圳都市圈的制造重镇东莞承担。

处于产业转型升级中的东莞，同样将康复辅具产业作为未来发展重点。东莞入选 2021 年公布的康复辅助器具产业第二批国家综合创新试点地区，2022 年 8 月发布《东莞市康复辅助器具试点园区建设工作方案》，提出"一基两智"战略：

"一基"指夯实传统康复辅助器具产业基础，提高传统康复辅助器具技术含量；"两智"指智能康复类医疗器械，推进人工智能、脑机接口、虚拟现实等新技术在康复辅助器具产品中的集成应用。一个重点是发展外骨骼机器人、照护和康复机器人、仿生假肢、虚拟现实康复训练设备，控制器、智能传感器、电机等高端智能康复类医疗器械用核心零部件，智能假肢、智能电子助视器、智能助听器、智能矫形器等残疾人康复器械，康复床、轮椅等养老康复器械，健康医疗智能终端设备。另一个重点是发展智能手表、智能手环等健康管理类智能穿戴设备，健康监测、医疗大数据等增值服务，智能血压仪、智能血糖仪、心率心电仪、智能体温计、胎心仪、智能电子听诊器等便携式家用医疗器械。

东莞规划首期选取松湖智谷产业园、硅谷动力·数字谷产业园两个园区作为试点园区，力争"十四五"期间，聚集各类企业不少于 40 家。

京津冀：北京强调协同发展，河北全面发力 2025 年收入 1000 亿元，秦皇岛目标 300 亿元

京津冀是中国北方的经济引擎，北京、天津历来重视康复辅具产业发展，早在 2017 年就分别发布了加快康复辅具产业发展的相关政策。

北京在 2021 年 9 月发布的《北京市养老服务专项规划（2021—2035 年）》中进一步提出：

根据京津冀协同发展战略，以研发制造和模式创新为核心，加快发展康复辅助器具产业。重点打造以康复辅具、健康保健等技术研发为核心的养老科技创新中心。依托养老产业化发展，打造面向国内和国际的交流平台，力促"国家级"养老服务产业示范基地落地京津冀，形成以京津冀为核心的全国养老康复辅具、健康保健产业聚集地，培育一批国内领先并具有国际竞争优势的知名品牌和产品。

可以看到，北京的政策重点一方面在于科技创新、模式创新，这是北京历来优势所在；另一方面则是强调京津冀协同发展，三地承担不同产业功能，形成研发、制造、交易交流等功能的互补。

正是在京津冀协同的大背景下，河北省对康复辅具产业全面发力，在《河北省康复辅助器具产业发展规划（2019—2025 年）》中提出，保持全省康复辅助器具产业年均增长 50% 左右，到 2025 年，康复辅助器具产品种类大幅增加，打造 2 大国家级康复辅助器具产业基地，建成 2 个百亿元级产业基地（集群、园区），培育 3~5 家龙头企业，打造 5 个以上知名自主品牌，全省主营业务收入力争达到 1000 亿元。

在城市布局上，河北为省内城市制定了发展重点：

雄安新区：建设高端医疗康复机器人研发聚集区。

石家庄：建设诊断治疗设备、功能障碍器具、康复健身器具等重点产品产业链条聚集区。

秦皇岛：建设包含健康监测设备、外骨骼康复机器人、适老辅具等产品制造、检验检测认证基地，产业服务培训、应用示范的全链条产业集群。

张家口：紧紧围绕服务 2022 冬残奥会，重点发展残疾人辅助器具产业集群。

唐山：发展以康复护理机器人产业为重点的产业集群。

保定、衡水：依托现有产业基础，重点发展以医用床、智能轮椅为重点的产业集群。

廊坊：发挥临近京津区位优势，重点承接京津康复辅助器具科研成果和产业转移。

为了支撑产业快速发展，研发必不可少。河北计划到 2025 年，建设 1 个国家级康复辅助器具综合创新平台、10 家公共技术服务平台，设立 2~4 个院士工作站和博士后工作站（流动站），每年实施一批重大基础研究及产业共性、关键技术研发应用项目。

河北省内的各个城市对康复辅具产业同样十分重视。在 2017 年公布的 12 个国家康复辅助器具产业综合创新试点地区中，有 2 个在河北省，为石家庄市和秦皇岛市。2021 年公布的康复辅助器具产业第二批国家综合创新试点地区中，河北的衡水市入选。

秦皇岛早在 2016 年 1 月，就与民政部下属国家康复辅具研究中心签署"部地共建、院市合作"战略合作协议，双方在康复辅助器具技术创新、质量检测、养老示范等方面开展合作，共同打造康复辅助器具科技创新、产业集群和康复、健康养老服务示范基地。

2018 年国家康复辅具研究中心、秦皇岛市人民政府联合河北省相关厅局，召开首届中国康复辅助器具产业创新大会，并将秦皇岛列为永久会址，为康复辅具产业的发展注入资源动力。

在 2021 年 9 月的第四届中国康复辅助器具产业创新大会上，汇聚行业企业 200 余家，包括奥托博克、京东集团、新松机器人、索诺瓦助听器等知名企业。此次大会还邀请了中国工程院院士、国家高层次人才等 50 位著名专家学者，开展 50 多场主题报告。现场开幕式上，进行了京东康复辅助器具产业公共服务平台、尚易（秦皇岛）制造分中心、智慧中医创新康养模式合作研究等 13 个项目签约，总投资 52.5 亿元。国家康复辅具研究中心中试基地由北京市搬迁至秦皇岛康复辅具产业园也正式启动运营。

在资金支持上，秦皇岛不输一线城市深圳。

2020 年 2 月，秦皇岛发布《促进康复辅助器具产业园区发展支持政策》，政府与社会资本共同出资设立规模不低于 10 亿元"康复辅助器具产业投资引导基金"，鼓励社会资本参与投资建设"康复辅助器具产业园"。对从事园区整体开发、建设的投资企业，给予园区固定资产投资总额5%的补贴。对康复辅助器具产业园新引进的康复辅助器具企业，固定资产投资额达到2000万元以上的，给予企业固定资产投资额5%的一次性补助。补助最高数额不超过1500万元。对国内外行业龙头企业和固定资产投资规模较大的企业，奖励额度可一事一议。

对于康复辅具产业未来目标，秦皇岛提出，力争到2025年产业主营业务收入达到300亿元。

另一个对康复辅具产业非常重视的河北省内城市是衡水。

衡水市在2021年成为全国康复辅助器具产业第二批国家综合创新试点地区，下辖的冀州区具有深厚的产业基础。其医疗器械和康复辅具产业始于20世纪70年代，据统计，现有生产企业172家，相关配套企业300余家。其中，一类医疗器械生产企业139家，二类医疗器械生产企业33家。同时，拥有一类医疗器械经营企业1800余家，二类医疗器械经营企业982家，三类经营企业17家，全区从事生产、销售、服务人员4万余名，生产经营企业数量约占衡水市的70%、全省的40%，是中国四大医疗器械集散地之一，同时也是中国北方地区规模最大的康复辅助器具生产和销售基地。

根据规划，冀州区未来重点打造"一区一园"，与深圳智能康辅协会合作建设"冀深智能康辅产业合作示范区"，总投资105亿元，占地1000亩，涵盖"智能康辅产业示范区、综合服务区、康养示范区"三大板块，重点发展穿戴设备、远程医疗、健康咨询等新产品新模式新业态；"一园"即医疗器械产业园，总投资20亿元，占地440亩，建有53座集生产、展示、销售、服务等功能于一体的标准化车间。据报道，目前已有70余家医疗器械生产企业入驻园区，其中47家已经投产。

中部地区：2025年迎来多点开花，安徽合肥200亿，河南安阳2025年超百亿，重庆永川100亿

在发展康复辅具产业上，中部地区同样重视，部分城市发挥科研和制造业成本优势，对未来提出具体目标，比如到2025年，安徽合肥将实现收入

200 亿元，河南安阳将实现收入超过百亿元，重庆永川将达到 100 亿元。

安徽：合肥力争 2025 年辅具产业达到 200 亿元，芜湖打造以机器人和 3D 打印为特色的产业新业态。

安徽在 2021 年 1 月发布《建设康复辅助器具特色产业园推动高质量发展行动方案》，提出争取到"十四五"末，在全省范围内培育 5 家以上销售收入达 5 亿~10 亿元的带动性强的龙头企业，形成 1 个在国内外有影响力品牌展会。

根据有关统计，安徽目前已拥有 12 家规模以上康复辅具企业，年产值达 6.25 亿，已初步形成产业布局相对合理、门类相对齐全、品种相对丰富的产业体系。

省会城市合肥显然有更大的目标。在《合肥市开展康复辅助器具产业第二批国家综合创新试点实施方案》《合肥市康复辅助器具特色产业园规划方案》中提出：到 2025 年，全市康复辅助器具产业技术创新能力和国际竞争力明显增强，产业发展水平达到全国前列，产业集聚、特色鲜明、布局合理的产业体系基本形成，全市康复辅助器具产业主营业务收入力争达到 200 亿元。

合肥还提出推进康复辅助器具特色产业园建设，依托智能家电和集成电路等制造基础，重点发展通信芯片、高清视频芯片、智能新型传感器、显示屏、智能小家电等产品；发展低功耗、微型化血糖、心率、心电检测等健康智能手环、智能手表类可穿戴监护设备；发展智能服务型机器人、智医助理等。

发展以高技术为特色的康复辅具产业，合肥有其研发技术优势。合肥拥有中国科技大学、中国科大先研院、中国声谷等科研和产业平台，并与民政部国家康复辅具中心合作建设国家康复辅助器具长三角（合肥）创新研究院，进一步加强研发能力。

安徽省内另一座城市芜湖，入选康复辅助器具产业第二批国家综合创新试点地区，发布《芜湖市康复辅助器具产业综合创新试点工作实施方案》《芜湖市支持康复辅助器具产业加快发展政策措施清单》等多项政策，提出到 2023 年年底，初步形成以机器人智能装备产品和 3D 打印产品为特色的康复辅助器具产业新业态，全市康复辅助器具产业自主创新能力显著增强，政产学研用创新模式初步形成，到"十四五"末，涌现一批知名自主品牌和优势产业园区，基本形成布局合理、特色鲜明、产品优质的产业格局。

河南：安阳2025年产值超百亿元，驻马店强力推进初见成效。

河南安阳在康复辅具产业上经过多年发展，拥有中部地区较为突出的产业基础，据统计，全市共有康复设备制造企业近20家，上下游配套加工企业及商贸企业近百家。全市康复医疗器械产品已基本覆盖康复医疗器械行业所有门类，并形成了3大类、20个大系列、400余种产品，在康复医疗器械领域拥有相对完整的产品系统。规模以上康复医疗设备生产企业10余家，年产值达10多亿元。

其中翔宇医疗于2021年3月上市，是国内少数几家以康复辅具为主营业务的上市企业，2021年收入5.23亿元，同比增长5.65%。

2021年，中国医学装备协会授予安阳市"中国康复设备之都"牌匾。自2016年以来，安阳市已经举办五届国际康复设备博览会，吸引国内外上万名业内人士参会参展。这些举措都为安阳康复辅具产业发展提供了资源支持。

为加快产业发展，安阳于2021年4月发布《安阳市支持康复设备及辅助器具产业发展的若干政策》，提出力争到2023年年末，聚集康复产业企业达到200家以上，实现产值突破50亿元，2025年前产值超百亿元，努力将安阳打造成为在全国具有重要影响力的康复设备及辅助器具研发生产基地、人才培养和输出基地以及分级服务应用示范基地。

但作为中部三线城市，安阳的研发基础无疑是短板，因此安阳通过一系列举措加强科技研发和相关配套，整合康复医疗领域重点实验室、工程技术中心等创新平台，建立产业技术创新联盟及康复领域企业家联合会，组建河南省智能康复设备重点实验室建设康复设备服务展示体验中心、康复产业先进制造技术共享中心、康复设备检验检测中心等。据了解，目前设立康复产业科技创新专项，实施科技计划项目28个，予以1300余万元资金支持。

此外还通过明确的资金补助鼓励研发创新：

重点资助创新研发人工智能、可穿戴设备、康复及护理机器人、康复训练设备、数字化平台、残疾预防、无障碍交通工具等康复设备及辅助器具产品，单个项目最高给予300万元资助；

对新获批的国家级创新平台载体，除按国家规定支持外，一次性奖励500万元，并根据建设任务优先保障岗位设置、人员配备、用地用电等需求；

对评估为优秀的国家级创新平台载体，给予200万元奖励；

支持各类高规格的产业学术会议和科技交流活动。安排专项资金，支持举办康复产业创新创业大赛。对在安阳市范围举办，参会人数超过500人以上、时间2天以上的各种康复论坛、峰会等学术会议，经认定，按照主办方或承办方场馆租赁、往返交通、住宿等费用的10%由受益财政给予一次性资金补助，最高不超过30万元。

除了研发外，安阳对相关项目的引进落地、新建购置办公用房、新取得医疗器械注册证、获得智能车间智能工厂认证的企业，给予不同程度的奖励。

另一个河南城市驻马店，同样对康复辅具产业表现出高度重视。

据当地媒体报道，驻马店将康复辅具产业作为新兴产业、先导产业纳入制造强市、九大集群、"三个一批"等重要工作事项，并成立了以市委书记、市长任双组长的"中国药谷"建设领导小组，专门设立康复辅助器具产业发展工作组，积极打造康复辅助器具产业链，分别安排1名市领导任工作组组长、产业链链长。市委、市政府运用"17110"强力督查手段，实行周例会、周通报、月评比、季观摩制度，先进单位介绍经验，落后单位表态发言，市四大班子主要领导、分管领导在2022年上半年调研康复辅具产业项目20余次。

这样的高强度、高压力工作带来驻马店康复辅具产业的快速进展。2022年上半年，康复辅助器具产业发展工作组运用电话、网络、视频等多种形式，通过以商招商、以会招商、老乡招商等各类渠道，先后联系重点企业77家，邀请企业代表考察100余人次。上半年已建成投产项目5个，在建项目3个，在谈项目13个。

另外，驻马店还通过承办第41届中国国际康复辅助器具产业暨国际福祉机器博览会，扩大当地产业影响力。据报道，展会有300多家企业报名参展，拟邀请有关部委、省领导参加，同期举办康复辅助器具产业发展峰会、康复辅助器具产业暨养老产业论坛、康复辅助器具产业高级干部研修班等 20 多项活动。

重庆：独占 3 个国家试点，永川区培育 100 亿级产业集群，巴南区 2023 年产值 30 亿元。

重庆作为中西部唯一的直辖市，对新兴产业培育具有成熟丰富的经验。而在康复辅助器具产业第二批国家综合创新试点地区中，重庆拥有 3 个，为永川区、巴南区、大足区，为重庆未来的康复辅具产业带来十足的想象空间。

在《重庆市养老服务体系建设"十四五"规划（2021—2025 年）》中，明确了未来的重点发展方向：

推动认知障碍评估和训练、精神沟通训练、老年人能力评估等健康促进类康复辅助器具产业发展，强化人工智能、脑科学、虚拟现实、可穿戴等新技术在健康促进类康复辅助器具中的集成应用。

重点开发适老化家电、家具以及新型照明、洗浴装置、坐便器、厨房用品、辅助起身、智能轮椅、生物力学拐杖、助行机器人以及安防监控等。推广使用易于抓握、手感舒适的扶手等支撑装置、地面防滑产品、无障碍产品等。

发展老年益智类玩具、乐器、心理慰藉和情感陪护机器人等休闲陪护产品。

提升成人纸尿裤、护理垫、护理湿巾、溃疡康护用品等护理产品的适老性能。

发展适用于辅助搬运、移位、翻身、夜间巡检等机器人产品。发展认知障碍评估和训练、沟通训练、失禁训练、运动肌力和平衡训练、老年人能力评估和日常活动训练等康复辅助器具。

而永川区发布的《重庆市永川区康复辅助器具产业综合创新试点实施方案》则制定了清晰的目标任务，即构建生产与应用两个服务平台，培育一个 100 亿级产业集群，着力把永川建设成为立足渝西、服务成渝、面向全国的国家康复辅助器具产业示范区。

在发展重点上，永川区将推动高端数控机床、工业机器人、智能物流等应用于康复辅助器具产业发展，探索智能工厂、数字化车间、云销售平台等建设，促进互联网、云计算、大数据，在康复辅助器具产业发展全流程、全产业链的综合集成应用。加快引进国家康复辅助器具研究中心、康复辅助器具检测中心，在永川设立研究分中心、检测分中心。

巴南区则发布《重庆市巴南区促进大健康产业高质量发展行动计划（2022—2024年）》《健康养老产业高质量发展三年行动计划实施方案（2022—2024年）》等政策，提出2023年将重庆康复辅具产业园打造成为全国知名、西部领先的全国性康复辅助器具示范基地，投资金额达到10亿元，协议产值突破30亿元，吸纳从事康复辅助器具、创新型残疾人服务企业超过20家，形成顶级高校、知名机构带动，国家课题统领，产品设计、研发、制造、展销及体验服务集一体的智能化产业中心，促进康复辅助器具产业与残疾人工疗、体疗、娱疗等互动发展，与适老、养老、全周期慢病管理等同步结合。

长三角：高技术、高附加值是重点，上海重视行业标准、行业统计显远见

长三角是我国经济最为发达、同时老龄化程度较高的地区，康复辅具产业自然受到重视。在康复辅助器具产业第一批国家综合创新试点地区中，江苏省常州市、浙江省嘉兴市入选，而在康复辅助器具产业第二批国家综合创新试点地区中，上海市青浦区、浙江省杭州市入选，为长三角的康复辅具产业发展打下了坚实基础。

地方政策方面，江苏省于2017年就发布了《江苏省政府关于加快发展康复辅助器具产业的实施意见》，浙江省于2020年发布《浙江省民政厅等十六部门关于加快发展康复辅助器具产业的实施意见》，上海则在2022年9月发布了《上海市人民政府关于加快本市康复辅助器具产业发展的实施意见》。

长三角地区在研发、制造、金融、会展等各方面的基础都较为完善，发展导向上更加偏重科技含量高、附加值高的产业方向。

上海在康复辅具产业上明确提出：

发展产业集群，依托长三角区域产业集聚和资金、技术、人才等优势，建设国际先进研发中心和总部基地，发展区域特色强、附加值高、资源消耗低的康复辅助器具产业。

提升先进制造业能级。促进产业跨界融合发展，重点开展智能制造与机器人、脑科学与人工智能领域的研究。促进"互联网+"、云计算、大数据在研发设计、生产制造、经营管理、销售服务等全流程、全产业链的综合集成应用，加快增材制造、机器人、智能物流等技术装备应用，推动形成基于消费需求动态感知的研发、制造和产业组织方式。

重点扶持智能康复机器人、3D打印、新材料等中高端领域具有自主知识产权的康复辅助器具产品

支持人工智能、脑机接口、虚拟现实等新技术在康复辅助器具产品中的集成应用，支持外骨骼机器人、照护和康复机器人、仿生假肢、虚拟现实康复训练设备等产品研发，形成一批高智能、高科技、高品质的康复辅助器具产品。

加强传统中医康复技术、方法创新，形成和推广一批具有自主知识产权、疗效确切、中医特色突出的康复辅助器具。

浙江在16部门出台的《关于加快发展康复辅具产业的实施意见》则提出，实施科技攻关，加大康复辅助器具领域前沿技术、关键共性技术和新产品的研发，重点支持康复辅助器具企业及研发机构运用通用设计、人机工程、美学创意的理念，创新研发残疾预防、人工智能、可穿戴设备、康复及护理机器人、仿生设备、3D打印技术、康复训练设备、数字化平台、无障碍交通工具等康复辅助器具产品。

杭州在2021年发布的《杭州市康复辅助器具产业综合创新试点实施方案》中也提出了发挥杭州人工智能机器人发展优势，实现与康复辅助器具产业融合发展，围绕柔性控制、人机耦合、多信息融合等难点问题，加快发展康复、助残、养老等相关的人机交互、脑机接口、人机电融合与智能控制等关键技术，开发照护机器人、智能适老功能护理床、智能适老功能轮椅等高端智能适老康复辅助器具。

此外，上海在完善产业运行基础上的举措值得关注。一是发挥标准导向作用。加快重点产品、管理、服务标准制修订，健全康复辅助器具标准体系，推动上海康复辅助器具配置服务相关机构积极申报国家级服务业标准化试点。二是健全行业统计制度。以国民经济行业分类为基础，健全康复辅助器具产

业统计监测分析体系。建立以主要产品数量、生产企业、服务机构等信息为主要内容的统计指标体系。整合康复辅助器具配置、服务、需求、专家库和新技术、新产品信息等，完善产业信息平台。同时，持续发布上海市康复辅助器具产业统计信息。

第十章

线下银发商业

三年新冠疫情过后，中国老人的最大变化莫过于智能手机和移动互联网的极大普及，购物、外卖、打车等一系列和交易支付的行为大规模向线上转移。

当中国老人的线上行为提高到如此程度之后，服务老人的线下商业场景还有机会吗？

线下场景对老人不可或缺，有两大价值是线上所无法给予的：

第一是线下场景为老人带来的情感社交价值是线上所无法替代的。超市、菜场、小区商业街这些线下商业场景对老人来说不只是单纯的购物，还是在不同门店里货比三家、讨价还价，还是与邻居交流使用心得、闲话家常、逗弄小孩。这实质上是老人在不断建立和更新自己的信息与社交网络，是对退休生活脱离社会的一种补偿，对自我社会价值的不断确认。

第二是线下场景的服务价值是线上不可能提供的。比如一些必须线下实现的服务，如修脚、按摩、理疗、美容等，即使可以在线上进行营销推广，但永远也不可能在线上完成整个商业过程。另外，老人在线上购物，图的是价格便宜、送货上门，但老人只能自己看图文视频介绍来了解产品，而线下场景有专业导购的详细介绍和针对性推介，让老人能够更清楚快速地找到符合自己需求的产品。还有许多不为人熟知的新产品，如智能家居和适老化产品，仅靠手机APP的图文视频展示，带给老年人的感受并不直接，但一旦亲临现场实地感受，并配合上场景设计、服务体验，马上可以打动老人和他们的子女。

但是否拥有了上述两大价值，服务老年人群的中国银发商业就一定会迎来美好发展，未来中国银发商业的前景便是一片坦途呢？下面将首先回顾老龄化领先中国20年的日本银发商业的发展经验，从中提炼案例与启示，然后结合中国过去20年商业历程，总结中国银发商业的特点与趋势，最后提出发展中国银发商业的策略建议。

一、他山之石：日本银发商业启示

从经济社会整体视角观察日本银发商业发展历程，可以发现，随时代而变化的老龄化率、老人收入、消费偏好等因素，决定了日本银发商业的发展体量、发展形态和结构特征。

第一阶段：传统商业街的兴盛与衰落

日本于1970年进入老龄化社会，当时日本65岁及以上人口占比7.1%，此时的老人主要是20世纪初出生，饱经战火洗礼和战后重建的艰难生活，收入处于社会中低水平，消费习惯十分节俭。

此时日本的银发商业处于萌芽状态，最先在一些老旧商业街区出现，典型代表就是被称为"阿婆们的原宿"的东京巢鸭街。

【东京巢鸭街："阿婆们的原宿"】

巢鸭街位于日本东京都丰岛区，距地铁巢鸭站仅约百米，主要以出售日用品为主，街道只有五六米宽，店铺多为3层房屋，是典型的传统商业街。从明治时代一直到第二次世界大战前，这条街都是当地的商业中心，成为几代日本人的时代记忆。

而在第二次世界大战后的经济高速增长时代，宽敞明亮、品牌丰富的购物中心、商业综合体、潮流街区出现之后，年轻人逐渐从传统商业街流失，巢鸭街生意大受影响，转型成为迫在眉睫的问题。

值得庆幸的是，占日本人口比重越来越大的老人，继续保持着对传统商业街的留恋，老人慢慢成为巢鸭街的主力客户群。

因此在20世纪70年代日本老龄化开始启动的时候，巢鸭街的主营方向转变为出售老人用品和服务，主要从两个方面展开：

第一，在业态上注重商品和服务、购物和社交的搭配组合，在巢鸭街聚集起日本最丰富的老年用品店、老年服饰店、药店，让老人可以一站式购买所有想要的物品。

同时还引进符合老人口味的餐饮小吃，适合老人聚会的卡拉OK、咖啡馆，让老人在逛街之外，更能享受社交的乐趣。

此外，巢鸭街还引进了医院、银行、旅行社等机构，能够为老人提供所有他们想得到或想不到的各种丰富服务。

第二，在设计和管理上全面贯彻适老化，店铺的标牌和商品价标都采用了对老年人友好的大字体，店铺主色也多为日本老年人最喜欢的红色，街道上设置了多处AED（心脏除颤器）救护区，很多店员经过急救培训，可以最快时间挽救突发状况的老人生命。

巢鸭街由此成为当地老年人的社交胜地，被称为"阿婆们的原宿"，许多老年人结伴来购物、吃饭、聊天、唱歌。据统计，巢鸭街每年吸引800万游客到访，老人是其中的主力。

而且在经济上，巢鸭街的转型也十分成功。1979年巢鸭街一年的营业额是85亿日元，到1994年达到188亿日元，增长121%。

不过在2000年之后，巢鸭街开始走向衰落，背后原因令人深思。

从老龄化程度看，2000年时日本老龄化相比1970年严重得多，65岁及以上老人比重达到16.98%，是1970年的两倍多。从这个数据看，以银发经济为经营特色的巢鸭街，前景理应更加辉煌，但是日本老龄化在此时发生重要的结构性变化，这对日本银发商业的发展起到了更加重要的作用。

一方面是巢鸭街曾经的主体客群持续萎缩，这群第二次世界大战前出生的日本老人，在2000年后进入75岁以上高龄，因为腿脚不便，其日常活动范围从全市缩小到社区甚至居家，能够外出去巢鸭街的机会自然减少很多；而且75岁以上的高龄老人疾病多发、身体失能，收入中的大部分不得不交给医疗健康支出，能够用来去巢鸭街消费的部分自然大幅减少。

另一方面，日本新一代老人出生于第二次世界大战之后，成长于七八十年代日本经济高速发展之时，其收入水平相比第二次世界大战前出生的老人大大提高，巢鸭街的购物环境和业态、品类在他们的眼中显然已经落伍。

日本银发商业为了适应新一代老人的生活需求，开始进入了第二阶段变革。

第二阶段：战后婴儿潮一代支撑的日本银发商业全面创新

进入 2000 年之后，日本老人出现结构性分化，一部分是进入高龄阶段的老一辈老人，对医疗、护理、康复的需求大增，同时随着长护险的建立和完善，进一步推动了日本相关产业的长足发展。另一部分是第二次世界大战后出生、经济条件更好、消费偏好更加新潮的中老年群体，他们正处在 50~70 岁的中年和低龄活力老人阶段，优厚的收入、良好的生活品位和旺盛的社交、文娱、健身需求支撑了 2000 年以来日本一波一波的银发商业创新，并沉淀出许多成功案例。

【日本 Curves：60 岁女性专属健身房】

Curves 起源于美国，是专为女性设计的连锁健身房品牌，2005 年引入日本，从 2006 年的 300 家店铺、74000 名会员的规模发展至 2016 年的 1760 家店铺、790000 名会员，店铺数增长了近 5 倍，会员数增长近 10 倍。2016 年，日本 Curves 收入达 216.67 亿日元，比上一年增长 16.2%，利润为 42.35 亿日元，同比增长 9.8%。

根据官网，日本 Curves 的客户群体主要是 60 岁以上的老年女性，用户平均年龄是 61 岁，该年龄段群体占比为 63%，50 岁以上中老年女性占比则达到 87%。

日本 Curves 的成功因素主要有以下几点：

低价：每个月费用约 5900 日元，而日本一般健身房多在 1 万日元以上。在一些调查中显示，1 万日元的价格被许多日本用户认为负担过大，而 5900 日元则轻松得多。

低成本：选址多位于住宅区和购物区，面积仅需 114.5 平方米，没有游泳池、淋浴等设施，因此租金和运营成本可以保持在相当低的水平。

女性专属：定位为女性专用健身房，工作人员全是女性，符合女性会员不愿与男性共用器材、同室训练的心理需求；开发出30分钟循环训练课程，目的是减肥、塑身、保持身体技能，训练以有氧、拉伸、轻度力量为主，使用适合女性低体力特点的液压式器材，没有一般健身房常见的大重量力量训练器械。

【永旺葛西店：年营收超过8000万美元的老旧商场改造样本】

日本零售领域排名第一的永旺集团于2013年开启"转向老年化市场"战略，对13家购物中心进行老年化改造，并计划到2025年为所有战后婴儿潮一代和将满75岁或以上用户量身打造100个永旺百货商场。

改造最为成功的案例当属永旺葛西店，单店营收超过8000万美元，每年服务的中老年客户超过110万。

永旺葛西店的成功要素有：

第一，精准选址。永旺葛西店周围2公里半径范围内，55岁以上的中老年人是居民主体，年龄在65~74岁的老人约有35000人，占该地区8万居民的44%。这为葛西店提供了强大的银发客户基本盘，因此葛西店55岁以上客户数量占到了整体客户的41%，55岁以上客户消费占了整体消费的42%。

而且永旺葛西店临近地铁站，附近有麦当劳、咖啡店等成熟商业配套，永旺还开通了免费巴士，大大方便了远近老人来此购物消费。

第二，供应链优势。永旺葛西店依托集团强大的供应链，汇聚了来自全日本和世界各地的商品。第一层为食品区、餐饮区、商超区，提供适老化食品、小袋包装的熟食类和健康型食品，满足各种健康状况的老年人。

永旺葛西店的第二层、三层主要是服饰鞋帽、美容化妆、家居家电、介护用品、保健食品、汉方等，可以一站式满足老人的时尚爱美、生活舒适、健康长寿等各种生活需求，而且依托于永旺强大的供应链，价格具有很强的竞争力。

第三，全面适老化。永旺葛西店内的各种标识清晰醒目，照顾老人视力不好的特点；各个楼层均设置宽阔的走道和沙发、座椅，供老人随时休息；在商场内设置长达 180 米的健身走道，供老人在雨天、冬天也能健步锻炼。

第四，突出文娱社交。永旺葛西店将整个四楼都改造成"Grand Generation's Mall"（G·G Mall），强调其服务 G·G 世代即战后婴儿潮一代的定位。

业态以休闲、文化、金融、医疗等服务业为主，如未来屋书店、咖啡厅、轻度健身房、岛村乐器教室、文化俱乐部、手工艺、金融服务、诊所等。

丰富的文娱业态大大延长了老人在商场的停留时间，G·G Mall 由此成为老人专属的文娱社交空间，老人们在这里的消费自然也大大增加了。

【代官山 T-SITE：为战后婴儿潮一代打造的"生活提案"商业综合体】

茑屋书店起家于 20 世纪 80 年代的日本，业态是将书店、唱片和 DVD 租赁以及咖啡店结合到一家店里，30 多年时间里开了 1400 多家店，深受年轻人喜爱。但随着老龄化的进展，茑屋书店的主力客群也慢慢都变成了中年人乃至老年人。

2011 年 12 月，茑屋书店品牌母公司 CCC 在日本东京推出首家专门面向战后婴儿潮"白金世代"的商业综合体——代官山 T-SITE，将客户锁定为"好奇心旺盛、文化程度高的人，也就是白金世代。他们是一群知道如何享受生活的人""来店顾客主要是那些 50 岁以上，有着强烈求知欲的成年人"。

代官山 T-SITE 成功因素主要有：

第一，为 50 岁以上的白金世代，主动推荐精心策划的"生活提案"：在商品过剩的 21 世纪，代官山 T-SITE 期望满足马斯洛需求层次理论中，最上层的"自我实现"需求，于是进行了白金世代取向的"生活提案分类"，也就是按主题来组织商品（比如书影音、餐饮、家电及旅游、金融等产品和服务），并通过各领域的专家导购来进行相关主题的策划编辑。

比如在茑屋书店的旅游区，会推出主题策划"从艺术面来导览魔法之都布拉格"，按照这个主题展示书籍与杂志，并配有专家型导购"礼宾接待员"，专门回应顾客咨询，旁边还会设立旅行社的柜台，可以直接查询或报名相关的旅行产品。

第二，突显优雅生活体验的服务业态组合：在代官山 T-SITE，除了茑屋书店所承载的书、影、音外，还有很多强调优雅体验、充满氛围感的服务业态，比如咖啡、食品餐饮、美容、宠物、旅游咨询、保险咨询，等等。

代表性店铺包括：**Anjin Café**，包括一个 BAR、一个小秀场、一个艺术品和珍稀书的售卖架；

北村照相机店：可以租相机，洗照片，把相片做成 DVD；

松仓诊所：提供面向中老年女性的健康、医美服务，如减肥、更年期护理、整容、脱发治疗等；

Insurance Terrace 保险露台：可以像身处咖啡馆一样，随时咨询保险事宜，解答一系列疑问，如"我对保险一无所知，但我很好奇""如何支付孩子未来的教育费用""为癌症等疾病做准备"和"如何安度老年生活"。

第三，基于 7000 万日本人消费大数据，打造中老年定制化消费场景：茑屋书店品牌母公司 CCC 所推出的会员制积分服务 T-Point，覆盖日本的便利店、超市、餐饮、加油、买书订报等生活消费各个领域，可在日本超过 22 万个合作网点通用。

目前 T-Point 已经获得超过 7000 万日本人的消费大数据，占到日本总人口的 56%，涉及的销售额超过 8 万亿日元，约占日本消费总额的 2%。

通过 T-Point 的数据分析，CCC 集团将用户的消费记录分解成 300 多个维度，如家族构成 / 是否拥有汽车 / 对流行是否敏感 / 是否喜欢进口家具等，然后通过这些用户画像推导出具有指导意义的策划建议，比如"喜欢某类音乐的人会倾向于在什么样的地方吃早餐"的判断。

如此量级的大数据，足以描绘出全日本最具消费力群体——50 岁以上中老年人群，也就是"白金世代"的用户画像，然后为他们打造最贴切适合的生活消费场景。

日本银发商业给中国的启示

对日本银发商业发展历程的分析足以给我们一个重要启示，仅仅盯住老龄化率、老年人口规模这些表面的数据，并不能把握住银发商业发展演变的实质，数据背后的老年人口结构性特征，老人收入水平变化，不同老年人群的消费偏好等一系列因素，才是更加本质的决定性因素。

当20世纪初出生的日本老人在20世纪70年代步入老年，他们的微薄收入和勤俭习惯只能支撑得起巢鸭街这种传统商业街的兴盛，而第二次世界大战后婴儿潮出生的日本老人在收入水平、消费理念、生活品位等方面整体提高，同时阶层差距又显著拉大，从而推动了丰富得多的银发商业形态出现，既有旅游、健身、卡拉OK等专门连锁业态，又有永旺葛西店和代官山T-SITE等代表不同品味和价格水平的综合体形态。而当这一批老人也从街头商区退回社区、家庭甚至病床上，盛产宅男文化的"70后""80后"进入老年，日本银发商业的形态必将再一次发生变化。

二、鉴往知来：中国银发商业回顾与展望

回到中国，反思过去20年国内银发商业的发展历程，会发现三个特点：

第一，综合性老年用品店屡败屡战，屡战屡败。 综合性老年用品店早在2000年前后就在国内一二线城市出现，中间甚至还出现过开店的小高潮，但大多数门店生意并不好，最终多数以关闭告终。背后的原因如下：

一是单店面积不过数百平方，但品类过多，包括服饰鞋帽、保健滋补品、适老化产品、康复理疗器械等，每个单项产品需求小、销量低、价格高、服务缺，缺少能带动人流量、提高销售额、摊薄经营成本的爆款产品。

二是此阶段的中国老人以新中国成立前三四十年代出生为主，生活节俭、能省则省，老年用品店的产品对他们完全没有价格吸引力，其适老化功能对老人来说也未成为刚需。

三是受电商冲击很大，老年用品的购买决策人群以"70后""80后""90后"为主，他们的购物习惯从线下向线上转移，成人纸尿裤、老花镜等产品在电商平台的销售额已经占据很大比重。

第二，百货、超市、KTV出现年轻人流失 + 被动老龄化的情况。 过去十几

年购物中心在中国线下商业生态中崛起，年轻人、亲子客群被大量吸引到新建的购物中心消费，传统百货商场由于空间局限、设施老化、品牌流失，只能通过拉低价格、降低档次吸引价格敏感的中老年消费者。

超市则是受到电商的强烈冲击，年轻人的购物行为全面线上化，只剩下还不会玩智能手机的老人继续每天去超市买菜，老人成为超市的主要客流，超市的商品采购、商品展示越来越向老人的需求靠拢。

而曾经作为年轻人主流娱乐方式的KTV，也被新一代的剧本杀、密室逃脱等娱乐业态所替代，年轻客群从KTV大量流失，很多KTV的工作日时段被中老年群体的各种聚会所占据，而一些KTV以及酒店也就顺势开发适合老人聚会的套餐。

第三，连锁加盟门店在品类、营销方面不断更新迭代，黑马频出。 与上述尽显颓势的业态相比，以老人健康刚需为主要业务的连锁加盟业态高潮迭起，专营各种保健品、羊奶粉驼奶粉、理疗器械、老人鞋的连锁加盟品牌层出不穷，不少加盟品牌的门店数在高峰时可达到数千家。期间有剑出偏锋、游走在法律边缘者，也有正规经营、在高潮低谷间激荡不已者。

这些品牌的成功之道在于，专攻老人的某个细分刚性需求，比如营养健康，比如健步鞋履，比如修脚按摩，都是老人普遍存在同时心智层面容易撬动的需求；产品集中在单一或少数品类，导购员容易培训学习，易于集中营销力量形成爆款，大规模销售和制造又可以更进一步降低成本、提高利润；渠道上给各个经销商环节留足利润空间，充分调动销售积极性；宣传上直击老人痛点与痒点，灵活运用电视、传单、地推、社交裂变等各种营销方式，服务上做到标准化易复制，保证门店快速扩张时客户体验不走样；十分重视培训，开设内部商学院，组织线上线下学习，基础员工培训专业技能，中高层员工培训经营管理能力。

某种程度上可以说，连锁加盟业态是过去20年中国银发商业的主流形态。虽然看上去似乎没有日本的永旺葛西店和代官山T-SITE那样高大上，但却代表了中国老人的真实需求和购买力水平，同时足以说明，中国老人的消费需求不是没有，而是长期以来被社会主流商业所忽视，只要有合适的产品和商业场景出现，他们的消费潜力就会马上爆发出来。

同时需要注意，日本、欧洲、美国等发达国家的经验可以借鉴，但不能不假思索地全盘照搬。

前面分析的 Curves 健身房虽然在日本十分成功，但在中国却遭遇到水土不服的境况。

2015 年 3 月，首家 Curves 女性健身俱乐部落户于上海。四年过去，Curves 在上海经营两家直营店，重庆、长沙、长春等地曾经有少数加盟店，但随后逐渐独立经营。2019 年 8 月，Curves 总部决定调整发展战略，撤离中国市场，2019 年 10 月 1 日正式停止营业。

Curves 在中国失败有多种原因，比如从内部来讲，在经营能力、品牌传播上存在不足；从外部来讲，中国健身渗透率很低，女性选择健身的更少。中国的年轻女性会选择瑜伽、跑步等运动，中老年女性会选择广场舞、模特表演、健走、八段锦等方式，因此 Curves 在中国失败并不奇怪。

这提醒我们，学习和引进国外成功银发项目时，一定要思考是否真的在中国有生存空间，和中国现实的结合点是什么，否则最终只能认赔出局。

以 65 岁及以上老人占比来看中国的老龄化率，2000 年为 7%，2020 年为 13.5%，2030 年预计为 17.8%，大致相当于日本 1970（7.1%）—2000 年（16.98%）的时间段。期间中国会经历和日本类似的老龄化人口结构变化特征，即新中国成立前三四十年代出生的老一辈老人进入高龄、失能阶段，主导需求从生活、商业转到医疗、护理，而新中国成立后婴儿潮 1962—1975 出生的人则在未来 10~15 年成为中国老人的主体，他们的收入水平、消费偏好与老一辈老人完全不同，一定会带来中国银发商业的全面创新。

结合以上经验，可以推测未来的中国银发商业将会沿两条主线发展，一是深入社区、商场、超市的银发连锁加盟门店，二是老旧商业体改造或新建的银发商业综合体。

主线一：银发连锁加盟门店

连锁加盟门店已经在过去的发展中充分证明其对银发商业的意义，未来也将继续发挥支柱作用。

加盟门店的优势是品牌方可以撬动广大加盟者的人力财力资源，能在短时间内快速铺开扩大经营规模。同时门店可以灵活选址在老人集中的各种场景，如社区、超市、商场等，方便与老人高频线下互动，适合用户认知低、心智不成熟、需要大量宣传教育和现场体验的产品，比如高端滋补养生品、智慧养老产品、适老化家居改造等。

当然门店能够覆盖的范围有限，尤其是社区门店一般辐射周边1~2公里，由此覆盖的老年人数量有限，这使得单店收入天花板较低，因此品类组合非常关键，消费频率高或毛利高两个条件必居其一，否则消费频率低、毛利低、单价低的产品很容易亏本。

银发连锁加盟门店还应牢牢把握如下要点：

- 线下重体验，线上强黏性：线下展示品牌形象实力，强化打造让老人和家人感动的体验；线上持续高频触达，节假日、二十四节气嘘寒问暖，新产品、促销活动适时通知，在增强老人黏性的同时加强销售转化，降低营销成本。
- 产业链延伸，向上游要利润：品牌方除了通过加盟终端销售产品实现利润外，更要向上游环节要利润，在适当时候向上游生产制造环节、人力供给环节延伸，从而压降成本提高利润率。
- 用体系化支撑服务和培训：着重在技能、管理、价值观三个层面构建服务和培训体系，基层人员提升专业技能，因为他们是服务老人的直接第一道关口；从店长到城市经理的中层、高层则加强管理能力培训，他们是企业快速扩张的骨架支撑；同时全员实行价值观教育，树立为老人服务的向善理念。

主线二：银发商业综合体

过去几年，部分城市陆续出现一些老旧商场、超市改造的银发商业综合体，在业态组合、适老化设计、服务功能上更加贴近老人需求，但总的来说仍处于摸索尝试阶段，而且由于疫情拖累，尚未得到经营业绩上的充分验证。

银发商业综合体如果想顺利经营，其所需要的老年人口规模和老人收入水平，相比单个门店要大得多，因此综合体的机会不可能在每个城市都存在，而只能在部分老龄化严重、同时收入水平较高的一二线城市出现，比如人口结构加速老化、外来人口有减无增的北京和上海，银发商业综合体的机会肯定会率先出现。

结合以上经验，银发商业综合体需要注意以下几点：

- 选址策略：一线城市定位为区域性综合体，辐射周边3~5公里，老人居住密度高，退休金水平在当地处于中高水平；二线城市定位为市级综合体，最好有地铁交通能辐射全市老人。
- 业态组合：注重不同业态在用户黏性、消费频率、毛利率方面的差异，实现"肥瘦相间"、整体平衡；高黏性低毛利类，如棋牌室、老年大学、KTV等；高频需求类，如服饰鞋帽、日化、食品、保健品等；高频服务类，如修脚、按摩、理疗等；高客单价类，如金融保险、旅游旅居等；强体验低频需求类，如康复辅具、智能家居、适老化改造等；长尾需求类，如法律服务、遗嘱服务等。
- 空间设计：增加休息设施、社交空间、体验空间等留得住老人的空间设计，设置AED急救、常备医药箱等，便于救治突发疾病的老人。
- 会员和活动运营：对老人客户建立会员体系，通过消费积分、优惠活动等各种方式提高黏性增加复购；和电视台、老年大学等机构合作组织旗袍走秀、舞蹈声乐等活动，邀请网红现场表演、直播，从而吸引人气，获取流量。

附录 32种老人常见疾病大数据

下面整理了32种老年人最易发生的疾病大数据,希望帮助广大企业聚焦老人真实需求,开发出真正解决中国老人痛点的优质产品。

1. 高血压

2016年CLASS数据显示,中国老年人有50.57%患有高血压。60~69岁、70~79岁、80岁及以上老年人患病率分别为48.74%、52.37%、52.30%。

2. 心病/冠心病

2016年CLASS数据显示,中国老年人中有22.19%患有心病/冠心病。60~69岁、70~79岁、80岁及以上老年人患病率分别为20.83%、23.30%、24.00%。

3. 脑血管病(含中风)

2016年CLASS数据显示,中国老年人中有10.83%患有脑血管病(含中风)。60~69岁、70~79岁、80岁及以上老年人患病率分别为9.55%、11.89%、12.46%。

4. 糖尿病

2022年1月发布的《中国老年2型糖尿病防治临床指南》披露了老年糖尿病患者的数量,2020年我国60岁及以上老年人口约2.604亿,有30%是糖尿病患者,约7813万。

糖尿病患病率随着年龄增长而增加,研究显示,50岁以上中老年人是糖尿病最高发人群。采用2018年美国糖尿病协会(ADA)标准,我国50~59岁、60~69岁及≥70岁及以上人群中,糖尿病的患病率分别为21.1%、28.8%和31.8%。

另据2016年CLASS数据显示,中国老年人中14.78%患有糖尿病。60~69岁、70~79岁、80岁及以上老年人患病率分别为15.19%、15.26%、12.26%。

5. 呼吸系统疾病

85 岁及以上老年人口死亡率最高的疾病。2016 年 CLASS 数据显示，中国老年人中有 10.63% 患有慢性支气管炎/其他呼吸道疾病。60~69 岁、70~79 岁、80 岁及以上老年人患病率分别为 9.81%、10.78%、12.99%。

6. 肾脏疾病

2016 年 CLASS 数据显示，中国老年人中有 1.93% 患有肾脏疾病。

7. 胃肠炎及其他消化系统疾病

2016 年 CLASS 数据显示，中国老年人中有 9.70% 患有胃肠炎/其他消化系统疾病。

便秘是老年人消化系统疾病最常见症状，总体发病率 24%~37%，女性患者多于男性患者，随年龄增长而加重。

8. 肝脏疾病

2016 年 CLASS 数据显示，中国老年人中有 1.46% 患有肝脏疾病。

9. 癌症及恶性肿瘤

2016 年 CLASS 数据显示，中国老年人中有 0.84% 患有癌症/恶性肿瘤。

10. 骨质疏松

欧盟的骨密度测定显示，65 岁以上女性发病率为 22%，男性为 7%，80 岁以上人群中分别为 47% 和 16%。女性患骨折风险是男性的 2 倍。脆性骨折的发生率随年龄增长而显著增加，特别是髋骨骨折（欧盟平均年龄 80 岁）。欧盟每年有 350 万例新发脆性骨折，包括 61 万例髋骨骨折、52 万例脊柱骨折、56 万例前臂骨折和 180 万其他部位的脆性骨折。

11. 类风湿

2016 年 CLASS 数据显示，中国老年人中有 5.50% 患有骨质疏松。

12. 颈（腰）椎病

2016 年 CLASS 数据显示，中国老年人中有 21.89% 患有颈/腰椎病。60~69 岁、70~79 岁、80 岁及以上老年人患病率分别为 24.30%、19.98%、18.51%。

13. 关节炎

2016 年 CLASS 数据显示，中国老年人中有 20.49% 患有关节炎。60~69 岁、

70~79 岁、80 岁及以上老年人患病率分别为 20.44%、19.77%、22.39%。

中国流行病学研究数据显示：中国双膝骨关节炎患病率达 15.6%，其中 40~49 岁 7.7%、50~59 岁 13.4%、60~69 岁 25.4%，70 岁以上高达 31.7%，中老年患者超 7000 万。

14. 类风湿

2016 年 CLASS 数据显示，中国老年人中有 13.48% 患有类风湿。60~69 岁、70~79 岁、80 岁及以上老年人患病率分别为 14.54%、12.45%、12.47%。

15. 前列腺疾病

2016 年 CLASS 数据显示，中国老年人中有 2.73% 患有前列腺疾病。

16. 泌尿系统疾病

2016 年 CLASS 数据显示，中国老年人中有 0.83% 患有泌尿系统疾病。

失禁会导致社会隔离、抑郁、跌倒、骨折、皮肤并发症、感染、谵妄和行为受限，并增加死亡率。尿失禁随着年龄的增长而增加，影响到 30%~60% 的老年人。据估计，65 岁以上女性中 1/3 患有膀胱过度活动症，其中 1/3 患有尿失禁。

17. 皮肤病

我国的小样本流行病学调查表明，50~89 岁中老年人的皮肤病总患病率达到 74%，明显大于相对低龄人群。

2022 年 5 月，我国首份《中老年常见皮肤病预防科普手册》发布，该手册显示，湿疹、皮肤瘙痒症、带状疱疹是中老年群体三大常见皮肤病，除此之外还有皮炎、体癣、股癣、脚癣等高发病种。

18. 神经系统疾病

2016 年 CLASS 数据显示，中国老年人中有 0.97% 患有神经系统疾病。

19. 失眠症

世界卫生组织调查显示，全世界 27% 的人有睡眠问题，其中以中老年人占多数。65 岁以上人群中，失眠症的发病率为 20%~50%，失眠症会降低老年人对自身健康的评价、增加抑郁症风险，引起认知功能减退。

20. 睡眠呼吸障碍（Sleep Disordered Breathing，SDB）

睡眠呼吸障碍又称呼吸暂停，是指一组发生在睡眠状态下的呼吸疾病，表现为睡眠过程中反复间断出现呼吸停顿或低通气。在国外，老年男性发病率为70%，老年女性为56%。

21. 吞咽障碍

一项针对国内养护机构老人吞咽功能的调查报告显示，老年人吞咽障碍的患病率为32.5%，且患病率随年龄增长而增加。按此计算，目前我国65岁以上吞咽障碍老年患者人数高达5700万。

22. 视力障碍

老花眼通常在40岁左右的人群中开始出现，50岁后大多数人都会出现老视症状，发病率接近100%。

世界范围内70岁以上老人失明患病率分别为男性5.3%和女性4.2%，中度和重度视力损害的患病率分别为20.9%和18.8%。

白内障是高发的眼科疾病，根据中华医学会眼科学分会统计，我国60~89岁人群白内障发病率约为80%，而90岁以上人群白内障发病率高达90%以上。

老年相关眼底病变是老年人群中首位致盲原因。61~70岁人群中，异常率增至21.39%，在70岁以上人群中，异常率更是高达25.61%。

23. 听力障碍

2016年CLASS数据显示，中国老年人中有7.83%患有耳聋。

2022年发布的《敢问天籁 | 关于老年听力健康的十个问题》报告指出，我国65岁以上老年人约1/3存在中度以上听力损失，75岁以上老年人中这一数字上升到约1/2。

24. 慢性疼痛

慢性疼痛指存在超过6个月的疼痛。国外研究显示，慢性疼痛影响25%~76%家庭居住的65岁以上老年人和93%养老院中的老年人。最常见的是肌肉骨骼疼痛（高达83%的患者），其次是神经系统的损伤或疾病引起，称为神经性疼痛，每3名老年人中约有1人存在伤害性疼痛联合神经性疼痛。

25. 帕金森病

帕金森病是仅次于阿尔茨海默病的第二种常见的神经退行性疾病。国外研究表明，在65岁及以上人群中患病率为3%，约有60%的帕金森病患者发展为抑郁症，约 30% 患者发展为阿尔茨海默病。

2016 年 CLASS 数据显示，中国老年人中有 0.41% 患有帕金森病。

26. 阿尔茨海默病

阿尔茨海默病又称老年性痴呆，是老年人中最常见的神经退行性疾病之一，指老年人在无意识障碍的情况下，出现持续时间较长（6 个月以上）的智能损害，主要表现为记忆、计算、思维、语言、定向力及情感障碍、人格的改变、行为异常，甚至意识模糊，并出现社会活动能力和生活能力的减退。已成为仅次于心脏病、脑血管病、癌症之后导致老年人死亡的第四大病症。

2016 年 CLASS 数据显示，中国老年人中有 1.47% 患有阿尔茨海默病。另有研究发现，我国年龄 65 岁及以上老年人中总患病率为 5.8%（欧美为 6.4%），85 岁以上患病率为 30%。

2016 年发布的《中国老年人走失状况调查报告》显示，每年全国走失老年人约 50 万人，平均每天走失约 1370 人，老人失智是走失的主要原因。

27. 衰弱

医学界将衰弱界定为：生理储备显著降低，当机体的一个脏器或是多个脏器整合功能下降至正常生理功能的 30% 时，即为衰弱；健康不利因素不断累积，当超过维护机体健康有利因素的极限时，机体储备功能显著降低，表现为衰弱；随着增龄、疾病等因素，出现营养不良、活动耐力不足、激素水平下降、胰岛素抵抗等，也是衰弱的重要关键因素。

CHS 研究（the Cardiovascular Health Study）表明，在老年人群中衰弱独立存在占 26.6%，衰弱和疾病的共存率为 46.2%，衰弱和疾病可造成失能，三者共存率为 21.5%。衰弱在 65 岁以上人群中的发生率为 10%~25%，在 80 岁以上人群中高达 30%~45%。

28. 肌少症

肌少症即肌肉功能不全，是一种老年综合征，骨骼肌量和功能的进行性和全面丢失，增加了包括身体失能、跌倒和死亡等不良后果的风险。国外研究显示，社区中高达 30% 的老年人存在肌少症，而在护理院中的老年人患病率更高。

肌少症随年龄增长而发病率增加，预防肌少症应该从成年开始，因肌肉量和功能丧失在成年早期开始，并在 50 岁后更加突出。

29. 跌倒

老年人意外跌落与身体机能、行动能力下降密切相关，失能和疾病状态会显著提高老年人因意外跌落而致病乃至死亡的风险。

据统计，我国每年有 7% 的 75 岁以上老年人因跌倒而就医，其中约 10% 的跌倒导致骨折、关节脱位等严重损伤。

由跌落导致的死亡率随年龄增长呈现明显上升的态势，根据《中国卫生健康统计年鉴》，2018 年 85 岁及以上城市老年人意外跌落死亡率为十万分之 433.64，超过消化系统疾病和精神系统疾病的死亡率；85 岁及以上农村老年人意外跌落死亡率为十万分之 408.47，高于内分泌系统疾病、神经系统疾病、消化系统疾病等慢性病的死亡率。

在国外，每年有 30% 的 65 岁及以上老年人、50% 的 80 岁及以上老年人会发生跌倒，每年 60% 住在护理机构的老人会跌倒。发生过跌倒的人中 50% 会反复发生。跌倒是 65 岁及以上人群意外伤害和住院的主要原因，5%~10% 的跌倒导致骨折或创伤性头部损伤，20%~30% 的跌倒者受到中度或严重外伤，减少活动性和功能独立性，增加提早死亡的风险。

30. 压疮

压疮指皮肤和（或）皮下组织的局部损伤，通常发生在骨骼突出部位，由压迫或压迫与切变力相结合所致。压疮会增加老年人的疼痛、感染，延长住院时间和治疗费用，增加死亡风险。

31. 谵妄

一种主要发生在内科疾病、创伤、药物或手术中的急性（数小时或数天）、严重的精神运动功能恶化，会表现出多种认知异常，特别是注意力缺陷，还有非认知方面的特征，如嗜睡或躁动、幻觉、妄想、情绪变化、悲痛感受。影响至少 1/5 的住院老年患者，将导致住院时间延长、跌倒、并发症和更高的死亡率。

32. 抑郁症

抑郁症是一种精神情感障碍，表现为焦虑、情绪低落，兴趣和愉悦感丧失，精力不济导致活动减少，行为迟滞和繁多的躯体不适症状等。若不及时治疗，会增强自杀倾向，是自杀死亡的首位原因，但也是老年精神疾病中最可治疗的。国外研究显示，社区的老年人中 10% 患有抑郁症，医院为 25%，养老院为 40%。

中国相关研究发现，65 岁以上城镇老年人的抑郁症患病率为 7.9%，男女比例 1∶2。有 4%~7% 的严重抑郁患者需要进行干预治疗，20%~25% 的患者需要家庭护理。抑郁症在 75 岁以上老年人中比例更高。抑郁症的漏诊率高，只有 4%~10% 的中度老年抑郁患者得到治疗。另有资料显示，中国老年抑郁症患病率，西部地区高于东部和中部地区，女性高于男性，独身人群高于在婚人群，农村高于城市。

参考资料

1. 中国老年社会跟踪调查（China Longitudinal Aging Social Survey，CLASS）。
2. 历年《中国卫生健康统计年鉴》，国家卫健委。
3. 成蓓，曾尔亢. 老年病学（第3版）[M]. 北京：科学出版社，2018.
4. 瑞吉纳·如勒－韦恩斯伯格，卡特琳.辛格勒，玛丽亚·克里斯蒂娜·波利多里. 李青，译. 老年医学学习指南[M]. 天津：天津出版传媒集团，2021。